Borja Sañudo Corrales
Vicente Martínez de Haro
José Muñoa Blas
(Coords.)

ACTIVIDAD FÍSICA EN POBLACIONES ESPECIALES

SALUD Y CALIDAD DE VIDA

Título:	ACTIVIDAD FÍSICA EN POBLACIONES ESPECIALES. SALUD Y CALIDAD DE VIDA
Autores:	BORJA SAÑUDO CORRALES, VICENTE MARTÍNEZ DE HARO, JOSÉ MUÑOA BLAS (COORDS.) ADRIÁN FERIA MADRUEÑO; ANA CARBONELL BAEZA; BORJA DEL POZO-CRUZ; BORJA SAÑUDO CORRALES; DELFÍN GALIANO OREA; FERNANDO ESTÉVEZ LÓPEZ; FERNANDO MATA ORDÓÑEZ; ISMAEL SANZ ARRIBAS ; IVÁN CHULVI-MEDRANO; JAVIER PÉREZ TEJERO; JUAN DEL CAMPO VECINO; LOURDES CID YAGÜE; LUIS CARRASCO PÁEZ; Mª JOSÉ ÁLVAREZ BARRIO; MANUEL DELGADO FERNÁNDEZ; MARZO EDIR DA SILVA GRIGOLETTO; MOISÉS DE HOYO LORA; JOSÉ ENRIQUE MORAL GARCÍA; PABLO TERCEDOR SÁNCHEZ ; PEDRO ÁNGEL LÓPEZ MIÑARRO ; PEDRO LUIS RODRÍGUEZ GARCÍA; VICENTE MARTÍNEZ DE HARO; VIRGINIA A. APARICIO GARCÍA-MOLINA.
Editorial:	WANCEULEN EDITORIAL DEPORTIVA, S.L. C/ Cristo del Desamparo y Abandono, 56 41006 SEVILLA Tlfs 954656661 y 954921511 - Fax: 954921059 www.wanceulen.com infoeditorial@wanceulen.com

Con la colaboración del **Observatorio del Tenis Español**

Protagonista de la portada: Jorge Camiña Borda

I.S.B.N.:   978-84-9993-260-6
Dep. Legal:
©Copyright: WANCEULEN EDITORIAL DEPORTIVA, S.L.
Primera Edición: Año 2012
Impreso en España: Publidisa

Reservados todos los derechos. Queda prohibido reproducir, almacenar en sistemas de recuperación de la información y transmitir parte alguna de esta publicación, cualquiera que sea el medio empleado (electrónico, mecánico, fotocopia, impresión, grabación, etc), sin el permiso de los titulares de los derechos de propiedad intelectual. Cualquier forma de reproducción, distribución, comunicación pública o transformación de esta obra solo puede ser realizada con la autorización de sus titulares, salvo excepción prevista por la ley. Diríjase a CEDRO (Centro Español de Derechos Reprográficos, www.cedro.org) si necesita fotocopiar o escanear algún fragmento de esta obra.

ÍNDICE

Prólogo 9

Capítulo 1. POSIBLES RIESGOS DE LA ACTIVIDAD FÍSICA SOBRE LA SALUD 11
Vicente Martínez de Haro, Lourdes Cid Yagüe, Mª José Álvarez Barrio, Juan del Campo Vecino e Ismael Sanz Arribas

Capítulo 2. VALORACIÓN DE LA ACTIVIDAD FÍSICA Y LA CONDICIÓN FÍSICA RELACIONADA CON LA SALUD 39
Virginia A. Aparicio García-Molina, Ana Carbonell Baeza y Manuel Delgado Fernández.

Capítulo 3. RECOMENDACIONES DE EJERCICIO FÍSICO EN ADULTOS 51
Ana Carbonell Baeza, Virginia A. Aparicio García-Molina, Fernando Estévez López, Pablo Tercedor Sánchez y Manuel Delgado Fernández

Capítulo 4. ACONDICIONAMIENTO MUSCULAR: ANÁLISIS DE EJERCICIOS HABITUALES PARA UNA PRÁCTICA SALUDABLE 67
Pedro Ángel López Miñarro y Pedro Luis Rodríguez García.

Capítulo 5. ACTIVIDAD FÍSICO DEPORTIVA PARA PERSONAS CON DISCAPACIDAD FÍSICA 97
Javier Pérez Tejero

Capítulo 6. OBESIDAD: IMPORTANCIA DE LOS HÁBITOS SALUDABLES EN EL CONTROL DEL PESO Y MEJORA DE LA SALUD 133
José Enrique Moral García

Capítulo 7. CÁNCER DE MAMA Y EJERCICIO FÍSICO: BASES PARA SU PRESCRIPCIÓN 151
Adrián Feria Madrueño y Borja Sañudo Corrales

Capítulo 8. ENTRENAMIENTO FUNCIONAL EN PERSONAS MAYORES..167
Iván Chulvi-Medrano, Fernando Mata Ordóñez, Borja Sañudo Corrales, Marzo Edir Da Silva Grigoletto

Capítulo 9. PRESCRIPCIÓN Y PROMOCIÓN DE ACTIVIDAD FÍSICA EN PACIENTES AFECTADOS POR DOLOR LUMBAR COMÚN..193
Borja Del Pozo-Cruz

Capítulo 10. COMPOSICIÓN CORPORAL Y CAPACIDAD FUNCIONAL EN PACIENTES CON FIBROMIALGIA TRAS UN PROGRAMA COMBINADO DE EJERCICIO FÍSICO A LARGO PLAZO..213
Borja Sañudo Corrales, Delfín Galiano Orea, Luis Carrasco Páez, Moisés de Hoyo Lora

Capítulo 11. EFECTOS DE LAS VIBRACIONES MECÁNICAS SOBRE EL SISTEMA MÚSCULO-ESQUELÉTICO Y EL EQUILIBRIO DE PERSONAS MAYORES Y POBLACIONES CLÍNICAS..................227
Moisés de Hoyo Lora, Borja Sañudo Corrales, Luis Carrasco Páez

Autores de correspondencia

Capítulo 1. Vicente Martínez de Haro.
Departamento de Educación Física, Deporte y Motricidad Humana
Facultad de Formación del Profesorado y Educación
Universidad Autónoma de Madrid
Grupo de investigación "Actividad Física, Educación y Salud-UAM" (AFES-UAM)
Email: vicente.martinez@uam.es

Capítulo 2. Virginia A. Aparicio García-Molina.
Departamento de Fisiología.
Universidad de Granada.
Campus Universitario de Cartuja s/n. 18071 Granada.
Email: virginiaparicio@ugr.es

Capítulo 3. Ana Carbonell Baeza.
Dpto. Didáctica de la Educación Física, Plástica y Musical
Facultad de Ciencias de la Educación. Universidad de Cádiz. Campus de Puerto Real.
Avd. República Saharaui s/n 11519 Puerto Real.
Email: acarbonell@uca.es

Capítulo 4. Pedro Ángel López Miñarro.
Departamento de Expresión Plástica, Musical y Dinámica
Facultad de Educación.
Universidad de Murcia. Campus Universitario de Espinardo.
30100 Murcia (España). Tlf: +34 868 88 70 51
Email: palopez@um.es - http://webs.um.es/palopez

Capítulo 5. Javier Pérez Tejero.
Facultad de las Ciencias de la Actividad Física y del Deporte.INEF.
Universidad Politécnica de Madrid
Email: j.perez@upm.es

Capítulo 6. José Enrique Moral García.
Facultad de Humanidades y Ciencias de la Educación
Universidad de Jaén.
Email: jemoral@ujaen.es

Capítulo 7. Borja Sañudo Corrales.
Departamento de Educación Física y Deporte.
Universidad de Sevilla
Email: bsancor@us.es

Capítulo 8. Iván Chulvi-Medrano.
Servicio de Actividad Física de NOWYOU, España.
Asociación Scientific Sport, España
Email: chulvi77@hotmail.com

Capítulo 9. Borja del Pozo-Cruz.
Departamento de Educación Física y Deporte
Facultad de Ciencias del la Educación
Universidad de Sevilla.
Email: delpozob@gmail.com

Capítulo 10. Borja Sañudo Corrales.
Departamento de Educación Física y Deporte
Facultad de Ciencias del la Educación
Universidad de Sevilla.
Email: bsancor@us.es

Capítulo 11. Moisés de Hoyo Lora.
Departamento de Educación Física y Deporte
Facultad de Ciencias del la Educación
Universidad de Sevilla.
Email: dehoyolora@us.es

PRÓLOGO

El rápido incremento en la tasa de envejecimiento unido a otros factores como las desigualdades y los hábitos poco saludables de la sociedad actual, contribuyen al aumento alarmante de condiciones crónicas asociadas a la enfermedad y que suponen uno de los mayores problemas de salud pública en el siglo XXI.

Este hecho contribuye a desechar el tradicional modelo "médico" basado en tratamientos solo curativos, que por lo general no son coste-efectivos, y que se esté favoreciendo la implantación de un modelo donde el objetivo prioritario sea el desarrollo de habilidades y potenciar el conocimiento, incidiendo en aspectos más preventivos que permitan a cada persona manejar mejor su condición. Por este motivo, las principales instalaciones públicas con competencia en salud apuestan por el apoyo a **poblaciones especiales**, entendidas como aquellos grupos poblacionales con condiciones crónicas o invalidantes, con objeto de incidir en el aumento de su funcionalidad y la mejora de su calidad de vida. En este sentido, y por el papel que juega en la prevención primaria, un estilo de vida saludable basado en la práctica de ejercicio físico permitirá incidir de manera directa en estos dos factores.

Hay evidencias de que el ejercicio físico regular se asocia a beneficios físicos y psicosociales en numerosas condiciones crónicas y, por tanto, mejoran el bienestar general, la movilidad y permiten la remisión de muchos de los síntomas asociados a ellas, incrementando sensiblemente la calidad de vida relacionada con la salud. De hecho, el ejercicio como base de la rehabilitación está siendo cada vez más reconocido por los profesionales de la salud como una herramienta adicional de gran valía en el manejo de todos estos factores (prevención secundaria y terciaria).

Por todos estos motivos, y al igual que ocurre con los tratamientos farmacológicos, es importante determinar si existe una relación dosis-respuesta entre el estímulo de ejercicio físico que se proponga y la repercusión que tendrá sobre la salud de estas poblaciones. Es importante conocer, por tanto, el tipo de ejercicio que debe realizarse y por supuesto, la frecuencia, duración o intensidad con los que hacerlos. Sin embargo, hasta el momento tenemos mucho que aprender sobre el impacto que diferentes programas de ejercicio físico tienen en diferentes grupos poblacionales. En cualquier caso, el peso de las evidencias actuales apoyan su uso por los innumerables beneficios en la esfera psicobiológica en multitud de condiciones crónicas, con muy pocas evidencias sobre los posibles efectos adversos de este tipo de intervenciones.

Partiendo de esta base, el objetivo de este libro es presentar una síntesis actualizada de las evidencias que apoyan el uso del ejercicio físico como terapia en poblaciones que se ha considerado conveniente denominar *especiales*, tanto por su prevalencia, como por sus características. Los diferentes capítulos, apoyados en una gran diversidad de diseños metodológicos, se centran en aportar recomendaciones y sugerencias para la prescripción del ejercicio físico en estos grupos. Para este fin es posible diferencias dos grandes bloques en el libro; por un lado, un bloque general centrado en la valoración y prescripción del ejercicio físico incidiendo en los posibles riesgos de este tipo de práctica para la salud y, por otro, un bloque centrado en diversas poblaciones especiales entre las que destacaría la práctica para personas con discapacidad, para personas mayores y otras poblaciones clínicas como la obesidad, el cáncer de mama, la fibromialgia o aquellos pacientes afectados por dolor lumbar común.

Confiamos en que este libro pueda aportar una evidencia adicional a nuestro ámbito contribuyendo a un mayor entendimiento del papel del ejercicio en la prevención de un amplio rango de condiciones pero donde para incrementar los beneficios que éste puede ofrecer se destaca la necesaria actuación conjunta de todos los profesionales y las propias familias de los afectados.

Delfín Galiano Orea
Especialista en Medicina de la Educación Física y el Deporte
Director del Observatorio del Tenis Español

Capítulo 1

POSIBLES RIESGOS DE LA ACTIVIDAD FÍSICA SOBRE LA SALUD

Vicente Martínez de Haro
Lourdes Cid Yagüe
Mª José Álvarez Barrio
Juan del Campo Vecino
Ismael Sanz Arribas

INTRODUCCIÓN

La actividad física tiene efectos sobradamente conocidos sobre el ser humano, la mayoría de ellos positivos, pero también puede tener efectos negativos. A la hora de planificar la actividad física de cada persona tenemos que tener en cuenta: su propio estado y circunstancias (salud y edad preferentemente), el medio ambiente en el cual se desarrolla la actividad y los peligros inherentes a dicha actividad. Para el análisis de estos factores, proponemos el uso de nuestro "cubo de la salud" (Martínez de Haro et al., 2007; Martínez de Haro et al., 2008; Martínez de Haro y Cid Yagüe, 2005; Martínez de Haro y Cid Yagüe, 2007). La actividad física puede ser tratada como un "medicamento", teniendo en cuenta los mismos factores: Indicaciones, precauciones, contraindicaciones, efectos adversos y posología (dosificación).

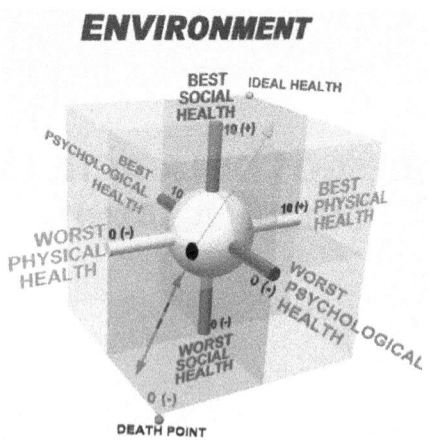

Figura 1. *Cubo de la salud*

Las indicaciones se tratan ya en los diferentes capítulos de esta publicación. En este tema nos vamos a centrar en los perjuicios que podría causar una mala administración, causada por una mala praxis o una mala auto-administración, que por desconocimiento bien de la cantidad o bien de la forma de administración puede causar. El desconocimiento de las contraindicaciones, de las precauciones que hay que tener en cuenta y los efectos adversos que pueden conllevar puede provocar efectos devastadores sobre la salud. Todas las personas que hacen ejercicio físico deben conocer la actividad que practican y los efectos que ésta produce, las medidas de prevención de riesgos y el acceso a dichas medidas. Una vez conocidos todos estos aspectos, el o la deportista puede elegir libremente cómo desarrollar su actividad física sin que cause un grave perjuicio sobre su salud.

A continuación vamos a elaborar una clasificación de los perjuicios que la actividad física puede conllevar, teniendo en cuenta que en muchas ocasiones lo que se produce para que éstos de manifiesten es una combinación de causas.

CLASIFICACIÓN DE LOS PERJUICIOS

Entre los perjuicios de la actividad física, podríamos hacer la siguiente clasificación, teniendo en cuenta los diferentes elementos de nuestro cubo de la salud:

- Efectos (perjuicios) a causa del estado actual de la propia persona (correspondiente al punto con el que representamos a la persona

en el cubo de la salud):
- Lesiones.
- Agravamiento del estado de salud.
- Muerte

— Efectos perjudiciales de la Actividad Física mal diseñada, programada o ejecutada (correspondientes a la flecha verde del cubo de la salud):
  o Por incorrecta indicación de actividad física. Mala calidad.
    ▪ No respetar el Síndrome General de Adaptación (SGA) y los Principios del entrenamiento que de él derivan.
    ▪ Forma incorrecta de realizar el ejercicio:
      • Desconocimiento de los aspectos estructurales (partes del cuerpo utilizadas):
        o Pies
        o Columna vertebral
        o Hombros
        o Articulaciones en general
      • Desconocimiento de los aspectos fisiológicos: hidratación, complementación, nutrición.
        o Deshidratación e hiperhidratación
        o Hipoglucemias
    Consecuencias: no alcanzar los efectos beneficiosos pretendidos, lesiones y alteraciones psicosociales, fatiga, lesiones, sobreentrenamiento.

— Accidentes y lesiones propias del deporte (correspondientes a la línea roja que representamos en el cubo).
  • Aspectos biológicos: contusiones, fracturas, heridas, esguinces, lesiones musculares, roturas de órganos o muerte (traumatismos múltiples, ahogamientos,...). Se ha evidenciado que En los deportes en los que hay más movimiento, objetos y contacto, se producen más lesiones (Romero Rodríguez y Tous Fajardo, 2010).
  • Aspectos psicosociales perjudiciales de la actividad física:
    - Miedo al éxito/fracaso.
    - Desmotivación y apatía.
    - Dependencias:
      o A sustancias que mejoren el rendimiento. Dopaje.

            - Al propio ejercicio: Vigorexia.
        - Grupo: aceptación-rechazo.
        - Depresión.
    - Efectos perjudiciales por las condiciones medioambientales en que se realice:
        - Por el terreno y/o las instalaciones.
        - Por el material.
        - Por el clima y la meteorología.
        - Contaminantes ambientales (CO_2, polvo, pólenes, ácaros, cloro,...).
        - Ámbito social y cultural.

PERJUICIOS A CAUSA DEL ESTADO DE LA PROPIA PERSONA

Antes de aplicar cualquier tipo de programa de actividad física es imprescindible conocer a la persona a la que va a ir dirigido, para ello se recurre al reconocimiento médico deportivo, la entrevista personal y la evaluación físico-deportiva, por señalar aquellos que son más utilizados y conocidos.

Los datos que nos parecen fundamentales son: la edad, su estado de salud, sus medidas corporales (cineantropometría), su respuesta fisiológica al ejercicio (como pueden ser las pruebas cardiovasculares) o estado físico-deportivo o aptitud física, sus intereses y motivaciones y su entorno socioeconómico y cultural.

Respecto a la edad, que nos indica el estado evolutivo de la persona, hay que señalar las siguientes recomendaciones y contenidos a la hora de practicar ejercicio físico:

- Niños menores de 6 años: juegos de estimulación sensoriomotriz, divertidos y muy variados. El riesgo aparece cuando queremos especializar tempranamente y les sometemos a un exceso de carga y exigencia.
- Niños y adolescentes especializados precozmente y con exceso de carga. Riesgo de problemas en el aparato locomotor por desequilibrios entre el desarrollo óseo y muscular.

El incremento notable del número de lesiones deportivas en la infancia y en la adolescencia en las últimas décadas puede tener como una de las causas fundamentales la reiteración del mismo tipo de gesto deportivo debido a que el ejecutante practica una única especialidad deportiva (Cahill y Pearl, 1993).

— Personas mayores y ancianos: El exceso de carga puede superar con relativa facilidad la capacidad de adaptación de los mayores, provocando lesiones de todo tipo (óseas, cardiacas, articulares, etc.).

Tabla 1. Fases del entrenamiento con períodos de tiempo, frecuencia del entrenamiento, elementos de la condición física y edad. Elementos de la condición física y edad (Grosser, Starischka, y Zimmermann, 1988, p. 20)

Fases del entrenamiento	Tiempo en años	Frecuencia del entrenamiento por semana	Fuerza máxima	Fuerza de Velocidad	Fuerza resistencia	Resistencia aeróbica	Resistencia anaeróbica	Velocidad de reacción	Rapidez acíclica máxima	Rapidez cíclica máxima	Movilidad
Entrenamiento de fundamentos (fase de principiantes)	2-4 años	3-4 veces	14-15	10-13/14	12-14	8-12	12-14/15	8-12	10-13	10-13	5-8
Entrenamiento de cimentación (fase media)	2-4 años	4-8 veces	16-18	14-16	16-18	13-16	15-17	13-16	13/14-16	13/14-16	9-12
Entrenamiento de alto rendimiento (fase de conocedor)	2-3 años	6-10 veces	18-20	17-18	18-19	16/17-18	17/18-19	16/17-18	17-18	17-18	13-15
Entrenamiento de rendimiento superior (atletas profesionales)	Después de unos 6 o 9 Años	8-22 veces	Desde 20	Desde 18/19	Desde 19-20	Desde 18	Desde 20	Desde 18/19	Desde 18/19	Desde 18	Desde 16

Respecto al estado de salud deberemos tener en cuenta si está enfermo o no. En caso de estar enfermo, debemos determinar qué tipo de enfermedad padece y si es aguda o crónica y qué tipo de esfuerzos puede realizar y cuáles no.

En el caso de las personas enfermas, los profesionales de la actividad física deben trabajar en colaboración estrecha con los profesionales sanitarios. Estos últimos indicarán al profesional de la actividad física qué es lo que se puede o no hacer desde un punto de vista fisiológico; y el profesional de la actividad física realizará y pondrá en marcha el plan de actividad física, teniendo en cuenta las recomendaciones clínicas. De cualquier manera, siempre es conveniente que todas las personas se sometan a un reconocimiento médico-deportivo anual.

Tabla 2. Posibilidades del inicio del entrenamiento y el entrenamiento forzado de elementos individuales de la condición física en las diferentes fases de edad (Grosser et al., 1988, p. 43)

Elementos de la condición física	Fase de edad en años (♂ = masculino; ♀ = femenino)							
	5 - 8	8 - 10	10 - 12	12 - 14	14 - 16	16 - 18	18 - 20	Desde 20
Fuerza Máxima				+♀	+♂ ++♀	++♂ +++♀	+++♂	→
Fuerza de rapidez			+♂♀	+♂ ++♀	++♂ +++♀	+++♂		→
Resistencia de fuerza				+♀	+♂ ++♀	++♂ +++♀	+++♂	→
Resistencia aeróbica		+♂♀	+♂♀	++♂♀	++♂♀	+++♂♀		→
Resistencia anaeróbica				+♀	+♂ ++♀	++♂ +++♀	+++♂	→
Velocidad de reacción		+♂♀	+♂♀	++♂♀	++♂♀	+++♂♀		→
Velocidad máx acíclica			+♂♀	+♂ ++♀	++♂ ++♀	+++♂ +++♀		→
Velocidad máx cíclica			+♂♀	+♂ ++♀	++♂ ++♀	+++♂ +++♀		→
Movilidad	++♂♀	++♂♀	++♂♀	+++♂♀				→

+ inicio cauteloso (1-2 por semana); ++ entrenamiento creciente (2-5 por semana); +++ entrenamiento de alto rendimiento.

Si tenemos en cuenta los datos que los alumnos y alumnas de Educación Secundaria nos han aportado, mediante cuestionario, entre los años 2003 y 2009 en la Comunidad de Madrid, podemos decir que en una muestra de 3.870 alumnos y alumnas de entre 12 y 16 años, prácticamente la mitad, padecían enfermedades crónicas y un poco menos de la mitad, más de una. Estos porcentajes se incrementan progresiva y significativamente con la edad, como hemos comprobado en los centros universitarios (Tabla1). Estas enfermedades crónicas son declaradas (no comprobadas), por lo que suponemos que nos ocultan determinados datos, ya que no aparecen, ni coinciden con los porcentajes diagnosticados en la clínica, enfermedades consideradas por ellos "vergonzantes" (epilepsias, seropositividad SIDA, dermatológicas, neurológicas, psiquiátricas...). Por supuesto, la gravedad de estas afectaciones crónicas es muy variable, predominando aquellas que podríamos determinar cómo leves, pero muy importantes para realizar movimientos correctos; por ejemplo, predominan las enfermedades de refracción visual (astigmatismos, miopías, hipermetropías...), perfectamente corregidas mediante gafas o lentillas. Es bien conocido que el aprendizaje motor y el correcto movimiento no es posible con una mala visión, porque la mayoría de las actividades que realizamos son óculo-motoras.

Tabla 3. Enfermedades crónicas declaradas por el alumnado de Educación Secundaria en la Comunidad de Madrid entre 2003 y 2009 (datos del grupo de investigación "Actividad Física, Salud y Educación UAM").

Comunidad Autónoma de Madrid Enfermedades crónicas	TOTALES 2003-2009	%
TOTAL	3.870	100%
- Total hombres	1.870	48,32%
- Total mujeres	2.000	51,68%
SANOS	1.554	40,15%
- hombres sanos	853	22,04%
- mujeres sanas	701	18,11%
Enfermos	2.041	52,74%
- Hombres enfermos	896	23,15%
- Mujeres enfermas	1.145	29,59%
No sabe/No contesta	275	7,11%
Polipatías	802	20,72%
- Hombres con polipatías	584	15,09%
- Mujeres con polipatías	218	5,63%
Monopatías	1.239	32,02%
- Hombres con monopatías	584	15,09%
- Mujeres con monopatías	655	16,93%

Entre las medidas de salud es imprescindible conocer los hábitos alimentarios de la persona, ya que uno de los requerimientos básicos para realizar actividad física es la obtención correcta de energía de los recursos que tenga almacenado el sujeto. En estados de ayuno o déficit nutricional es muy probable que se produzcan hipoglucemias que pueden tener consecuencias graves en la salud de la persona (malos hábitos como no desayunar o desayunos insuficientes, ayunos de tipo religioso, ayunos para "mantener el peso", etc.).

Por lo tanto, es necesario conocer cuál es el estado de salud de la persona para saber cómo debe ser el plan de actividad física para mantener o mejorar su salud y nunca perjudicarle. Todas las personas tienen derecho a realizar actividad física en la medida de sus posibilidades, sobre todo cuando ésta va a actuar positivamente sobre su estado de salud. Si nos fijamos en el cubo de la salud, podemos tener personas situadas en cualquier cuadrante respecto al estado de salud (Desde el cuadrante I en el que todos los aspectos –físico, psíquico y social- son positivos hasta el cuadrante VIII donde todos los aspectos son negativos).

Respecto a las medidas corporales, nos van a interesar sobre todo los niveles de grasa corporal acumulada, que permitirían estimar trastornos de tipo alimentario (sobrepeso, obesidad o aquellos relacionados con la baja ingesta calórica) actuando en cada caso de acuerdo con estas características para compensar el morfotipo, por ejemplo: si alguien es endomorfo podríamos orientarle a los deportes aeróbicos para ayudarle a disminuir su componente graso, o si es ectomorfo orientarle hacia los deportes de fuerza. El resto de las medidas antropométricas nos interesan para orientar a la persona hacia las actividades para las que está más capacitado, por ejemplo, estaturas altas para baloncesto, salto de altura, voleibol, etc.; personas corpulentas para lanzamientos, levantamientos, lucha, judo…; personas pequeñas para gimnasia, judo, etc.

Respecto a su grado de capacidad fisiológica al ejercicio (aptitud física o aptitud cardiovascular), es necesario conocerla independientemente del estado de salud de la persona; así nos interesaran sus capacidades físicas (fuerza, flexibilidad, resistencia y velocidad), su capacidad de consumo de oxígeno, su respuesta cardiovascular al ejercicio (pulsaciones, tensión arterial) y sus capacidades neuromotrices (coordinación, equilibrio…).

Respecto a sus intereses y motivaciones, entramos en el ámbito psicológico. ¿Qué es lo que le interesa? ¿Cuáles son los motivos que le acercan o le alejan de la práctica deportiva? ¿Qué tipo de personalidad tiene? ¿Qué actividades contribuyen a desarrollar sus intereses y su personalidad (competitivo, colaborativo, introvertido, extrovertido...)? ¿Cuál es su estado de ánimo: está animado, desanimado, alegre, triste,...?. La ignorancia y desconocimiento que la actividad tiene en esa persona puede hacer, como poco, que abandone la práctica físico deportiva, y en casos más graves, que produzca desequilibrios psicológicos (crisis, depresiones, baja autoestima,...).

Respecto a su entorno socio-cultural, hay que tener en cuenta las posibilidades económicas, las ofertas deportivas de su entorno, los aspectos deportivos-culturales de la zona, las aficiones de los amigos (iguales), las instalaciones deportivas de la zona, el ambiente cultural, etc. Todo ello puede hacer que la persona se sienta integrada o marginada, y como hemos señalado, la salud social también importa. Pongamos varios ejemplos, la mayoría de las veces, las personas tendemos a hacer las actividades que hacen nuestros iguales, suelen ser actividades tradicionales en la zona (si hay costumbre en tierras del interior peninsular de jugar en el frontón, es raro aquel que hace vela), contando con las instalaciones de la localidad y su cercanía (si hay frontones abiertos y gratuitos a 5 minutos del domicilio y por el contrario, una piscina en la que hay que pagar, que está a 30 minutos, son dos elementos que influyen para el abandono de la piscina y la elección para acudir a realizar actividad física al frontón: la distancia y el precio), si el grupo social es económicamente modesto no es adecuado plantear actividades físicas caras (por ejemplo, el submarinismo es muy caro comparado con el atletismo) salvo que se hagan actividades promocionales costeadas por alguien ajeno a ellos (por ejemplo un club que pague viajes y preste material), el ambiente cultural puede hacer que el conocimiento y la realización de actividades no sea el correcto y necesiten una persona cualificada para orientar la práctica de actividad físico-deportiva. No cumplir con estos requisitos puede aislar socialmente a las personas y encontrarse marginadas, con lo que se afecta la salud social.

Consecuencias de conocer el estado de la persona

Las consecuencias si no tenemos en cuenta los factores anteriores pueden ser:

– Lesiones

- Agravamientos en el estado de salud
- Muerte

Respecto a las lesiones. Supongamos que alguien que tiene un defecto visual inicia una caminata por el monte sin sus gafas y descendiendo por una ladera no ve bien el desnivel, se tropieza y se cae; o está jugando al balonmano o al baloncesto y le pasan un balón que no es capaz de sujetar y le da en la cara. O trata de saltar un aparato de gimnasia y al no calcular, se estrella contra el aparato. Todas ellas son reales, las hemos presenciado e incluso vivenciado y llevan a producir lesiones, evitables con el uso de la corrección visual.

Romero y Tous (2010) señalan los siguientes como "factores de riesgo intrínsecos" del mecanismo de lesión:

1. Historia lesiva:
    a. Lesiones previas.
    b. Rehabilitación inadecuada.
2. Cualidades físicas y factores relacionados:
    a. Alteración propioceptiva.
    b. Falta de fuerza.
    c. Menor capacidad de coordinación (relación con los conceptos de técnica deportiva y táctica individual).
    d. Gran laxitud articular, causa de inestabilidades funcionales.
    e. Falta de extensibilidad muscular.
    f. Desequilibrios musculares agonista–antagonista: destaca el de cuádriceps–isquiosurales.
    g. Fatiga muscular.
    h. Aumento del retraso electromecánico (EMD), como detonante del aumento de histéresis del complejo miotendinoso.
3. Factores inherentes al deportista:
    a. Género.
    b. Edad.
    c. Predisposición genética.
    d. Factores fisiológicos, tales como el nivel de estrógeno y la ovulación.
    e. Características de la musculatura (capacidad de fuerza explosiva).

f. Extremidad dominante-no dominante.
   g. Etnia del deportista.
4. Factores morfológicos:
   a. Alteraciones generales de la postura.
   b. Alteraciones posturales localizadas, tales como los desalineamientos segmentarios (se destaca la. hiperpronación del pie y un aumento del ángulo Q de la rodilla).
   c. Características morfológicas: se destacan casos como las dimensiones de la ranura intercondílea y el tamaño del ligamento cruzado anterior (LCA).
5. Nivel deportivo:
   a. Inexperiencia del deportista.
   b. Categoría federativa.
6. Factores psicológicos.

Respecto a los agravamientos del estado de salud, pongamos algunos ejemplos. Supongamos que ignoramos el padecimiento de asma provocado por un alergeno polínico estacional y llevamos al sujeto a un ambiente donde haya mucha polinización en esa época, el aumento de ventilación provocada por el ejercicio haría que nuestro deportista respirase mucho polen, con lo que se le podría producir un ataque asmático e incluso la muerte por ello.

Supongamos, por otro lado, que tenemos una persona diabética y que por el esfuerzo le provocamos una crisis hipoglucémica con consecuencias para su estado de salud e incluso compromiso vital. Así con otros enfermos cardiacos, hipertensos, con alteraciones respiratorias, hormonales, inmunitarias, etc., debemos tener en cuenta los posibles agravamientos de sus respectivas enfermedades y estar preparados para ello. En Educación Secundaria en la Comunidad de Madrid hemos encontrado un 3,78% de lesiones de las cuales el 0,86% se produjeron durante las clases de Educación Física (2 h/sem.) y el resto (2,92%) fuera de ellas (Gutiérrez-Castañón et al., 2007). Como se puede ver, porcentajes bajísimos respecto a la población total. Aún así ¿cuáles de ellas han estado provocadas por un problema personal y cuáles han sido por el deporte en sí mismo?

Tabla 4. Alumnos inactivos según la causa.(Gutiérrez-Castañón et al., 2007)

Alumnado 926 (100%)	Actividad normal 673 (72,68%)			
	Falta de actividad 353 (27,32%)	Por causas de salud 166 (17,93%)	Enfermedad 131 (14,15%)	
			Lesión 39 (3,78%)	En Educación Física 8 (0,86%)
				Fuera de Educación Física 31 (2,92%)
		Otras causas 97 (9,83%)		

Por supuesto, podemos incluir las consecuencias psicosociales de desmotivación, baja autoestima, e incluso, depresión, si no sabemos incluir a los sujetos con los que trabajamos en el programa de actividad física.

Respecto a la muerte, el Rush University Medical Center afirma que es raro que las lesiones deportivas ocasionen la muerte y que la causa principal de muerte por lesiones deportivas es la lesión cerebral. Por las condiciones propias podría provocarse una muerte en un diabético al que se le produzca una crisis hipoglucémica, en un asmático con una crisis asmática grave, en algún enfermo hepático por una hepatitis fulminante, en un enfermo cardiaco por una parada cardiorespiratoria. De hecho, en algunas personas aparentemente sanas, incluso después de un reconocimiento médico puede producirse una muerte súbita causada por el ejercicio físico.

La muerte súbita en el deportista se define como el fallecimiento no traumático, que se produce en la primera hora desde la aparición de síntomas durante el ejercicio. Las principales causas son diferentes dependiendo de los grupos de edad; en menores de 35 años, la principal causa es la miocardiopatía hipertrófica, y en mayores de 35 años, la causa es la enfermedad ateroesclerótica coronaria. Existen otras menos frecuentes como las anormalidades congénitas de las arterias coronarias, displasia arritmogénica del ventrículo derecho, enfermedades valvulares, etc. (Pineda Nava, 2004).

En los Estados Unidos la miocardiopatía hipertrófica es la causa más importante (36%), seguida por la anomalía del origen de las arterias coronarias (17%), la miocarditis (6%), la displasia arritmogénica (4%) y por último, con el 4% de los casos, las canalopatías (síndromes de QT prolongado, de Brugada, de QT corto y taquicardia ventricular catecolaminérgica) (Pérez y González Zuelgaray, 2009).

La muerte súbita cardiaca tiene una incidencia anual entre la población general de 1 de cada mil habitantes y en los deportistas 1 de cada 200.000 (Pérez y González Zuelgaray, 2009). En España, respecto a la muerte súbita cardíaca, se calcula que el 12% de las defunciones que se producen de forma natural son súbitas y, de éstas, el 88% son de origen cardíaco. Además, en los pacientes con cardiopatía isquémica es la forma más frecuente de fallecimiento (más del 50%), siendo además el primer síntoma en el 19-26% de los casos (Marrugat, Elosua, y Gil, 1999).

Otro estudio realizado en España, por Suárez-Mier y Aguilera (2002) consistió en estudiar 61 casos de muerte súbita, producidos entre 1995 y 2001, entre 11 y 65 años (59 hombres y 2 mujeres) señala que se produjeron practicando ciclismo (21), fútbol (13) y gimnasia (5). Las principales causas en menores de 30 años fueron la miocardipatia arritmogénica y la hipertrofia ventricular izquierda severa. Un 30 % son inexplicadas. En mayores de 30 años la enfermedad ateromatosa coronaria asociada al ciclismo fue la causa predominante. Las causas de muerte fueron: enfermedad ateromatosa coronaria en 25 casos (40,9%) (23 pacientes mayores de 30 años); miocardiopatía arritmogénica en 10 (16,3%) (7 pacientes menores de 30 años); miocardiopatía hipertrófica en 4 (6,5%); hipertrofia ventricular izquierda idiopática en 3 (4,9%); fibrosis miocárdica postmiocarditis en 2 (3,2%); miocardiopatía dilatada en 1 (1,6%); anomalías en el origen de las arterias coronarias en 2 (3,2%); valvulopatía aórtica en 2 (3,2%) y otras patologías en dos (3,2%). En 10 casos (16,3%; todos menores de 30 años) el origen de la muerte fue indeterminado. En 16 casos (26,2%) existían antecedentes patológicos y en tres se había diagnosticado la enfermedad responsable de la muerte (Suárez-Mier y Aguilera, 2002). En 2006, Manonelles y sus colaboradores amplían el estudio, pues suponemos que los casos anteriores están incluidos en éste artículo. Se recogen 180 casos de muerte súbita, 164 hombres, 12 mujeres y 4 en los que no se ha registrado el género. 84 casos afectaron a menores de 30 años. Los deportes más practicados en el momento del episodio mortal fueron el fútbol (40 casos), el ciclismo

(39), el atletismo (24), el fútbol sala y los deportes de frontón (8 casos cada uno) y la educación física (7). Las causas más frecuentes de muerte súbita fueron la enfermedad ateromatosa coronaria, en 48 casos, la miocardiopatía arritmogénica (11), la miocardiopatía hipertrófica (9), las anomalías coronarias congénitas (5), la hipertrofia ventricular izquierda idiopática (4) y la estenosis valvular aórtica (4). En mayores de 30 años la causa más frecuente de muerte es la enfermedad ateromatosa coronaria con 47 de los 64 casos estudiados (73,43%). Había 4 casos de miocardiopatía arritmogénica (6,25%) y 3 casos (4,68%) de miocardiopatía hipertrófica. En los fallecidos de 30 años o menos las causas más frecuentes fueron la miocardiopatía arritmogénica con 7 casos (13,72%), la miocardiopatía hipertrófica en 6 casos (11,76%), las anomaliás coronarias congénitas en 5 casos (9,8%), la hipertrofia ventricular izquierda idiopática en 4 casos (7,84%) y la estenosis valvular aórtica en 3 casos (5,88%). En este grupo la mayoría de las muertes fueron de origen indeterminado (14 casos, 27,45%)a pesar de haber practicado necropsia completa. (Manonelles et al., 2006).

Según los datos relativos al deporte que practicaban al morir, se puede interpretar que es el tipo de deporte (fútbol) el factor de riesgo, pero esto es relativo porque hay mucha más gente que practica fútbol, que cualquier otro deporte.

EFECTOS PERJUDICIALES PROPIOS DE LA ACTIVIDAD FÍSICA

Incorrecta indicación de actividad física. Mala calidad.

No respetar el Síndrome General de Adaptación (SGA) y los Principios del Entrenamiento que de él se derivan.

Cuando se entrena o se practica actividad físico-deportiva no sólo es importante la cantidad de ejercicio, sino la calidad. La calidad la podemos controlar mediante el respeto a los principios del entrenamiento. Principios basados en el SGA. Lo que se busca con el ejercicio físico es conseguir unas adaptaciones fisiológicas positivas que mejoren la capacidad de rendimiento motor. No hacerlo correctamente, significa desadaptar el organismo y enfermar.

Algunos de estos principios (Grosser et al., 1988; Hahn, 1988; Harre, 1987) son:

1. *Principio de la individualización.* Para hacer un entrenamiento correcto hay que tener presentes todas las características particulares de un sujeto. Hay que tener en cuenta la edad, el sexo y su condición física de base; cada deportista debe saber cuál es la condición física de la que parte, qué es lo que puede hacer y cuál es su progresión individual. Cada uno debe tener su ritmo propio. No tener en cuenta a cada persona y olvidarle en un grupo puede significar o que no mejore o que le causemos un sobreesfuerzo. Todas las que hemos indicado en el primer apartado sobre las condiciones propias del sujeto estarían englobadas en este principio.

2. *Principio del crecimiento paulatino del esfuerzo o progresión.* No mejoraremos nuestra condición física si nos acostumbramos al esfuerzo que estamos realizando y para ello hay que ir aumentando paulatinamente la carga y consecuentemente el esfuerzo a realizar en el entrenamiento (para mejorar), aunque nos puede interesar mantener una determinada condición física. Para mejorar hay que aumentar la carga (el peso, las repeticiones, la velocidad o la distancia). Si aumentamos bruscamente podemos causar una lesión o un sobreesfuerzo. Y para eso, es necesario que el especialista en ejercicio físico supervise el entrenamiento e indique cuándo es necesario variar o aumentar la caga para seguir mejorando.

3. *Principio de la sobrecarga.* Emplear pesos, distancias, velocidades o repeticiones que nos supongan una sobrecarga y nos obligue a realizar un esfuerzo suplementario, nunca buscar la comodidad sin esfuerzo, porque no mejoraremos. Esta sobrecarga debe estar por encima de los que estamos acostumbrados a hacer (que se valora hasta un 20% de la carga máxima que somos capaces de soportar); el trabajo realizado entre el 20 y el 40% de de la carga máxima decimos que es un trabajo con cargas bajas, entre el 40 y el 80% con cargas medianas y superior al 80% con cargas altas. Los niños y niñas que no hayan acabado el crecimiento no deben entrenar con cargas altas, porque éste se podría detener.

Cuando en la actividad física hablamos de carga, estamos hablando de estímulo, que generalmente se concreta en un tipo de ejercicio, definido por tres factores fundamentales que se conjugan entre sí: el volumen, la intensidad y la densidad.

El volumen se refiere a la cantidad de kilómetros que se realizan (distancias) o tiempo de trabajo (minutos), que no siempre se pueden cuantificar con facilidad, cargas que se levantan (Kg), repeticiones o el número de series que se llevan a cabo.

La intensidad se refiere al proceso metabólico utilizado y se mide habitualmente en pulsaciones por minuto (ppm) o mediante consumo de oxígeno (VO_2) de forma más sofisticada y medible con medios de laboratorio.

La densidad se refiere a la distribución entre periodos de entrenamiento y descansos.

Si el volumen es excesivo en kilómetros de carrera, se pueden producir fracturas por estrés en los huesos de los pies, alteraciones en la dinámica de la columna con dolor y lesiones articulares. Si la carga desplazada es excesiva puede producir alteraciones en la columna vertebral, lesiones óseas y lesiones articulares. Los niños y niñas, antes del desarrollo óseo definitivo, no deberían entrenar más de tres días a la semana y durante un par de horas, además del día de la competición. Si la intensidad es excesiva se puede producir fatiga por acumulación de lactato, roturas musculares y ligamentosas y sobrecarga cardiaca. En cuanto a la densidad, si no hay periodos de descanso adecuado para que el organismo se recupere correctamente podemos producir un sobreentrenamiento. Y si son muy largos producimos una desadaptación y pérdida de los efectos logrados con el entrenamiento.

4. Principio de la continuidad. Nos recuerda que en el trabajo físico hay que ser constantes, porque si no, no se produce la adaptación del organismo al esfuerzo e incluso se puede perder aquello que se ha ganado. No se puede hacer actividad física solo un día a la semana o en semanas no consecutivas, hay que ser constantes en el tiempo o las adaptaciones positivas conseguidas se pierden. La protección de la salud debida al ejercicio físico sólo se tiene mientras se realiza, si no se realiza no se tienen, aunque se haya realizado mucha actividad física a lo largo de la vida. Es conocido que los efectos positivos de la actividad física se producen mientras se practica. Si se deja de practicar se pierden esos beneficios.

Se calcula que para mantener los beneficios de la actividad física, y ésta sea saludable, hay que trabajar diariamente al menos 30 minutos. Para mejorar la resistencia y la flexibilidad se puede trabajar cada día, para mejorar la fuerza-resistencia y la velocidad se puede trabajar cada

48 h. y para mejorar la fuerza explosiva se puede trabajar cada 72 horas. Es necesario dejar los periodos señalados de descanso (12, 24 o 48 h.).

5. *Principio de la unidad funcional o de la multilateralidad.* Este principio nos recuerda que el organismo funciona como una unidad, puesto que si dirigimos una acción hacia alguna parte concreta, también se beneficiarán las demás; pero además, si trabajamos una capacidad física en concreto, indirectamente trabajamos las restantes, por eso es necesario trabajar todos los aspectos por igual. Pero también, si hacemos algo mal en una parte, el resto del organismo se resentirá. Sin olvidar que el deportista es una persona que tiene sentimientos y emociones y nunca se le puede tratar como a una máquina.

6. *Principio de la especificidad.* Es necesario, al entrenarse, preparar aquellas partes del organismo que más utilicemos en el deporte o trabajo y a esto es lo que llamamos especificidad. Por ejemplo, un ciclista pedaleando, trabaja sobre todo con las extremidades inferiores, un nadador, nadando, trabaja más con las extremidades superiores. No hacerlo así, además de afectar al rendimiento puede provocar lesiones. Recordamos el caso, de un equipo de balonmano femenino que realizaba mucho entrenamiento de musculación que no era adecuado para su deporte, en el que prácticamente todas las jugadoras terminaron teniendo dañado el hombro o el codo.

7. *Principio de transferencia.* Por este principio, un entrenamiento de un tipo, puede influir en diferentes ámbitos, es decir, al mejorar la velocidad, se mejora en el salto de longitud. Aunque la transferencia de un ejercicio a otro puede ser positiva, negativa o neutra. El ejemplo anterior era positivo. Sin embargo, un entrenamiento de fuerza podría ir en contra de la flexibilidad (transferencia negativa), pero no afecta a la forma de botar un balón (transferencia neutra). Para que no existan transferencias negativas debemos estudiar los efectos del trabajo físico y en cualquier caso compensarlo. El trabajo de fuerza es necesario, pero hay que complementarlo con un trabajo de flexibilidad.

8. *Principio de eficacia.* Hay que entrenar con esfuerzos eficaces, esto es, no se puede estar fatigado o en malas condiciones al entrenar. Se entraría en un estado de fatiga y se perjudicaría la coordinación y ejecución de los gestos específicos precisos.

9. *Principio de la intelectualización o conceptualización.* Como ya hemos dicho antes, somos personas y como tales, responsables de

nuestro estado físico y de salud. Debemos saber cómo estamos, qué tipo de actividad física vamos a realizar y cómo y qué efectos va a tener, además de controlar nuestras sensaciones y acciones.

El entrenamiento cualitativo incluye la forma de realizar la tarea física, teniendo en cuenta los órganos de los sentidos (su integridad y buen funcionamiento), el razonamiento para realizar una determinada tarea de la mejor manera y la activación neuromuscular con eficacia (mínimo gasto energético, sin lesiones y máxima eficacia técnica). Hay que observar muy bien cómo se hace la actividad física, porque podríamos tener algún problema en cualquiera de los tres procesos y que las consecuencias sean la producción de una lesión.

Forma incorrecta de realizar el ejercicio por desconocimiento de los aspectos estructurales

- *Pies.* Debiera ser conocido que los pies actúan como dos trípodes que reparten entre los seis puntos de apoyo todo el peso del cuerpo. La descompensación de este equilibrio puede producir lesiones. Por ejemplo, el hecho de entrenar en una pista de atletismo siempre en el mismo sentido puede provocar sobrecarga en uno de los pies. Si un lanzador de martillo realiza mal las cargas y las rotaciones es posible que termine por tener el pie de apoyo plano y el pie de rotación cavo, por el simple hecho de no compensar las rotaciones en sentido contrario y realizarlas correctamente.

- *Columna vertebral.* La columna vertebral está compuesta por una serie de piezas, las vértebras, que son de mayor tamaño de abajo hacia arriba y cada vez más planas, porque las piezas inferiores deben soportar más peso y las de arriba facilitar el movimiento de la cabeza; por otra parte, tiene cuatro curvas normales que facilitan que la columna tenga un movimiento elástico y flexible. Por lo tanto, hay un enorme riesgo de lesión en posiciones invertidas y si se descompensa la columna en cualquier sentido por efecto de la musculatura.

- *Hombros.* Los hombros evolutivamente tienen mucha movilidad, pero han perdido su capacidad para apoyar y realizar cualquier actividad que se base en ello (gimnasia, salto con pértiga) debe, antes de nada, fortalecer la musculatura que sujeta la articulación para que no se luxe.

- *De las articulaciones.* Las articulaciones son los amortiguadores naturales del cuerpo humano, cualquier sobrecarga o desequilibrio contribuirá a dañar las articulaciones: terrenos muy blandos o muy duros o trabajo insistente en cualquier articulación. Se deben tomar medidas para evitar estas sobrecargas y cuidar las articulaciones antes de producirse la lesión (elección del terreno, zapatillas adecuadas, material y carga de ejercicios adecuados).

- *Desequilibrios musculares:* Una de las funciones de nuestra musculatura es la de mantener todos los huesos articulados del organismo en su sitio. Para ello debe estar equilibrada la fuerza de nuestros músculos del lado derecho y los del lado izquierdo y los anteriores con los posteriores. Mientras que los laterales deben tener la misma fuerza, entre los anteriores y posteriores debe haber la siguiente diferencia según Hettinger y Hollmann (Einsingbach, Klümper, y Biedermann, 1989, p. 54):

Articulación	Extensores	Flexores	Otros movimientos	
Columna cervical	100	60		
Columna lumbar	100	70-80		
Hombro	20	100	Adducción/abducción	100;40-60
			Rotación interna/externa	100;50
Codo	70-80	100	Supinación/pronación	100;95
Mano	30-40	100		
Cadera	100	85-95	Adducción/abducción	100;70-80
			Rotación interna/externa	100;10-20
Rodilla	100	60-70		
Pie	70	100	Supinación/pronación	100;40-50

Forma incorrecta de realizar el ejercicio por desconocimiento de los aspectos fisiológicos

- *Síndrome general de adaptación (SGE):* La actividad física actúa como un agente al que se reacciona con unas medidas inmediatas y se puede producir a largo plazo una adaptación (deseable) o una desadaptación que puede producir: lesiones, enfermedades o la muerte.

- *Nutrición e hidratación:* Para tener los nutrientes necesarios y líquidos para obtener energía es imprescindible tener una alimentación equilibrada cualitativa y cuantitativamente, además de tener la hidratación adecuada. De no cumplirse estos requisitos se pueden padecer hipoglucemias por falta de hidratos de carbono, pueden producirse deshidrataciones por falta de líquidos imprescindibles para la vida o hiperhidrataciones que pueden producir pérdidas de electrolitos y la muerte. Además, la nutrición e hidratación deben producirse en los momentos adecuados para evitar problemas digestivos.

Hay una patología conocida como la "triada de la deportista" (alteración alimentaria, osteoporosis, alteraciones menstruales) que en realidad no es producida por el deporte, sino por la persona deportista que padece un trastorno alimentario que afecta a los otros dos componentes, ya que producen osteoporosis por falta de calcio y trastornos menstruales por falta de grasa y que se agrava con el hecho de realizar ejercicio físico intenso.

- *Aspectos genéticos: tipo de fibra muscular.* Genéticamente se nace con un tipo de distribución de fibras musculares diferentes, predominando las rojas, las blancas o mixtas mezclando rojas y blancas en distintos porcentajes, en función de ello, la persona puede ser más veloz, más resistente o estar dotado para esfuerzos mixtos. Hay que tenerlo en cuenta a la hora de escoger la actividad física a realizar, donde se encontrará más cómodo por el tipo de metabolismo que realizan sus fibras musculares (aeróbico, anaeróbico o mixto).

POR LOS ACCIDENTES Y LESIONES PROPIAS DEL DEPORTE

Biológicos

La lesión deportiva puede ser definida como aquel accidente traumático o estado patológico, como consecuencia de la práctica deportiva (Serrano-Santos, 2008).

Es conocido que cada actividad deportiva genera un determinado tipo de lesiones. Por ejemplo, en baloncesto, balonmano o voleibol las lesiones que más frecuentemente se producen son lesiones en la mano, por coger mal el balón, como el dedo en martillo, el esguince del pulgar o el pulgar del guardabosque, las luxaciones y las fracturas de los dedos. Además se producen esguinces de tobillo, por mal apoyo sobre la superficie de juego, la ingle del futbolista al saltar hacia atrás, la tendinitis rotuliana o rodilla del saltador, la fractura del rotador por lanzar por encima del hombro y la bursitis subacromial (Williams, 1988).

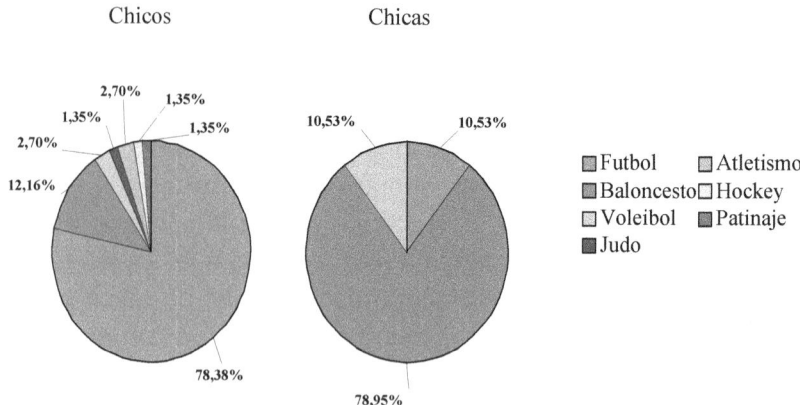

Figura 2. Distribución de las lesiones por deportes y género (Pérez Turpin et al., 2008) sobre una muestra de 93 participantes (74 chicos y 19 chicas) lesionados realizando deporte escolar en la provincia de Alicante

Según sus datos, alrededor del 21 % de todos los traumatismos craneoencefálicos en niños y adolescentes estadounidenses se producen en los deportes y las actividades recreativas. La mayoría de las lesiones en la cabeza sufridas en deportes o actividades recreativas, se producen en el ciclismo, el patín y el patinaje.

En sus datos, los niños de entre 5 y 9 años de edad, sufren la mayoría de las lesiones relacionadas con las "áreas de recreo" y el ciclismo. Las lesiones relacionadas con el ciclismo y los deportes también afectan a niños mayores y adolescentes, además de las que se producen por agotamiento. La mayor cantidad de lesiones suceden en deportes que implican contacto y golpes. Las lesiones más graves suceden en deportes individuales y actividades recreativas (Rush University Medical Center).

Tabla 5. Estadísticas por actividades 5-14 años en 1998 en EE.UU. (valores absolutos) (Rush University Medical Center)

Deporte	Lesionados	Muertes
Baloncesto	200.000 (70% varones)	
béisbol	90.000	3-4 *
Softbol	26.000	
Ciclismo	320.000	225
Fútbol americano	159.000	
Gimnasia	25.500**	

Deporte	Lesionados	Muertes
Patinaje sobre hielo	15.500	
Patinaje en línea	67.000	33
Patinaje sobre ruedas	32.000	
Patín	27.500	
Trineo	8.500	
Esquí	13.500	
Snowboard	9.000	
Fútbol	77.500	
Trampolines	75.000	

*Es la tasa de mortalidad más alta entre los 5 y 14 años
**Entre las niñas es la tasa más alta de lesiones

Aún teniendo estos datos absolutos delante, y siendo indicativos, nos haría falta saber cuál es el número de practicantes totales de cada actividad y cuál es el número de horas dedicadas a ellas. Es evidente que a más practicantes y más tiempo de práctica más lesiones se producen.

En España, Chamorro et al. (2009) analizaron la epidemiología asistencial en la patología de causa deportiva y su impacto en el servicio de urgencias hospitalario de 2.000 lesiones deportivas consecutivas atendidas durante un periodo de 4 años. Es decir, que atendieron una media de 500 lesiones al año, aunque desconocemos la población total atendida por el centro de salud, la proporción de deportistas y el número de horas dedicadas al deporte tanto por los no lesionados como por los lesionados. Según sus datos la mayoría de asistencias por lesiones deportivas se producen en varones (85%), con una edad media de 26 ± 10 años. El deporte que más lesiones aporta es el fútbol (49,5%), seguido del ciclismo (9,5%) y del baloncesto (8,7%). La mayoría de las lesiones se localizan en el miembro inferior (56%), principalmente contusiones (33,8%) y lesiones ligamentosas (30,1%) (Garrido Chamorro et al., 2009).

Según Álvarez et al. (2005) en un estudio de febrero a julio de 2003 (6 meses) asistieron 134 urgencias por lesiones deportivas, con mayor frecuencia en febrero (22,81%), marzo (25,3%) y abril (11,27%); el 68% fueron varones; con una edad media de 20 años, siendo el 51% menores de 18 años. Los deportes más frecuentes fueron fútbol (37,3%) y esquí (16,4%); 94% consultaron por una lesión; el 45,5% situada en los miembros inferiores y el 36,6% en los miembros superiores. El mecanismo lesional más frecuente fue traumatismo directo (41%). El diagnostico más frecuente fue el esguince (45,5%). El 41,8% fueron lesiones leves.

Aspectos psicosociales de la actividad física

Miedo al éxito/fracaso

En deportistas o jóvenes sometidos a mucha presión se pueden producir dos problemas: el miedo al éxito o el miedo al fracaso, cualquiera de ellos va a hacer que se afronte la competición con mucha angustia.

Dependencias

A sustancias que mejoren el rendimiento. Dopaje. El hecho de tener que conseguir la victoria o mantenerse en un nivel alto puede hacer que el deportista busque apoyo en sustancias prohibidas para tratar de mejorar el rendimiento (dopaje).

Al propio ejercicio: Vigorexia. La necesidad de verse cada vez mejor y de sentirse bien puede hacer que se cree una excesiva dependencia al cuerpo y al ejercicio, es lo que se llama la "vigorexia". La persona solo vive para hacer ejercicio y tener un cuerpo perfecto. Si en algún momento este deportista no hace ejercicio se encuentra muy mal.

Grupo: aceptación-rechazo. En los deportes de equipo o en los clubes de deportes individuales es necesario sentirse aceptado. Muchas veces compañeros y entrenadores provocan la marginación y el rechazo de muchos deportistas ocasionando que abandonen la práctica deportiva.

EFECTOS POR LAS CONDICIONES MEDIOAMBIENTALES EN QUE SE REALICE

Por el terreno y/o las instalaciones

El terreno donde se haga la actividad física puede ser causa de lesiones. Cuanta más incertidumbre haya en el medio, más facilidad puede haber para las lesiones. En el montañismo, las caídas por los desniveles, el suelo no afirmado que también puede provocar caídas, la caída de piedras, etc. Sin embargo, en las instalaciones deportivas que son más "estables" también puede haber lesiones por resbalones en piscinas o en pavimentos mal encerados, juntas de dilatación en los suelos, alcantarillas mal rasadas, instalaciones eléctricas en mal estado, pistas mal cuidadas con agujeros y montículos, objetos y elementos peligrosos, humedades y polvo que facilitan la aparición de enfermedades respiratorias, posibilidad de infecciones por aguas de piscina mal tratadas, por vestuarios y duchas que no están bien desinfectadas, entre otras.

Material

El material también puede ser causa de lesiones. Calzado mal elegido o inadecuado para la práctica específica de un deporte, mochilas mal ajustadas, desequilibradas y con exceso de peso, raquetas inadecuadas a la edad del practicante, bicicletas de tamaños no adecuados a la corpulencia, u otro material inadecuado. Material en mal estado: cuerdas desgastadas, arneses en mal estado, calzado desgastado, pértigas que pueden romperse, cascos en mal estado u otras medidas de protección en malas condiciones. Material no adecuado a las circunstancias: no llevar prendas de abrigo y que aíslen bien en deportes náuticos o de invierno (gorros, guantes, capas, plumíferos,...). Equipación inadecuada que pueda producir roces, heridas o alergias.

Clima y meteorología

En el momento que estamos finalizando estas líneas hemos conocido la desaparición de algunos montañeros y lugareños en el Himalaya ya que acudieron en época de monzones y una lluvia torrencial provocó desprendimientos y formó ríos de lodo que sepultaron todo a su paso. Es necesario conocer el clima de estas zonas especiales donde se hace deporte y los condicionantes meteorológicos que nos podemos encontrar.

En España los accidentes por la práctica del barranquismo son más frecuentes en verano, porque hay más afluencia de practicantes y porque en los cauces de los ríos hay poca agua.

La práctica de ejercicio en horas de mucho calor es un factor de riesgo muy importante por la deshidratación o los golpes de calor. Así mismo el ejercicio en ambientes muy fríos hay que realizarlo debidamente protegidos.

Contaminantes

Es bien conocido que el ejercicio físico aumenta varias veces el volumen respiratorio del deportista, por lo que hacer deporte en determinados ambientes contaminados hace que ese deportista sea más sensible a la contaminación, ya sea CO_2, pólenes o el cloro de las piscinas.

Ámbito social y cultural

El medio sociocultural en el que se haga la actividad física puede influir en la salud. Mujeres u hombres que hagan deportes considerados de hombres (fútbol, boxeo) o de mujeres (gimnasia rítmica) respectivamente, pueden estar mal vistos y considerados e influir en el estado anímico de los practicantes. Otros deportes pueden ser considerados de personas pudientes y de un nivel social elevado (golf, esquí, motonáutica, equitación, motociclismo, automovilismo...) o de un nivel social bajo (ciclismo, atletismo, boxeo,...) y presionar a los participantes psicológicamente. En los ámbitos de determinados deportes, se están formando grupos de aficionados que fomentan la violencia alrededor de esos deportes (fútbol).

Dependiendo del interés socioeconómico se pueden poner en marcha mecanismos para ganar a toda costa: lesionar al contrario, que no jueguen determinados jugadores, ignorar a determinados compañeros, despreciar y provocar a los contrarios, maltratar a los propios jugadores del equipo...

PREVENCIÓN Y SEGURIDAD

Prevención

Todos los factores señalados anteriormente se pueden prevenir.

Respecto al estado de la persona, es conveniente realizar un reconocimiento médico-deportivo anual y seguir las indicaciones de nuestro médico en caso de tener alguna enfermedad. Por otra parte, es necesario que el profesional de la actividad física conozca bien los diferentes datos de cada persona con la que trabaja para individualizar correctamente sus planes de entrenamiento.

Respecto a la actividad física, hay que diseñarla cuidadosa y adecuadamente. Para ello se necesita tener conocimientos adecuados y actualizados. Se puede utilizar el cubo de la salud para analizar hacia dónde se dirige la "flecha" de la actividad y cuidar que tenga efectos positivos.

Respecto a los riesgos de cada actividad física, hay que conocerlos y tomar las medidas adecuadas para prevenirlos, así como asumir los riesgos en las condiciones en que se realice o saber suspender la actividad si carecemos de la seguridad necesaria (tiempo atmosférico adecuado, cuerdas, arneses, espinilleras, rodilleras, cascos, coquinas, guantes, tobilleras, taloneras, equipación adecuada...).

CONCLUSIONES

Para terminar este capítulo concluimos con las siguientes afirmaciones:

- Hay un refrán que dice que "Lo que mal empieza, mal acaba". La actividad física tiene que realizarse adecuadamente para obtener beneficios.
- Los perjuicios de la actividad física son menores que los beneficios.
- Los perjuicios pueden preverse y prevenirse.
- La probabilidad de lesión o enfermedad es menor a la de otras actividades.
- El coste de los perjuicios queda minimizado por los beneficios obtenidos.

REFERENCIAS

- Álvarez Cueto, B., Pérez Villanueva, N., y Viribay Lorite, F. (2005). Las lesiones deportivas atendidas en el área de urgencias. Emergencias: Revista de la Sociedad Española de Medicina de Urgencias y Emergencias, 17(6), 243-250.
- Cahill, B. R., y Pearl, A. J. (1993). Intensive Participation in Childrens Sports. Champaign, IL.: Human Kinetics.
- Einsingbach, T., Klümper, A., y Biedermann, L. (1989). Fisioterapia y rehabilitación en el deporte. Barcelona: Scriba.
- Garrido Chamorro, R. P., Pérez San Roque, J., González Lorenzo, M., Diéguez Zaragoza, S., Pastor Cesteros, R., López-Andújar Aguiriano, L., et al. (2009). Epidemiología de las lesiones deportivas atendidas en urgencias. Emergencias: Revista de la Sociedad Española de Medicina de Urgencias y Emergencias, 21(1), 5-11.
- Grosser, M., Starischka, J., y Zimmermann, E. (1988). Principios del entrenamiento deportivo Barcelona: Ediciones Martinez Roca, S. A. .
- Gutiérrez Castañón, E., Valbuena Láiz, C., Álvarez Barrio, M. J., Cid Yagüe, L., Martínez de Haro, V., y Muñoa Blas, J. (2007). Causas de absentismo en educación física en ESO. Selección, 16(2), 84-90.
- Hahn, E. (1988). Entrenamiento con niños. Barcelona: Ediciones Martinez Roca, S.A.
- Harre, D. (1987). Teoría del entrenamiento deportivo. Buenos Aires: Stadium.

- Manonelles Marqueta, P., Aguilera Tapia, B., Boraita Pérez, A., Pons de Beristain, C., y Suárez Mier, M. P. (2006). Estudio de la muerte súbita en deportistas españoles. Investigación Cardiovascular, 9(1), 55-73.
- Marrugat, J., Elosua, R., y Gil, M. (1999). Muerte súbita (I). Epidemiología de la muerte súbita cardíaca en España. Revista Española de Cardiología(52), 717-725.
- Martínez de Haro, V., Álvarez Barrio, M. J., del Campo Vecino, J., Cid Yagüe, L., Muñoa Blas, J., y Quintana Yañez, A. (2007). Educación Física y Salud. In A. Jiménez Gutiérrez y C. Atero Carrasco (Eds.), Actas de las Jornadas Internacionales de Actividad Física y Salud GANASALUD 27-29 noviembre 2006. Madrid: Consejería de Deportes. Comunidad de Madrid.
- Martínez de Haro , V., Álvarez Barrio, M. J., Del Campo Vecino, J., Cid Yagüe, L., Muñoa Blas, J., y Quintana Yañez, A. (2008). Dimensiones de la Salud y Educación Física. In Á. H. d. Lucas (Ed.), Libro de ponencias, abstracts y pósters del III Congreso Internacional Universitario sobre las Ciencias de la Salud y el Deporte (pp. 181-184). Madrid: Fundación Atlético de Madrid.
- Martínez de Haro , V., y Cid Yagüe, L. (2005). Actuaciones en Educación Física para un Programa de Educación de la Salud. Revista Pedagógica ADAL(9), 16-24.
- Martínez de Haro, V., y Cid Yagüe, L. (2007). Evaluación fisiológica y de la salud en Educación Física. Revista Pedagógica ADAL(13), 32-38.
- Pérez, A., y González Zuelgaray, J. (2009). Muerte súbita en deportistas. Importancia del reconocimiento de las miocardiopatías. Insuficiencia Cardiaca, 4(3), 130-135.
- Pérez Turpin, J. A., Cortell Tormo, J. M., Suárez Llorca, C., Andreu Cabrera, E., Chinchilla Mira, J. J., y Cejuela Anta, R. (2008). La salud en la competición deportiva escolar. Revista Internacional de Medicina y Ciencias de la Actividad Física y el Deporte Http://cdeporte.rediris.es/revista/revista31/artsalud81.htm, 8(31), 212-223.
- Pineda Nava, G. (2004). Muerte súbita en el atleta. http://www.efdeportes.com/ Revista Digital (70).
- Romero Rodríguez, D., y Tous Fajardo, J. (2010). Prevención de lesiones en el deporte. Claves para un rendimiento óptimo. Madrid: Editorial médica panamericana.
- Rush University Medical Center. Las Estadísticas de las Lesiones Deportivas. 2010, from http://www.rush.edu/spanish/speds/adolescent/sis.html
- Serrano Santos, M. M. (2008). Prevención de accidentes en el ámbito escolar y primeros auxilios ante las lesiones más frecuentes en la práctica físico-deportiva Lecturas, Educación Física y Deportes, Revista Digital http://www.efdeportes.com/ 12(117).
- Suárez-Mier, M. P., y Aguilera, B. (2002). Causas de muerte súbita asociada al deporte en España. Revista Española de Cardiología, 4(55), 347-358.
- Williams, J. P. R. (1988). Lesiones deportivas. Manual. Madrid: Raices.

Capítulo 2

VALORACIÓN DE LA ACTIVIDAD FÍSICA Y LA CONDICIÓN FÍSICA RELACIONADA CON LA SALUD

Virginia A. Aparicio García-Molina
Ana Carbonell Baeza
Manuel Delgado Fernández.

INTRODUCCIÓN

En personas adultas, el nivel de condición física se considera hoy día un importante predictor de morbilidad y mortalidad (Castillo et al., 2006). La evidencia científica más reciente indica además, que el nivel de condición física puede ser considerado un potente indicador de salud también en la infancia y adolescencia (Artero et al., 2008, 2009, 2010; Castillo et al., 2005, 2006; García-Artero et al., 2007). Ha sido demostrado que existe una correlación entre la falta de ejercicio y de condición física y un determinado número de patologías (obesidad, diabetes, osteoporosis, dolores de espalda y articulares, enfermedades cardiovasculares, prevalencia de cierto tipo de cánceres, alteraciones del metabolismo de los glúcidos y lípidos, problemas psico-sociológicos, etc.) (Wilder et al., 2006). Por lo tanto, la condición física presenta una estrecha relación con la salud y está determinada en cualquier caso por el nivel de actividad física regular de los sujetos (Artero et al., 2009; García-Artero et al., 2007; Jimenez, 2007; Ortega et al., 2008). Sin embargo, a pesar de la necesidad de valorar la condición física y por lo tanto la utilidad que presentan las baterías de condición física, no existe aún consenso total sobre la metodología a emplear para su evaluación, atendiendo a diferentes poblaciones y grupos de edad, especialmente en niños y adolescentes (Artero et al., 2009; Ortega et al., 2008).

ACTIVIDAD FÍSICA, EJERCICIO FÍSICO Y FITNESS

Actividad Física, ejercicio físico y fitness son conceptos diferentes pero interrelacionados. La actividad física se refiere a cualquier movimiento producido por la musculatura que suponga un gasto energético (Caspersen, Powell, y Christenson, 1985). Ejercicio físico es una subcategoría de actividad física que hace referencia a actividad física planificada, estructurada, repetitiva e intencionada; y fitness es considerada una medición integrada de todas las funciones (musculoesquelética, cardiorrespiratoria, hemato-circulatoria, psico-neurológica y endocrinometabólica) y las estructuras implicadas en el rendimiento físico-deportivo y/o ejercicio físico (Castillo et al., 2005, 2006). En otras palabras, actividad física y ejercicio físico hacen referencia a los movimientos que la gente hace, mientras que el fitness es un conjunto de atributos que la gente tiene o adquiere (Bouchard y Sheppard, 1994; Caspersen, Powell, y Christenson, 1985). A su vez, estos mismos autores consideran que el fitness relacionado con la salud es la habilidad de desarrollar las actividades de la vida cotidiana con vigor y sin fatiga, así como todas las capacidades asociadas con un menor riesgo de enfermedad crónica y muerte prematura).

METODOLOGÍA DE MEDICIÓN DEL FITNESS RELACIONADO CON LA SALUD

En los últimos años ha cobrado interés la medición del fitness relacionado con la salud. Dicho estado de fitness puede ser cuantificado objetivamente a través de diversos métodos de laboratorio, tales como test incrementales en tapiz rodante (Cureton et al., 1995) o cicloergómetros (Buono et al., 1991), dinamometría isocinética (De Ste Croix, Deighan y Armstrong, 2003) o una repetición máxima (Milliken et al., 2003). Sin embargo, estos test no son viables y prácticos para la mayor parte de la población debido a su alto coste y la necesidad de instrumentos sofisticados, personal técnico cualificado y tiempo necesario para su desarrollo.

Los test de campo son comúnmente empleados en estudios epidemiológicos, especialmente los desarrollados en colegios. Durante las últimas dos décadas numerosas baterías de test de campo han sido desarrolladas y empleadas para evaluar el nivel de fitness en niños y adolescentes (Council of Europe Committee for the Development of Sport. Eurofit., 1988; Cooper Institute for Aerobics Research., 2004; Russell, Isaac y Wilson., 1989; Australian Council for Health Physical Education and Recreation (Achper).,1996; China's National Sports and Physical Education Committee., 1990). Sin embargo, tanto la validez como la fiabilidad son características que necesitan ser consideradas en toda medición (Currel y Jeukendrup et al., 2008; Ortega et al., 2008). La validez se refiere a la habilidad de un test de reflejar y medir aquello para lo que fue diseñado (Docherty, 1996). El test no será válido aunque mida siempre con exactitud pero no aquello que queremos medir o no correctamente cuando lo comparamos con una técnica de referencia o "gold standard" (por ejemplo, que mida 5 kilos de más siempre en todos los test) (Atkinson y Nevill, 1996). La fiabilidad se refiere a la reproductividad de medidas de un test en diferentes intentos en el mismo individuo, o lo que es lo mismo, que si realizamos el mismo test en dos ocasiones en las mismas condiciones y próximas en el tiempo, obtengamos resultados similares (Hopkins, 2000). De hecho, a pesar de este incremento en el interés científico por valorar la condición física relacionada con la salud , hay una falta de consenso a la hora de diseñar y aportar estudios de fiabilidad y validez que soporten dichos test o baterías de test (Artero et al., 2010).

VALORACIÓN DE LA CONDICIÓN FÍSICA Y SU RELACIÓN CON LA SALUD

Evaluar el estado de condición física es una tarea compleja, dado que son múltiples los elementos a considerar y esa complejidad puede aumentarse tanto como se desee. De manera práctica, dicha valoración se realiza mediante una batería de pruebas adecuadamente validadas que permitan obtener una completa estimación de las principales cualidades físicas y capacidades fisiológicas que posee el individuo y que le permiten realizar ejercicio. Conocer el estado de condición física que posee la persona es fundamental para iniciar y mantener un programa de ejercicio físico que sea efectivo como terapia frente a las consecuencias del envejecimiento (Artero et al., 2009; Castillo-Garzón, 2007; García-Artero et al., 2007; Jiménez, 2007).

La baterías de tests utilizadas para valorar de manera integral la condición física del sujeto deben incluir pruebas para valorar las capacidades psico-cinéticas del individuo, como son los tiempos de reacciónpercepción, capacidad para mantener el equilibrio, tanto estático como dinámico, capacidad coordinativa, de agilidad, fuerza, tanto de tren superior como inferior, movilidad-elasticidad, resistencia y, por supuesto, capacidad aeróbica. (Castillo-Garzón, 2007).

Si bien la valoración del rendimiento físico se remonta a la antigua Grecia y Egipto, no es hasta el siglo pasado cuando aparecen los primeros trabajos científicos al respecto (Ferrando, Quílez y Casajús, 2000). En las últimas décadas son muchas las baterías de test surgidas para valorar la condición física del individuo. De todas ellas destacan: en 1958, la Batería de la AAHPERD; en 1964, la Batería de Fleishman; en 1969, la Batería de la CAHPER; en 1970, la Batería de la ICSPFT; en 1980, el Test de Leuven Growth Study; en 1981, el Test de Condición Motora Moper; en 1983, el Test de Condition Motrice pour les Ecoler Finlandeses; y el Test de AFROTC. En cuanto a Europa, encontramos como principal propuesta la elaborada entre 1978 y 1988 por el Comité para el Desarrollo del Deporte del Consejo de Europa, bajo el nombre de Batería Eurofit.

Las baterías de tests de condición física relacionada con la salud (Health-related fitness test batteries):

No es hasta la segunda mitad de los años noventa cuando aparecen instrumentos claramente orientados al ámbito de la condición física relacionada con la salud (health-related fitness). Actualmente, de entre las baterías que merecen ser mencionadas en el campo de la actividad física relacionada con la salud, tanto por su diseño, como por los estudios que las soportan destacamos las siguientes:

- Batería Eurofit para Adultos (Oja y Tuxworth., 1995).
- CPAFLA, Canadian Physical Activity, Fitness and Lifestyle Appraisal (1996).
- Health-Related Fitness Test Battery for Adults UKK (Suni et al., 1996).
- La batería de condición física para personas mayores "Senior Fitness Test" (Rikli y Jones, 1999).
- Hacia un nuevo enfoque: Batería ALPHA para niños y adolescentes (2010).

a) La Batería Eurofit para Adultos, evaluación de la condición física relacionada con la salud (Oja y Tuxworth., 1995), (adaptado de Jiménez, 2007)

El proyecto Eurofit nació en Paris, en 1978, en el marco de un seminario del Comité para el Desarrollo del Deporte del Consejo de Europa. Según sus autores, se advirtió en aquel momento que la condición física de los niños suscitaba inquietud creciente en el seno de los países miembros, porque éstos también eran víctimas de la revolución provocada, a partir de la segunda guerra mundial, por la generalización de los medios de transporte individual (automóvil) y del ocio a domicilio (televisión). Este proyecto respondía además a la voluntad de aplicar el principio del Deporte para Todos, de acuerdo con las directrices del Consejo de Europa, con el propósito de que todos los ciudadanos europeos, sobre todo los más jóvenes, pudieran conocer la satisfacción que aporta una actividad física favorecedora del propio desarrollo (Oja y Tuxworth, 1995).

Así, la Batería Eurofit para Adultos, que reúne una serie de tests de evaluación de la condición física, fue concebida con el objetivo de promover la salud, la capacidad funcional y el bienestar de los individuos y de las poblaciones, mediante un instrumento de medición y evaluación de las dimensiones de la condición física que guardan relación con la salud.

Los tests Eurofit para Adultos, según el Comité para el Desarrollo del Deporte del Consejo de Europa, deberían permitir, por tanto:

- Determinar el nivel de condición física de los individuos, grupos de individuos, categorías específicas de población o poblaciones enteras.
- Evaluar el nivel de condición física relacionada con la salud en relación con valores medios para la población y, si es posible, con valores críticos.
- Disponer de una base de conocimientos y facilitar actuaciones a favor de la condición física y del ejercicio físico en relación con la salud.

La batería de tests Eurofit para Adultos está destinada, prioritariamente, a los adultos en edad de trabajar (es decir, de 18 a 65 años aproximadamente) y está compuesta por los siguientes test:

- Dinamometría de prensión manual. - Peso. - Talla. - Salto de longitud horizontal con pies juntos. - Sit and reach (flexión profunda de tronco). - 20 metros en velocidad.	- Carrera de ida y vuelta 10x5.Tapping test. - Test del flamenco (test de equilibrio monopodal en 60 segundos). - Abdominales en 30 segundos. - Course Navette. - Flexión de brazos mantenida.

El desarrollo de la Batería Eurofit para Adultos supuso un importante proyecto de cooperación internacional entre 15 países europeos, que se extendió a lo largo de 5 años (1990-1995).

b) Canadian Physical Activity, Fitness and Lifestyle Appraisal (CPAFLA), (1996)

La propuesta del CPAFLA incluye:

1. El índice de masa corporal (IMC).
2. Pliegues subcutáneos (en tríceps, bíceps, subescapular, cresta ilíaca y gemelo).
3. Fuerza de agarre manual.
4. Número máximo de flexiones de brazos (push-ups).
5. Abdominales parciales a un ritmo máximo de 25/minuto, durante 1 minuto.
6. Flexión de tronco se posición sentada (sit-and-reach).
7. Salto vertical, y cálculo de la potencia extensora de piernas utilizando la fórmula de Lewis (en Fox y Mathews, 1974) hasta 1999, y desde entonces la ecuación de Sayers (1999).
8. Estilo de vida.
9. Participación en programas de actividad física.

c) Health-Related Fitness Test Battery for Adults UKK, (HRFT-UKK) (Suni et al., 1996)

La Batería de Test de condición física relacionada con la salud para adultos del Instituto Urho Kaleva Kekkonen (Tampere, Finlandia) fue desarrollada en 1996 por Suni, Oja, Laukkanen, Miilumpalo, Pasanen, Vuori y Bös.

Según Suni et al. (1999), la batería HRFT-UKK es la única diseñada para promover la práctica de actividad física de los adultos de mediana edad que ha sido sistemáticamente analizada para garantizar su fiabilidad (Suni et al., 1996), seguridad y viabilidad, y su validez en relación con la salud (Suni et al., 1998).

Esta Batería consta de las siguientes pruebas:

1. Equilibrio monopodal con brazos a lo largo del cuerpo.
2. Test UKK de caminar 2km.
3. Salto vertical.
4. Sentadilla con una pierna.
5. Extensión lumbar estática (4 minutos).
6. Fondos de brazos (con una mano sobre la otra).
7. Flexión lateral de tronco.
8. Flexibilidad de isquiotibiales (extensión activa de rodilla desde tendido supino con flexión de cadera).
9. Composición corporal (IMC).

d) Batería de condición física para mayores. Senior Fitness Test (Rikli y Jones, 1999)

Es el la batería más empleada para valorar la condición física del mayor (personas mayores de 60 años) y está altamente contrastada científicamente en numerosos estudios. Cuenta con los siguientes test, que desarrollamos brevemente dada la falta de conocimiento general por parte de los evaluadores a la hora de desarrollar dicha batería:

- 30 segundos "chair-stand test": Número de veces que la persona se sienta y levanta de una silla en 30 segundos. Permite estimar la fuerza de tren inferior.
- "Arm curl test": Flexiones de brazos en 30 segundos. Estima la fuerza del tren superior.
- "Chair sit and reach": Test de flexibilidad de la cadena posterior, desde una silla con una regla sobre la que deslizar la punta de los dedos.
- "Back scratch test": Consiste en alcanzarse las yemas de los dedos por la espalda, pasando un brazo por encima de los hombros y otro por la espalda de forma lateral. Mide la flexibilidad del tren superior.
- Test de los 6 minutos caminando: Se mide la distancia recorrida

en metros durante esos 6 minutos para valorar la capacidad aeróbica del mayor.
- Test de los 2 minutos de step: Alternativa para valorar la capacidad aeróbica del test de los 6 minutos. Indicado cuando no se cuenta con espacio suficiente.
- "8 foot up and go": Se cuantifica el tiempo en segundos que la persona emplea para levantarse de una silla, rodear un cono situado a 1,44 m. y volver a sentarse. Todo ello caminando. Mide agilidad-coordinación y equilibrio dinámico.
- Altura.
- Peso.

Las baterías de tests de condición física relacionada con la salud en España (adaptado de Jiménez, 2007).

De entre todas las baterías de tests de condición física relacionada con la salud elaboradas en España, destaca especialmente la Batería AFISAL-INEFC (Rodríguez et al., 1995):

Fue creada en 1995 por el profesor Rodríguez y sus colaboradores. Esta batería fue desarrollada como parte del proyecto AFISAC (Actividad Física y Salud para adultos en Cataluña) en el INEFC de Cataluña entre 1992 y 1995, con el objetivo de valorar la condición física saludable de la población participante en distintas fases del proyecto.

Esta batería consta de 8 pruebas, realizadas en el siguiente orden:

1. Cuestionario de aptitud para la actividad física (versión española de Rodríguez, 1994, del reconocido PAR-Q de Chislom et al., 1978, en versión de Thomas, et al., 1992).
2. Valoración composición corporal (IMC, ICC y porcentaje graso estimado).
3. Fuerza máxima de prensión.
4. Equilibrio estático monopodal sin visión.
5. Fuerza-resistencia abdominal.
6. Flexibilidad del tronco (sit-and-reach).
7. Fuerza explosiva del tren inferior (salto vertical).
8. Prueba sub-máxima de predicción del consumo máximo de oxígeno (caminar 2 km).

HACIA UN NUEVO ENFOQUE: BATERÍAS DE CONDICIÓN FÍSICA CON POCOS TEST PERO CUYA RELACIÓN CON LA SALUD, VALIDEZ Y FIABILIDAD, ESTÁN ALTAMENTE CONTRASTADAS: LA BATERÍA ALPHA DE FITNESS RELACIONADO CON LA SALUD PARA NIÑOS Y ADOLESCENTES.

Actualmente, existe cierto debate político en curso acerca de los verdaderos niveles de actividad física en la población europea. El proyecto europeo ALPHA (Assessing Levels of Physical Activity and fitness, www.thealphaproject.eu) fue creado para facilitar la toma de dicha información en 8 países de la Unión Europea. Se puso en marcha el 1 de junio de 2007 y servirá de base para la mejora de las recomendaciones y la cuantificación de los niveles de actividad física en niños y adolescentes europeos, con la intención de adecuar la política actual respecto a valores de condición física y de niveles de actividad física objetivos.

Una propuesta de batería de fitness relacionado con la salud válida y fiable, que deriva del proyecto Europeo ALPHA, estaría compuesta tan solo por los siguientes test (Artero, et al., 2010):

- Test de 20 m. ida y vuelta para la capacidad aeróbica
- Fuerza de prensión manual y salto en longitud con pies juntos para la fuerza muscular.
- Índice de masa corporal, perímetro de cintura y pliegues cutáneos para la composición corporal.

REFERENCIAS

- Artero, E.G., España-Romero, V., Ortega, F.B., Jiménez-Pavón, D., Ruiz, J.R., Vicente-Rodríguez, G., et al. (2010). Health-related fitness in adolescents: underweight, and not only overweight, as an influencing factor. The AVENA Study. Scand J Med Sci. 20(3):418-27.
- Artero, E.G. (2010). Evaluación de la fuerza muscular y la capacidad aeróbica en adolescentes aspectos metodológicos y relación con la salud. Tesis doctoral. Universidad de Granada.
- Atkinson, G., and Nevill, A.M. (1998). Statistical methods for assessing measurement error (reliability) in variables relevant to sports medicine. Sports Med. 26(4), 217-238.
- Boreham, C.A., Mahoney, R.P., Gamble, N.M., Murphy. Application of Eurofit Tests to various populations. In: The Eurofit Tests of Physical Fitness. Vith European Research Seminar Report, pp. 117-124. Izmir, 26-30 June, CDDS-CE, 1990.

- Bouchard, C. and Sheppard, R.J. Physical activity, fitness, and health: the model and key concepts, in Physical activity, fitness, and health, C. Bouchard, R.J. Shephard, and T. Stephens, Editors. 1994, Human Kinetics Books: Champaign, IL. p. 77-88.
- Bouchard, C., Shepard, RJ., Stephens, T. Editors. Physical Activity, Fitness and Health. International Proceedings and Consensus Statement, pp.77-88. Human Kinetics, Champaign, IL. 1994.
- Brohua, L., Graybiel, A., Heath, C., The step test: a simple method of Measuring physical fitness for hard muscular work in adult man, Canadian Re CANADA FITNESS SURVEY. Physical fitness of Canadians. Norms at a Glance. High-lights, 40. November, 1984.
- Buono, M.J., Robi, J.J., Micale, F.G., Sallis, J.F., and Shepard, W.E. (1991). Validity and reliability of predicting maximum oxygen uptake via field tests in children and adolescents. Pediatr Exer Sci, 3, 250-255.
- Canadian alliance for health, physical education and recreation. Manuel d'instructions du test d'efficience physique de la CAHPER à l'usage des garçons de 7 á 17 ans. Ottawa. Autor, 1966.
- Canadian public health association. Standardized test of fitness In occupational health. Ottawa, Autor, 1978.
- Canadian society for exercise physiology. The Canadian Physical Activity, Fitness & Lifestyle Appraisal (2nd ed.). Ottawa, ON: Health Canada, 1996.
- Caspersen, C.J., Powell, K.E., and Christenson, G.M. Physical activity, exercise, and physical fitness: definitions and distinctions for health-related research. (1985). Public Health Rep, 100(2), 126-131.
- Castillo, M.J., Ruiz, J.R., Ortega, F.B., and Gutierrez, A. (2006). Anti-aging therapy through fitness enhancement. Clin Interv Aging, 1(3), 213-220.
- Castillo-Garzón, M.J., Ortega-Porcel, F.B., Ruiz-Ruiz, J. (2005). Improvement of physical fitness as anti-aging intervention. Med Clin, 124 (4), 146-155.
- Castillo-Garzón, M.J. (2007). La condición física es un componente importante de la salud para los adultos de hoy y del mañana. Selección, 17 (1), 2-8.
- China's National Sports and Physical Education Committee. The national fitness testing methods, ed. National Sports and Physical Education Committee. 1990, Beijing, China.
- Cooper Institute for Aerobics Research. The Prudential Fitnessgram: Test administration manual. 3rd ed. 2004, Champaign, IL: Human Kinetics.
- Council of Europe Committee for the Development of Sport. Eurofit. Handbook for the EUROFIT tests of physical fitness. 1988, Edigraf editoriale grafica: Rome (Italy). p. 19-37.
- Cureton, K.J., Sloniger, M.A., O'bannon, J.P., Black, D.M., and Mccormack, W.P. (1995). A generalized equation for prediction of VO2peak from 1-mile run/walk performance. Med Sci Sports Exerc, 27(3), 445-451.
- Currell, K. and Jeukendrup, A.E. (2008). Validity, reliability and sensitivity of measures of sporting performance. Sports Med, 38(4), 297-316.

- De Ste Croix, M., Deighan, M., and Armstrong, N. (2003). Assessment and interpretation of isokinetic muscle strength during growth and maturation. Sports Med, 33(10), 727-743.
- Docherty, D. Field tests and test batteries, in Measurement in pediatric exercise science, D. Docherty, Editor. 1996, Human Kinetics: Champain, Illinois, USA. p. 285- 334.
- García-Artero, E., Ortega, F.B., Ruiz ,J.R., Mesam J.L., Delgadom M., González-Gross, M., et al. (2007). Lipid and metabolic profiles in adolescents are affected more by physical fitness than by physical activity (AVENA Study). Rev Esp Cardiol, 60 (6), 581-588.
- Gledhill, N. (2001). Introduction to the review papers pertaining to components of The Canadian Physical Activity, Fitness and Lifestyle Appraisal. Can. J. Appl. Physiol, 262(2),157-160.
- Grosser, M., Starishka, S. (1988). Test de la condición física. Martínez Roca, (Edición original de 1981).
- Hopkins, W.G. (2000). Measures of reliability in sports medicine and science. Sports Med, 30(1), 1-15.
- Jiménez, A. (2007). La valoración de la condición física y su relación con la Salud. J. Hum. Sport Exerc, 2, 53-71
- Kyle, G.U., Piccoli, A., Pichard, C. (2003). Body composition measurements: interpretation finally mady easy for clinical use. Curr. Opin. Clin. Nutr. Metab. Care, 6, 387-393
- Lahman, P.H., Lissner, L., Guilberg, B. Berlung, G.A. (2002). A prospective study of adiposity and all cause mortality: The Malmo diet and Cancer study. Obes. Res, 10, 361-369.
- Lee, I.M., Hsieh, C., Paffenbarger, R.S. (1995). Exercise intensity and longevity In men. J. Am. Med. Assoc, 273(15), 1179-1184.
- Levarlet-Joyce, H., Debaize, A. (1991). La condition physique des adultes et Des personnes âgées à la lumière des tests Eurofit. Adeps Sport, 1:14-21.
- Mateo, J. (1993). ¿Medir la condición física para evaluar la salud? Apunts, 31,70-75.
- Milliken, L.A., Faigenbaum, A.D., Loud, R.L., and Westcott, W.L. (2008). Correlates of upper and lower body muscular strength in children. J Strength Cond Res, 22(4),1339-1346.
- Mora, J. Condición física. Cuadernos Técnicos Unisport Andalucía, Málaga,1989.
- Navarro Valdivieso, M. La condición física en la población adulta de Gran Canaria y su relación con determinadas actitudes y hábitos de vida. Tesis Doctoral. Universidad de Las Palmas de Gran Canaria, 1997.
- Oja P., Tuxworth B. Eurofit para Adultos, Evaluación de la condición física en relación con la salud. CDDS-CE, 1995 (Edición española: CSD, 1998).

- Ortega, F.B., Artero, E.G., Ruiz, J.R., Vicente-Rodríguez, G., Bergman, P., Hagströmer, M., Ottevaere, C., Nagy, E., Konsta, O., Rey-López, J.P., Polito, A., Dietrich, S., Plada, M., Beghin, L., Manios, Y., Sjöstrom, M., Castillo, M.J. on behalf of the Helena Study Group. (2008). Reliability of health-related physical fitness tests in European adolescents.The HELENA Study. Int J Obes, 32(5),49-57.
- Rikli, R.E., Jones, J.C. (1999). Development and validation of a functional fitness test for commnunity-residing older adults. J Aging Phy Activ, 7, 129-161;
- Rodríguez, F.A., Valenzuela, A., Gusi, N., Nàcher, S., Gallardo, I. (1999). Valoración de la condición física saludable en adultos (y II): Fiabilidad, aplicabilidad y valores normativos de la batería AFISAL-INEFC. Apunts, 54, 54-65.
- Rodríguez, F.A., Gusi, N., Valenzuela, A., Nácher, S., Nogués, J., Marina, M. (1998). Valoración de la condición física saludable en adultos (I): Antecedentes y protocolos de la Batería AFISAL-INEFC. Apunts, 52, 54-75.
- Ruiz-Ruiz, J., Mesa, J.L.M., Castillo, M.J., Gutiérrez A. (2002) Hand size influences optimal grip span in women but not in men. J Hand Surg, 27, 897-901.
- Russell, D.G., Isaac, A., and Wilson, P.G. (1989). New Zealand Fitness Test Handbook, ed. Department of Education. Wellington. Australian Council for Health Physical Education and Recreation (Achper). Handbook for the Australian Fitness Education Award Manual, ed. ACHPER. 1996, South Australia.
- Suni, J.H., Miilunpalo, S.I., Asikainen, T.M., Laukanen, R.T., Oja, P., Pasanen, M.E., Bös, K., Vuori, I.M. (1998). Safety and feasibility of a healthrelated Fitness test battery for adults. Phys. The, 78,134-148.
- Suni, J.H., Oja, P., Miilumpalo, S.I., Pasanen, M.E., Vuori, I.M., Bos, K. (1998). Health-related fitness test battery for adults: Association with Perceived health, mobility, and back function and symptoms. Arch. Phys. Med. Rehabil, 79, 559-569.
- Suni, J.H., Oja, P., Miilumpalo, S.I., Pasanen, M.E., Vuori, M.I., Bös, K. (1999). Health-related fitness test battery for middle-aged adults: associations with Physical activity patterns. Int. J. Sports Med, 20, 183-191.
- Walkins, J.C., Roubenoff, R., Rosember, I.H. (1992). Body composition: The Measure and Meaning of change with age. Boston Mass; Foundation for nutrition advancement.
- Wilder, R.P., Greene, J.A., Winters, K.L., Long, W.B. (2006). 3rd, Gubler K, Edlich RF. Physical fitness assessment: an update. J Long Term Eff Med Implants, 16(2), 193-204.

Capítulo 3

RECOMENDACIONES DE EJERCICIO FÍSICO EN ADULTOS

Ana Carbonell Baeza
Virginia A. Aparicio García-Molina
Fernando Estévez López
Pablo Tercedor Sánchez
Manuel Delgado Fernández

INTRODUCCIÓN.

Efecto del envejecimiento sobre las cualidades físicas

El envejecimiento se caracteriza por la progresiva pérdida de funcionalidad. Como consecuencia del mismo también se ven afectadas las capacidades físicas. A continuación se describe brevemente su incidencia en cada una de ellas.

Fuerza: La fuerza de prensión manual se reduce en mujeres y hombres conforme aumenta la edad (Forrest, Zmuda, & Cauley, 2005, 2007; Jansen et al., 2008; Lauretani et al., 2003; Metter, Talbot, Schrager & Conwit, 2002) y de forma significativa a partir de los 50 años en mujeres y de los 30 ó 40 en hombres (Schlussel, dos Anjos, de Vasconcellos, & Kac, 2008; Vianna, Oliveira, & Araujo, 2007). Esta reducción también ocurre en la fuerza de las piernas, en un porcentaje superior al que se produce en la fuerza de brazos (Landers, Hunter, Wetzstein, Bamman, & Weinsier, 2001).

Capacidad aeróbica: La ratio de descenso del consumo máximo de oxígeno (VO2max) no es constante a medida que envejecemos, pero se acelera marcadamente a partir de los 30 años (Fleg et al., 2005; Hawkins

& Wiswell, 2003; Hollenberg, Yang, Haight, & Tager, 2006; Stathokostas, Jacob-Johnson, Petrella, & Paterson, 2004). Según la revisión realizada por Hawkins y Wisswell (2003), sobre los porcentajes de descenso de VO2max, la reducción es aproximadamente de un 10% por década.

Flexibilidad: Sufre una reducción progresiva, pero no lineal, conforme avanza la edad. El efecto de la edad es específico para cada articulación y para cada movimiento articular (Araujo, 2008; Doriot & Wang, 2006).

Equilibrio: Déficits en la propiocepción, visión, sentido vestibular, función muscular y tiempo de reacción contribuyen a un desorden del equilibrio, provocando que las caídas sean comunes en personas mayores (Sturnieks, St George, & Lord, 2008).

Composición corporal: se produce un descenso de la masa libre de grasa conforme aumenta la edad (Dey, Bosaeus, Lissner, & Steen, 2009; Fantin, et al., 2007; Rossi, et al., 2008), que se acelera en la década de los 50 en los hombres y de los 60 en las mujeres (Fleg et al., 2005). La altura disminuye igualmente con la edad (Dey et al., 2009; Perissinotto, Pisent, Sergi, & Grigoletto, 2002; Rossi et al., 2008; Sanchez-García et al., 2007) debido a modificaciones estructurales del sistema esquelético (Sanchez-García et al., 2007). Junto con estos cambios debidos a la edad en la composición corporal, también se produce una disminución del gasto metabólico basal (Alfonzo-Gonzalez, Doucet, Bouchard, & Tremblay, 2006; Krems, Luhrmann, Strassburg, Hartmann, & Neuhauser-Berthold, 2005).

RECOMENDACIONES DE ACTIVIDAD FÍSICA PARA ADULTOS SANOS

Como herramienta para minimizar los efectos del envejecimiento y la perdida de funcionalidad, el ejercicio físico ha tenido siempre un papel destacado. Dados los grandes beneficios que puede otorgar a la salud la práctica de actividad física, diferentes organismos internacionales han publicado recomendaciones de actividad física para diferentes poblaciones en general y para adultos sanos en particular (ACSM, 1998, 2006; Nelson, et al., 2007; USDHHS, 2008), creándose así un debate sobre qué tipo de actividad, cómo debe ser la intensidad, con qué frecuencia se ha de practicar, durante cuánto tiempo practicarla y cómo integrarla en la vida diaria del adulto.

Fitness cardiorrespiratorio

Tipo: En estas recomendaciones se engloban todo tipo de actividades de carácter aeróbico, también conocidas como de resistencia, en las que la persona moviliza grandes grupos musculares, de manera continua, rítmica y durante un periodo sostenido (ACSM, 2006; USDHHS, 2008) .Son ejemplos de ellas, actividades como caminar a paso acelerado, correr, nadar, montar en bicicleta, jugar a baloncesto o tenis, entre otras muchas.

Duración y frecuencia: El Colegio Americano de Medicina del Deporte (Nelson et al., 2007) recomienda realizar actividad física de intensidad moderada un mínimo de 30 minutos, cinco días/sem o actividad física vigorosa 20 minutos, tres días/sem. En las recomendaciones realizadas en el año 2007 dichos autores incorporan como novedad frente a las anteriores la posibilidad de combinar actividad física de diferente intensidad (Ejemplo: caminar rápido 30 min 2d/sem y carrera suave 20 min 2d/sem). A esta actividad hay que añadirle actividades de la rutina diaria de intensidad ligera como caminar al trabajo, al ir a comprar, limpieza, etc.) (Nelson et al., 2007). El United States Department of Health and Human Services, (USDHHS, 2008) recomienda practicar actividades de intensidad moderada durante un total de 150 min, o actividades de intensidad vigorosa durante 75 min o bien una combinación equivalente de ambas repartida a lo largo de la semana (USDHHS, 2008). Ambas instituciones aconsejan que la actividad moderada deba realizarse en bloques de mínimo 10 minutos.

También inciden en los beneficios adicionales para la salud al superar las recomendaciones mínimas. Actualmente no se ha determinado ningún umbral límite respecto a la duración total de actividad semanal a partir del cuál no se obtengan beneficios adicionales dado que puede variar en función de la dotación genética, edad, sexo, estado de salud, composición corporal y otros factores (Nelson et al., 2007).

Las únicas recomendaciones en este sentido aconsejan incrementar la actividad física aeróbica de intensidad moderada a 300 min/sem ó 150 min de intensidad vigorosa (USDHHS, 2008).

Intensidad: Si se utiliza el MET (equivalente metabólico) como indicador de la intensidad el ACSM recomienda un objetivo mínimo que debería estar en un rango de 450 a 750 MET·min·sem^{-1} (Nelson, et al., 2007) y las últimas recomendaciones publicadas en el 2008 establecen un margen entre 500-1000 MET·min·sem^{-1} (USDHHS, 2008). En el caso de que la intensidad se exprese mediante frecuencia cardiaca (FC), siempre deberá estar en unos márgenes de entre 55%-65% a 90% de la FC máxima o entre 40%-50% a 85% VO$_2$ Reserva o FC Reserva (ACSM, 1998).

Para establecer la intensidad de forma relativa a la capacidad de esfuerzo del sujeto el USDHHS (USDHHS, 2008) establece como actividad moderada de 5 a 6 en una escala de 0 a 10 y como actividad vigorosa de 7 a 8 en la misma escala. El ACSM ejemplifica la actividad aeróbica moderada como caminar rápido y la vigorosa-intensa como carrera suave con un incremento marcado de la FC que provoca una frecuencia de respiración alta (Nelson et al., 2007).

Progresión: Los adultos sedentarios o activos que todavía no realizan la cantidad mínima de actividad recomendada deben incrementar progresivamente el trabajo. Al principio la carga debe ser de intensidad ligera a moderada, durante cortos periodos de tiempo pero con mayor numero de sesiones semanales. Ejemplo: una persona inactiva puede realizar 5 minutos caminando varias veces al día, 5-6 días a la semana. Después se pueden incrementar los periodos caminando hasta 10 minutos y bajar las sesiones a 3 días incrementando la velocidad.

Tabla 1. Recomendaciones publicadas sobre fitness cardiorrespiratorio.

Estudio	Intensidad	Duración	Frecuencia
ACSM[1], 1998	55/65% a 90% FC[2] Máxima o 40/50% a 85% del VO$_2$[3] Reserva o FC de Reserva.	300 min/sem 60 min/sem	5 días/sem 3 días/sem
ACSM, 2006	55/65% a 90% FC Máxima o 40/50% a 85% del VO$_2$ Reserva o FC de Reserva.	150 min/sem 60 min/sem	5 días/sem 3 días/sem
ACSM, 2007	Moderada Vigorosa	150 min/sem 60 min/sem	5 días/sem 3 días/sem
USDHHS[4], 2008	Moderada Vigorosa	150 min/sem 75 min/sem	5 días/sem* 3 días/sem*

*Preferiblemente todos los días de la semana.
[1] American College of Sports Medicine; [2]Frecuencia cardiaca; [3]Captación de oxígeno máxima; [4] United States Department of Health and Human Services.

Fuerza y resistencia muscular

Tipo: deben realizarse ejercicios que impliquen a los grandes grupos musculares (piernas, cadera, espalda, pecho, hombros, abdomen y brazos). Se puede trabajar mediante entrenamiento progresivo con carga (pesas), ejercicios de autocargas, bandas elásticas, etc.

Frecuencia: 2 días/semana no consecutivos, debiendo completar entre 8 a 10 ejercicios, de 1 a 3 series para cada ejercicio (ACSM, 1998; Nelson et al., 2007; USDHHS, 2008).

Intensidad: La intensidad, deberá ser moderada o alta, lo que debería permitir ejecutar de 8 a 12 repeticiones máximas (RM), de tal forma que al finalizar la última repetición se tenga acumulada una fatiga lo suficientemente importante para impedir la siguiente repetición (ACSM, 1998; Nelson et al., 2007; USDHHS, 2008). El ACSM para personas nóveles o de nivel intermedio recomienda realizar de 8 a 12 repeticiones al ~60-70% de 1 RM (ACSM, 2009).

Progresión: Cuando se trabaje con una carga específica se recomienda incrementarla entre un 2-10% cuando la persona pueda realizar 1-2 repeticiones más de la carga deseada durante 2 sesiones consecutivas de entrenamiento.

Nota: para un trabajo de resistencia muscular local el ACSM recomienda que en personas nóveles o de nivel intermedio se utilice una carga relativamente ligera con un volumen moderado-alto (10-15 repeticiones). La recuperación debe ser corta, ejemplo, 1-2 minutos en series con >15-20 repeticiones o de menos de 1 minuto en series de entre 10 y 15 repeticiones. En el caso de entrenamiento en circuito el tiempo de descanso se recomienda que sea el necesario para cambiar a la siguiente estación de ejercicio. La velocidad debe ser moderada si se realizan entre 10-15 repeticiones y moderada-rápida si se realizan 15-25 repeticiones o más (ACSM, 2009).

Flexibilidad

Para que la función musculo-esquelética sea óptima es necesario que se mantenga una adecuada amplitud de movimiento en todas las articulaciones, pero especialmente en la parte inferior de la espalda y la región posterior del muslo (ACSM, 2006).

La recomendación, como se muestra en la tabla 2, es realizar estiramientos para los grandes grupos musculares que pueden reducir el rango de movimiento, mediante técnicas estáticas, de manera controlada y progresiva, con intensidad de tirantez leve y sin llegar a sentir dolor (ACSM, 2006). Se aconseja una frecuencia mínima de 2-3 días/semana, siendo ideal de 5-7 días/semana. La duración de cada estiramiento será de 15-30 segundos y habrá que realizar 2-4 repeticiones de cada grupo muscular (ACSM, 2006).

Tabla 2. Recomendaciones publicadas sobre flexibilidad.

Estudio	Técnicas	Repeticiones	Duración	Frecuencia
ACSM[1], 1998	Estática, dinámica o FNP[2]	4 repeticiones/ejercicio	10 a 30 segundos/ejercicio	2 a 3 días/sem
ACSM, 2006	Estática	2 a 4 repeticiones/ejercicio	15 a 30 segundos/ejercicio	2 a 3 días/sem

[1] American College of Sports Medicine; [2] Facilitación neuromuscular propioceptiva.

Recomendaciones para perder peso y prevenir la ganancia de peso.

La obesidad está asociada con enfermedades crónicas y el estado de salud. Los estudios muestran como la obesidad aumenta el riesgo de padecer enfermedades del corazón, diabetes, cáncer, hiperlipidemia, hipertensión e hiperinsulemia (Jakicic et al., 2001). Las evidencias científicas apoyan que la combinación de modificaciones en la dieta y ejercicio físico es el método más efectivo para conseguir abordar la pérdida de peso, siendo la realización de ejercicio duradera uno de los mejores predictores de un mantenimiento prolongado de la pérdida de peso (Jakicic et al., 2001).

El ACSM también recomienda que los adultos realicen al menos 150 minutos a la semana de actividad física de intensidad moderada para prevenir la ganancia significativa de peso y reducir los factores de riesgo de enfermedades crónicas asociadas (Donnelly et al., 2009). Para mayores perdidas de peso o el mantenimiento de las pérdidas de peso alcanzadas recomienda entre 250-300 minutos de actividad física moderada (aproximadamente 2000 Kcal/semana).

EL TRABAJO COMPLEMENTARIO A LAS CUALIDADES PRINCIPALES

El fitness cardiorespiratorio, la fuerza-resistencia muscular y la flexibilidad constituyen el bloque fundamental de un programa de ejercicio físico orientado a la salud en adultos. Sin embargo, eso no excluye que se trabajen otras capacidades de forma complementaria.

Equilibrio

En adultos el equilibrio no es una capacidad prioritaria a trabajar, a no ser que el adulto en cuestión presente algún trastorno particular relacionado con el mismo. A pesar de esto, es una capacidad fácil de combinar con el trabajo de fuerza y que puede tener un carácter recreativo (especialmente por el uso de material como el fitball, diseño de circuitos de obstáculos, etc.) por lo que puede ser una herramienta también a utilizar en el desarrollo de un programa.

La progresión dentro del trabajo de esta capacidad es la siguiente, empezar con ejercicios en sedestación, pasar después a bipedestación y por último a tareas en movimiento. El ritmo de la progresión la va a determinar el nivel basal de la persona. Dentro de cada fase además también debemos considerar diferentes niveles de dificultad para ir avanzando.

La progresión dentro del trabajo en sedestación es la siguiente (Castillo et al., 2008; Debra, 2005):

- Nivel 1: mantenimiento del equilibrio en sedestación. Se puede sentar en una silla con respaldo, sin respaldo o sobre una pelota grande y mantener el equilibrio sentado. Primero realízalos con los ojos abiertos y después con ojos cerrados.
- Nivel 2: equilibrio en sedestación con movimientos voluntarios de los brazos. Por ejemplo mientras están sentados en una pelota grande realizar elevaciones de un solo brazo, de los dos brazos, en diagonal...
- Nivel 3: equilibrio en sedestación con movimientos voluntarios del tronco, realizando rotaciones laterales de tronco, inclinaciones del tronco en dirección anterior y posterior.

- Nivel 4: equilibrio en sedestación con movimientos voluntarios de piernas, elevaciones de talones, elevaciones de los dedos del pie, círculos con los tobillos, elevaciones de rodilla variando la altura.
- Nivel 5: equilibrio en sedestación con desplazamientos dinámicos del peso en el espacio. Ejemplos: desplazamientos laterales del peso, desplazamientos del peso en sentido anterior y posterior.

Se puede aumentar la dificultad de los ejercicios teniendo en cuenta las siguientes premisas:

— Altera el nivel de dificultad de la superficie de sedestación (silla con respaldo, silla sin respaldo, pelota grande).
— Exige una posición inicial de los brazos más difícil (manos en la silla, manos sobre la pelota o manos cruzados en el pecho).
— Reduce o altera la base de sustentación (pies juntos, en tandem, monopedestación).
— Aumenta el número de repeticiones en cada ejercicio.
— Aumenta o reduce la velocidad a la que se ejecuta el ejercicio.

En bipedestación, puedes utilizar la siguiente progresión (Castillo et al., 2008; Debra, 2005):

- Nivel 1: comprobación de la postura en bipedestación. Tenemos que enseñarles a comprobar su postura cuando están de pie. Muestra la postura correcta y haz que practiquen en bipedestación con la espalda contra la pared.
- Nivel 2. Equilibrio en bipedestación con alteración de la base de sustentación.
- Nivel 3: desplazamientos multidireccionales del peso. (Desplazamientos del cuerpo en dirección anteroposterior, desplazamientos laterales del peso del cuerpo.).
- Nivel 4: transferencias del peso con movimientos de cabeza y cuerpo.

Al igual que en sedestación, se puede aumentar la dificultad de los ejercicios teniendo en cuenta las siguientes premisas:

— Alterando el ritmo del ejercicio.
— Añadiendo un componente de sincronización externo (música o contar).

- Añadiendo una tarea secundaria como contar, leer en voz alta, manejar objetos, etc.
- Aumentando la altura de los escalones.
- Reduciendo la visión.
- Reduciendo visión y superficie inestable.

Para el entrenamiento del equilibrio en desplazamiento, planteamos los siguientes niveles (Castillo et al., 2008; Debra, 2005):

- Nivel 1: Caminar con cambios de direcciones y detenciones y arranques bruscos.
- Nivel 2: Caminar con la base de sustentación alterada: pasos amplios, estrechos sobre diferentes superficies, etc.
- Nivel 3: Variaciones del patrón de la marcha: caminar lateralmente cruzando las piernas y con los pies en tándem.
- Nivel 4: Variación/ mejora del patrón de la marcha con obstáculos.

Relajación

Este componente se trabajaría en la fase de la vuelta a la calma. Es de espacial importancia en aquellas personas que realicen un trabajo con un componente de estrés elevado. De forma breve se citan algunos de los métodos más utilizados.

Los métodos de relajación se pueden clasificar en 2 amplias categorías (Payne, 2009):

- Los métodos somáticos o físicos: dentro de este grupo se encuentran los estiramientos, el ejercicio, los métodos de respiración, la relajación progresiva de Jacobson, la relajación diferencial, etc. Estos últimos métodos se basan por lo general en la aplicación de técnicas de tensión-distensión.
    - Relajación diferencial: consiste en mantener los niveles mínimos de tensión durante la actividad y el desempeño de tareas.
- Los métodos cognitivos-psicológicos: en esta categoría se incluyen métodos como la visualización, entrenamiento autógeno de Shultz, etc.

- Visualización: consiste en construir imágenes mentales agradables que inducen una sensación de calma.
- Entrenamiento autógeno de schultz: se basa en la repetición de frases que inducen a la relajación. Las frases se basan en seis temas principales (pesadez en los brazos y en las piernas; calor en los brazos y en las piernas, pulso calmado y regular, respiración calmada, calor en el plexo solar y frescor en la mente).

Respiración

Existen 3 tipos de respiración en función de los músculos que pongamos en funcionamiento para aumentar la capacidad torácica y facilitar la entrada de aire a los pulmones. Hay una cuarta posibilidad que consiste en combinar los 3 tipos de respiración. A continuación se explica cada uno de los tipos (Ruibal & Serrano, 2001):

- Respiración abdominal o diafragmática: es responsabilidad del músculo diafragma, y gracias a su contracción, se ensancha, sobretodo, la parte inferior del tórax. Cuando respiramos por la nariz facilitamos en gran medida la respiración abdominal.
- Respiración torácica: los músculos intercostales se contraen provocando un aumento de la parte media de la caja torácica. La respiración bucal favorece en gran medida la respiración torácica.
- Respiración clavicular: interviene solo la parte alta del pecho. En este caso los pulmones no se pueden expandir bien y por tanto la entrada de aire es mínima y la oxigenación insuficiente.
- Respiración completa: combina los 3 tipos de respiración. Es el tipo de respiración que mueve mayor cantidad de aire, pero es la menos utilizada.

Este contenido se puede trabajar de forma combinada a la relajación en la vuelta a la calma. La relajación está asociada a una frecuencia de respiración reducida (Payne, 2009). El primer paso en un programa es trabajar sobre la conciencia de la respiración, que se refiere al hecho de concentrar la atención en el patrón de respiración. Se deben empezar con ejercicios donde se examine el movimiento del tórax y el abdomen durante la respiración (Payne, 2009).

Ejemplos de ejercicios de respiración (Ruibal & Serrano, 2001):

- En posición bípeda, subir los hombros hacia las orejas tanto como se pueda mientras se coge aire por la nariz. Relajar y soltar los hombros a la vez que se espira el aire.
- En posición bípeda, con la rodillas ligeramente flexionadas y los pies separados, inspirar de forma suave y al soltar el aire, flexiona lateralmente el cuerpo con los brazos distendidos. Este mismo ejercicio se puede realizar hacia el frente.
- Tumbado boca arriba con las piernas flexionadas, los pies apoyados en el suelo y los brazos a lo largo del cuerpo. Respirar varias veces de forma tranquila, subiendo los brazos hacia arriba al inspirar y retornándolos a su posición de partida al espirar.
- Capacidad cognitiva

Nuestra área de trabajo es la actividad física, por tanto nos interesa aprovechar al máximo las posibilidades que ésta ofrece y complementar el entrenamiento físico con el entrenamiento cognitivo. El entrenamiento cognitivo nos permitirá mantener y/o mejorar la capacidad de atención, observación, memoria, percepción y aprendizaje.

El desarrollo de esta capacidad es fácil de implementar en el desarrollo de nuestras sesiones de trabajo mediante las estrategias que se proponen a continuación:

- Asociaciones: propuestas basadas en la estrategia de la asociación, donde es necesario asociar uno o más movimientos a un recurso, como puede ser el material, sonidos, músicas, imágenes, recuerdos personales. Asociar unos movimientos con o sin desplazamiento, a diferentes palabras, como pueden ser los días de la semana, los meses del año, estaciones (Pont & Carroigo, 2007). Por ejemplo si digo rojo realizamos 3 sentadillas y si digo verde 3 abdominales.
- Secuencias: se trata de aquellas propuestas donde sea necesario elaborar y hacer una serie de movimientos a partir de una secuencia con diferentes partes del cuerpo. Trabajar con secuencias de movimiento implica que cada movimiento nuevo ha de tener una relación directa con el anterior. Por ejemplo: reproducir una secuencia de ocho movimientos utilizando un material ó reproducir la secuencia de pasos de una danza popular (Pont & Carroigo, 2007).

- Actividades sensoriomotrices: los sentidos, responsables de la percepción, tienen un papel primordial en la memoria. Nos referimos a aquellas propuestas que se realizan a través de la identificación por ejemplo un olor, color, forma, sabor y a continuación reproducir un movimiento. Podemos trabajar con los sentidos a partir de las asociaciones. Ejemplo: proponer movimientos característicos a partir del sonido de diferentes instrumentos (Pont & Carroigo, 2007).

- Repeticiones: aquellos movimientos o propuestas en que sea necesario repetir. Estas repeticiones se pueden realizar de forma inmediata a la propuesta o bien dejar pasar un tiempo. Según el tiempo esperado, estaremos incidiendo en diferentes tipos de memoria. Ejemplo: repetir una serie de movimientos realizados al principio de la sesión o en sesiones anteriores ó repetir una serie de movimientos primero con el lado derecho y después con el lado izquierdo (Pont & Carroigo, 2007).

- Representaciones y descripciones corporales: descripción corporal de una idea, una acción del presente o del pasado, una canción, una historia, movimientos de la vida diaria. Las representaciones son una forma de trabajar que permiten hacer especial incidencia en la memoria a largo plazo, también dan la oportunidad de trabajar con el movimiento creativo y la expresión corporal (Pont & Carroigo, 2007). Por ejemplo: el clásico juego de adivinar el título de una película que representemos gestualmente.

- Cálculo y resolución de problemas: Se puede aplicar a casi cualquier actividad simplemente añadiendo la realización de un cálculo matemático (suma, resta, multiplicación o pequeño problema a resolver), previo a la ejecución de la tarea motor (Castillo, et al., 2008). Ej: realizar un circuito de ejercicios por estaciones, y en cada estación en vez de determinar el número de repeticiones se establece en cada ejercicio una operación matemática y el resultado de la misma supondrá el número de repeticiones a realizar.

PLANIFICACIÓN DE UN PROGRAMA DE EJERCICIO FÍSICO ORIENTADO A LA SALUD

De forma general, podemos distinguir 3 fases en un programa de ejercicio físico orientado a la salud (ACSM, 2006):

Fase inicial: esta fase suele durar de 4 a 6 semanas, pero su duración depende de la adaptación de la persona al programa de ejercicio. La fase inicial debe incluir ejercicios resistencia muscular y actividades aeróbicas con bajo nivel de impacto (del 40 al 60% de la frecuencia cardiaca de reserva), sencillos, de carácter general.

La sesión debe incluir un periodo de calentamiento largo (10-15 minutos), una parte principal con actividades aeróbicas de forma interválica y ejercicios de fuerza-resistencia muscular y una vuelta a la calma también algo más larga de lo usual (10-15 minutos) para realizar estiramientos.

La adherencia al programa puede disminuir si el inicio del programa es demasiado intenso, por lo que se debe controlar con especial cuidado el volumen e intensidad planificado.

Fase de mejora: difiere de la fase inicial en la que el participante progresa a un ritmo más rápido. Esta fase dura de 4 a 5 e, incluso, hasta 8 meses y durante ella la intensidad aumenta progresivamente (50 a 85% de la FCres). La frecuencia y magnitud de los incrementos dependen del ritmo con que el participante se adapte al programa. No se aconsejan incrementos en la duración de la sesión de más del 20% cada semana.

Fase de mantenimiento: comienza normalmente transcurridos los seis primeros meses de entrenamiento. Durante esta fase, la persona ya no debe interesarse por aumentar los estímulos de acondicionamiento. Las mejoras serán mínimas, pero la consecución rutinaria permite a las personas mantener el nivel de fitness que ya han conseguido. Es importante incluir ejercicios que gusten al participante.

REFERENCIAS

- ACSM (1998). American College of Sports Medicine Position Stand. The recommended quantity and quality of exercise for developing and maintaining cardiorespiratory and muscular fitness, and flexibility in healthy adults. *Med Sci Sports Exerc, 30*(6), 975-991.
- ACSM (2009). American College of Sports Medicine position stand. Progression models in resistance training for healthy adults. *Med Sci Sports Exerc, 41*(3), 687-708.
- ACSM (Ed.). (2006). *ACSM´s guidelines for exercise testing and prescription*. Baltimore: Lippincott Williams & Wilkins.
- Alfonzo-Gonzalez, G., Doucet, E., Bouchard, C., & Tremblay, A. (2006). Greater than predicted decrease in resting energy expenditure with age: cross-sectional and longitudinal evidence. *Eur J Clin Nutr, 60*(1), 18-24.
- Araujo, C. G. (2008). Flexibility assessment: normative values for flexitest from 5 to 91 years of age. *Arq Bras Cardiol, 90*(4), 257-263.
- Castillo, M., Delgado, M., Gutiérrez, A., Carbonell, A., España, A., Aparicio, V. A., et al. (Eds.). (2008). *Formación de técnicos en actividad física para personas mayores*. Sevilla: Consejería de Turismo, Comercio y Deporte.
- Debra, R. (Ed.). (2005). *Equilibrio y movilidad con personas mayores*. Barcelona: Paidotribo.
- Dey, D. K., Bosaeus, I., Lissner, L., & Steen, B. (2009). Changes in body composition and its relation to muscle strength in 75-year-old men and women: a 5-year prospective follow-up study of the NORA cohort in Goteborg, Sweden. *Nutrition, 25*(6), 613-619.
- Donnelly, J. E., Blair, S. N., Jakicic, J. M., Manore, M. M., Rankin, J. W., & Smith, B. K. (2009). American College of Sports Medicine Position Stand. Appropriate physical activity intervention strategies for weight loss and prevention of weight regain for adults. *Med Sci Sports Exerc, 41*(2), 459-471.
- Doriot, N., & Wang, X. (2006). Effects of age and gender on maximum voluntary range of motion of the upper body joints. *Ergonomics, 49*(3), 269-281.
- Fantin, F., Di Francesco, V., Fontana, G., Zivelonghi, A., Bissoli, L., Zoico, E., et al. (2007). Longitudinal body composition changes in old men and women: interrelationships with worsening disability. *J Gerontol A Biol Sci Med Sci, 62*(12), 1375-1381.
- Fleg, J. L., Morrell, C. H., Bos, A. G., Brant, L. J., Talbot, L. A., Wright, J. G., et al. (2005). Accelerated longitudinal decline of aerobic capacity in healthy older adults. *Circulation, 112*(5), 674-682.
- Forrest, K. Y., Zmuda, J. M., & Cauley, J. A. (2005). Patterns and determinants of muscle strength change with aging in older men. *Aging Male, 8*(3-4), 151-156.
- Forrest, K. Y., Zmuda, J. M., & Cauley, J. A. (2007). Patterns and correlates of muscle strength loss in older women. *Gerontology, 53*(3), 140-147.

- Hawkins, S., & Wiswell, R. (2003). Rate and mechanism of maximal oxygen consumption decline with aging: implications for exercise training. *Sports Med, 33*(12), 877-888.
- Hollenberg, M., Yang, J., Haight, T. J., & Tager, I. B. (2006). Longitudinal changes in aerobic capacity: implications for concepts of aging. *J Gerontol A Biol Sci Med Sci, 61*(8), 851-858.
- Jakicic, J. M., Clark, K., Coleman, E., Donnelly, J. E., Foreyt, J., Melanson, E., et al. (2001). American College of Sports Medicine position stand. Appropriate intervention strategies for weight loss and prevention of weight regain for adults. *Med Sci Sports Exerc, 33*(12), 2145-2156.
- Jansen, C. W., Niebuhr, B. R., Coussirat, D. J., Hawthorne, D., Moreno, L., & Phillip, M. (2008). Hand force of men and women over 65 years of age as measured by maximum pinch and grip force. *J Aging Phys Act, 16*(1), 24-41.
- Krems, C., Luhrmann, P. M., Strassburg, A., Hartmann, B., & Neuhauser-Berthold, M. (2005). Lower resting metabolic rate in the elderly may not be entirely due to changes in body composition. *Eur J Clin Nutr, 59*(2), 255-262.
- Landers, K. A., Hunter, G. R., Wetzstein, C. J., Bamman, M. M., & Weinsier, R. L. (2001). The interrelationship among muscle mass, strength, and the ability to perform physical tasks of daily living in younger and older women. *J Gerontol A Biol Sci Med Sci, 56*(10), B443-448.
- Lauretani, F., Russo, C. R., Bandinelli, S., Bartali, B., Cavazzini, C., Di Iorio, A., et al. (2003). Age-associated changes in skeletal muscles and their effect on mobility: an operational diagnosis of sarcopenia. *J Appl Physiol, 95*(5), 1851-1860.
- Metter, E. J., Talbot, L. A., Schrager, M., & Conwit, R. (2002). Skeletal muscle strength as a predictor of all-cause mortality in healthy men. *J Gerontol A Biol Sci Med Sci, 57*(10), B359-365.
- Nelson, M. E., Rejeski, W. J., Blair, S. N., Duncan, P. W., Judge, J. O., King, A. C., et al. (2007). Physical activity and public health in older adults: recommendation from the American College of Sports Medicine and the American Heart Association. *Med Sci Sports Exerc, 39*(8), 1435-1445.
- Payne, R. A. (Ed.). (2009). *Técnicas de relajación. Guia práctica para el profesional de la salud.* Barcelona: Paidotribo.
- Perissinotto, E., Pisent, C., Sergi, G., & Grigoletto, F. (2002). Anthropometric measurements in the elderly: age and gender differences. *Br J Nutr, 87*(2), 177-186.
- Pont, P., & Carroigo, M. (Eds.). (2007). *Ejercicios de motricidad y memoria para personas mayores.* Badalona: Paidotribo.
- Rossi, A., Fantin, F., Di Francesco, V., Guariento, S., Giuliano, K., Fontana, G., et al. (2008). Body composition and pulmonary function in the elderly: a 7-year longitudinal study. *Int J Obes (Lond), 32*(9), 1423-1430.
- Ruibal, O., & Serrano, A. (Eds.). (2001). *Respira unos minutos. Ejercicios sencillos de relajación.* Barcelona: Inde
- Sánchez-García, S., García-Pena, C., Duque-Lopez, M. X., Juárez-Cedillo, T., Cortés-Nuñez, A. R., & Reyes-Beaman, S. (2007). Anthropometric measures and nutritional status in a healthy elderly population. *BMC Public Health, 7*, 2.

- Schlussel, M. M., dos Anjos, L. A., de Vasconcellos, M. T., & Kac, G. (2008). Reference values of handgrip dynamometry of healthy adults: a population-based study. *Clin Nutr, 27*(4), 601-607.
- Stathokostas, L., Jacob-Johnson, S., Petrella, R. J., & Paterson, D. H. (2004). Longitudinal changes in aerobic power in older men and women. *J Appl Physiol, 97*(2), 781-789.
- Sturnieks, D. L., St George, R., & Lord, S. R. (2008). Balance disorders in the elderly. *Neurophysiol Clin, 38*(6), 467-478.
- USDHHS (2008). Physical Activity Guidelines for Americans In U. S. D. o. H. a. H. Services (Eds.)
- Vianna, L. C., Oliveira, R. B., & Araujo, C. G. (2007). Age-related decline in handgrip strength differs according to gender. *J Strength Cond Res, 21*(4), 1310-1314.

Capítulo 4

ACONDICIONAMIENTO MUSCULAR: ANÁLISIS DE EJERCICIOS HABITUALES PARA UNA PRÁCTICA SALUDABLE

Pedro Ángel López Miñarro
Pedro Luis Rodríguez García.

INTRODUCCIÓN

El correcto acondicionamiento de la musculatura se basa en la aplicación de ejercicios que desencadenen una activación electromiográfica suficiente para generar adaptaciones, sin producir altos niveles de estrés sobre las diferentes estructuras articulares. El conocimiento de la efectividad y seguridad de los diferentes ejercicios que desarrollan los principales grupos musculares del ser humano, así como las condiciones que debe reunir la persona que realiza dichos ejercicios, son condiciones *sine qua non* que el técnico deportivo debe dominar en la prescripción del ejercicio físico.

Desde el prisma de un tratamiento personalizado, el técnico debe invertir en formación de calidad, que le permita actualizar constantemente sus conocimientos. Para ello, debe dominar las técnicas de búsqueda bibliográfica, permitiéndole así localizar aquellos trabajos de investigación que constantemente se publican acerca del acondicionamiento muscular en las más importantes revistas de investigación, sobre todo en lengua inglesa. Asimismo, debe huir de toda aquella información sesgada y carente de metodología científica que se suele publicar en revistas de divulgación y que pueden ser adquiridas en cualquier punto de venta de prensa y revistas. Además, a esta formación científica de calidad, el técnico debe desarrollar la suficiente habilidad social para interactuar eficazmente con los usuarios, siendo capaz de empatizar con ellos. De este modo, preparación científica de calidad y habilidad social para empatizar son una dualidad indispensable en su labor profesional.

MECANISMOS DE PRODUCCIÓN DE LESIONES

Desde la seguridad de los ejercicios, la lesión o fallo en un tejido ocurre cuando la carga aplicada excede el umbral de tolerancia del mismo (Brereton y McGill, 1999). Esto puede ocurrir de dos formas: bien incrementando la carga aplicada sobre él o bien disminuyendo su tolerancia (Marras, 2003), que está determinada por diversos factores, tales como su historia previa de carga, los períodos de recuperación (Adams y Dolan, 1996; Brereton y McGill, 1999), la edad, acondicionamiento físico, genética, estilo de vida, estado psico-social, personalidad, estado de degeneración de los tejidos (Marras, 2003), etc. Todas las variables citadas deberán ser consideradas por el técnico deportivo en el proceso de prescripción del ejercicio físico, teniendo en cuenta las limitaciones que suponen la imposibilidad o dificultad a la hora de determinar algunas de ellas (por ejemplo, la genética).

A lo largo del día, las estructuras articulares, y muy especialmente las vertebrales, están sometidas a cargas externas e internas que disminuyen la tolerancia de los tejidos (McGill, 2002). La práctica de una actividad como el acondicionamiento muscular, que implica el manejo de cargas adicionales o el propio peso corporal, magnifican las cargas sobre las estructuras músculo-esqueléticas, por lo que una adecuada ejecución de los ejercicios es vital para el normal desarrollo de los tejidos y la prevención de alteraciones en los mismos.

La mayor parte de las lesiones que se producen en el contexto del acondicionamiento muscular son el resultado de un proceso continuo de acumulación de ciclos de carga en posturas inadecuadas, si bien la lesión se exterioriza a través de un evento culminante (Adams y Dolan, 1997), o sea, de un momento concreto en el que se produce el fallo del tejido, generando a dolor o impotencia funcional. El técnico deportivo tiene en sus competencias profesionales, la capacidad de incidir positivamente en la salud del sistema músculo-esquelético, seleccionando los ejercicios más apropiados para cada persona en base a sus objetivos, así como enseñando la técnica más adecuada y corrigiendo la ejecución de los mismos, para evitar aquellas posturas que aumentan el estrés y el riesgo de alteraciones en los tejidos.

La población adulta joven representa el mayor porcentaje de usuarios de las salas de acondicionamiento físico y, por tanto, el técnico debe conocer sus características y la influencia de las mismas en el proceso de entrenamiento o preparación. Dependiendo de la edad de los usuarios, la degeneración discal será más o menos frecuente. Una adecuada funcionalidad de los discos intervertebrales es muy importante para mantener la estabilidad del raquis (Fujiwara et al., 2000; Panjabi, 2003). En personas que presentan algún grado de degeneración discal, la ejecución correcta y segura de los ejercicios, y más aún al movilizar cargas, es el criterio más importante en la prescripción de los ejercicios.

No obstante, el técnico deportivo también debe conocer las peculiaridades de la prescripción de ejercicios en adolescentes y personas mayores, para asegurarse de que los realizan correctamente y siguen una metodología adaptada a sus características. Si bien éstas son numerosas y variadas, presentamos un ejemplo específico de una de ellas para cada grupo de edad citado. En estudios realizados bajo modelos animales que analizan el raquis lumbar de adolescentes, se ha comprobado que la zona de crecimiento de las vértebras es la parte más débil al aplicar cargas compresivas en posturas de flexión o extensión raquídea. La carga compresiva que genera el fallo del tejido en flexión o extensión es sólo el 25% de la que produce el fallo en postura alineada (Baranto et al., 2005). Por tanto, la realización incorrecta de los ejercicios puede alterar el normal desarrollo de los tejidos vertebrales del adolescente, y si el técnico deportivo no es consciente de ello, comete una grave imprudencia de la cual es responsable.

Por otro lado, y en relación a las personas mayores, el técnico deportivo debe conocer que la carga compresiva límite que produce una fractura vertebral está relacionada con la densidad mineral ósea (Lindsey et al., 1995). Por esta razón, en personas mayores, y especialmente en las mujeres, una menor densidad mineral ósea vertebral desencadena una pérdida de fuerza mecánica y mayor fragilidad ósea, aumentando el riesgo de fractura vertebral (Kelley et al., 2001; Borer, 2005), que conlleva en muchos casos a un acuñamiento del cuerpo vertebral. La ejecución de ejercicios con cargas en posturas inadecuadas (flexión intervertebral, especialmente) es un factor de riesgo de tales alteraciones.

ESTABILIDAD INTERVERTEBRAL Y ACONDICIONAMIENTO MUSCULAR

La presencia de algias vertebrales debe ser valorada inicialmente, ya que provocan cambios en la respuesta de los músculos del tronco y modifican la incidencia de las cargas sobre el raquis. Su prevalencia en la población adulta oscila entre un 40% y 90% (Young et al., 1997; Lee et al., 2001; Larivière et al., 2002).

Bajo condiciones de carga, como en los ejercicios de acondicionamiento muscular, los músculos del tronco deben activarse con una secuencia y tensión apropiadas para soportar las cargas y mantener la estabilidad (Cholewicki y Van Vliet, 2002). En personas con algias vertebrales se ha evidenciado un retraso en la activación de diversos músculos estabilizadores del tronco (especialmente el transverso abdominal) al movilizar miembros inferiores y superiores (Hodges, 2001; Moseley et al., 2002), comprometiendo la estabilidad dinámica del raquis (Magnusson et al., 1996; Kaigle et al., 1997), y aumentando el riesgo de lesión (Cholewicki et al., 2005). Así por ejemplo, las personas con ciática tienen un peor control motor de sus músculos lumbares (Leinonen et al., 2001) y las personas con hernia discal lumbar presentan menor fuerza en los músculos del tronco (Ho et al., 2005).

Con o sin algias vertebrales, es importante prescribir un adecuado entrenamiento de los estabilizadores del raquis, utilizando ejercicios apropiados. Al movilizar cargas, las personas con algias lumbares generan más estrés de compresión y cizalla lateral en el raquis que personas asintomáticas (en torno a un 25-35% más) (Marras et al., 2005) y tienen menor habilidad para controlar y detectar cambios en la posición de la curva lumbar, sobre todo en condiciones de fatiga muscular (Taimela et al., 1999). Además, un mayor estrés psicosocial aumenta la posibilidad de generar más estrés vertebral (Marras et al., 2000).

No obstante, la ausencia de sintomatología álgica no excluye a una persona de padecer patologías vertebrales. La degeneración discal, protrusión y hernia discal son frecuentes en personas asintomáticas (Young et al., 1997; Paajanen et al., 1997; Doers y Kang, 1999; Cassinelli et al., 2001). Parkkola et al. (1993) encontraron que el 40% de los tres últimos discos intervertebrales de sujetos de mediana edad sin sintomatología álgica presentaban degeneración discal. En personas con dolor lumbar este porcentaje aumentaba hasta el 60%.

Las personas que realizan habitualmente actividades ocupacionales, laborales y/o cotidianas que implican el manejo de cargas pesadas, o una sedentación prolongada, o bien movimientos de flexión y rotación vertebral, presentan mayor frecuencia de degeneración discal (Elfering et al., 2002). Existen, además, otras circunstancias que suponen factores de riesgo de la degeneración discal. La exposición a la vibración (profesionales de la conducción, por ejemplo) es una de ellas (Wilder y Pope, 1996; Cassinelli et al., 2001; Guo et al., 2005). Así por ejemplo, un taxista, camionero, tractorista, etc., que pasa muchas horas en sedentación más vibración, y que realice una sesión de acondicionamiento muscular tras su jornada laboral, debería evitar la movilización de grandes cargas, así como evitar, muy especialmente, posturas de flexión intervertebral (Pope et al., 1998). A estos profesionales se les debe recomendar que antes de comenzar una sesión de acondicionamiento muscular, anden unos minutos tras incorporarse del asiento de su vehículo, y mantener el raquis alineado al movilizar cargas y realizar los ejercicios.

El hábito de fumar habitualmente también afecta a los discos intervertebrales. Las personas fumadoras presentan mayor frecuencia de algias vertebrales (Feldman et al., 1999; Scott et al., 1999; Akmal et al., 2004). La nicotina tiene efectos nocivos en el núcleo pulposo al inhibir la proliferación celular y la síntesis de la matriz extracelular, aumentando el riesgo de degeneración discal (Akmal et al., 2004). Además, el consumo de tabaco se ha relacionado con alteraciones en el ácido hialurónico, por lo que sería más probable que un cliente fumador presente una menor integridad estructural y funcional en sus tejidos vertebrales.

Puesto que la obesidad y el sobrepeso son frecuentes en las sociedades industrializadas, algunos clientes con tales enfermedades metabólicas requerirán los servicios del técnico deportivo. Éste debe conocer la asociación positiva entre el índice de masa corporal y las algias lumbares (Leboeuf-Yde et al., 1999). Igualmente, debería conocer los ajustes posturales asociados a una obesidad abdominal, tales como la hiperlordosis lumbar en la postura habitual de bipedestación, que habrá que controlar y corregir durante la ejecución de los ejercicios.

POSTURA CORPORAL Y CARGAS RAQUÍDEAS

La magnitud de las cargas compresivas, de cizalla lateral y cizalla antero-posterior varía según la postura del raquis (McGill, 2004), al modificar la distribución de carga entre el núcleo pulposo y el anillo fibroso, entre el disco intervertebral y las articulaciones apofisarias, y por la tensión en los ligamentos intervertebrales.

Varios estudios han comparado diferentes posturas corporales, encontrando que la presión intradiscal aumenta en sedentación, flexión del tronco y al adoptar posturas de flexión intervertebral (Sato et al., 1999; Wilke et al., 2001; Polga et al., 2004; Takahashi et al., 2006), mientras que los decúbitos y la sedentación con raquis apoyado en un respaldo inclinado, reducen la presión (Wilke et al. 1999). De este modo, los ejercicios de *press tras nuca* y *press militar* con barra o mancuernas, si se realizan en sedentación con un respaldo ligeramente inclinado y las curvas raquídeas alineadas, producirán menor presión intradiscal (Figura 1), que si se realizan en bipedestación.

La adecuada concienciación y control de la movilidad pélvica es un factor muy importante para adoptar posturas adecuadas en la realización de los ejercicios, por lo que los usuarios deberían conocer y dominar los movimientos de anteversión y retroversión de la pelvis. No obstante, el control de la posición de la pelvis se reduce en posturas de flexión del tronco, siendo un factor de riesgo de dolor lumbar (Wilson y Granata, 2003).

Con relativa frecuencia, numerosos profesionales del ámbito del acondicionamiento muscular recomiendan a los usuarios que *"apoyen la zona lumbar sobre la superficie de realización del ejercicio"*, o sea, que realicen una retroversión pélvica que rectifica o incluso invierte el raquis lumbar, porque piensan que de este modo el raquis está más protegido. Así, es frecuente esta recomendación en ejercicios como el encorvamiento y el *press de banca*, lo que conlleva una ejecución de estos ejercicios con las caderas colocadas en una posición de flexión activa de 90 grados (Figura 2).

Figura 1. Press militar con mancuernas realizado con el raquis apoyado en un respaldo ligeramente inclinado.

Figura 2. Press de banca con flexión activa de caderas.

No obstante, la retroversión de la pelvis asociada a la posición de los miembros inferiores, supone que el raquis lumbar se flexione, o sea, que se rectifique o incluso se invierta, produciendo un aumento del estrés de tensión en las fibras posteriores del anillo fibroso y ligamentos del arco posterior, lo que desembocan en un aumento del riesgo de fallo de los tejidos. Además, la posición de las caderas (en flexión activa de 90°) requiere de una activación isométrica de los flexores coxofemorales, circunstancia que aumenta la carga en el raquis lumbar. Si los pies se apoyan en alguna superficie manteniendo la posición descrita en la figura 3 (izquierda), se inhibirán los flexores coxofemorales, pero la ejecución seguirá siendo inadecuada, ya que se mantiene la posición invertida del raquis lumbar.

Mantener el raquis alineado, o sea, conservar, en la medida de lo posible, una lordosis lumbar fisiológica (similar a la que tiene el sujeto en bipedestación, siempre y cuando no presente hiperlordosis, inversión o rectificación lumbar) permite reducir el riesgo de fallo en los tejidos cuando se manejan cargas o se moviliza el tronco (McGill, 2002). Para ello es preciso que al realizar el press de banca, el encorvamiento y otros ejercicios en decúbito supino, las caderas se coloquen en una moderada flexión, entre 30 y 45 grados (Figura 3, izquierda). En el *press de banca*, no deben apoyarse las plantas de los pies en el suelo (Figura 3, derecha), ya que de este modo de producirán posturas de hiperlordosis lumbar, sobre todo al final de la fase excéntrica.

Figura 3. Colocación de las caderas en el ejercicio de press de banca.

Posiciones de sedentación

La sedentación prolongada es otro factor de riesgo de algia lumbar (Lengsfeld et al., 2000; Green et al., 2002), especialmente si el raquis lumbar se coloca invertido (Esola et al., 1996; Dolan y Adams, 1998). Una sedentación relajada, muy frecuente al realizar algunos ejercicios, sin control de la postura del raquis, conlleva una retroversión pélvica y una flexión lumbar.

En una sedentación con el raquis lumbar invertido, se produce un aumento de la presión intradiscal, del estrés compresivo y de cizalla anterior en el raquis (Callaghan y McGill, 1995; Callaghan y McGill, 2001; Wilke et al., 2001), se incrementa el estrés en la pared posterior del anillo fibroso, los ligamentos posteriores reducen su resistencia a la flexión, disminuye la estabilidad antero-posterior y se reduce la ventaja mecánica de los extensores lumbares (Kiefer et al., 1998; O`Sullivan et al., 2002). Además, con que una persona adopte una sedentación relajada durante un tiempo muy reducido (5 minutos) ya se produce una disminución de la capacidad de reposicionamiento del raquis lumbar en posición alineada (Dolan y Green, 2006). Con respecto a la prevención de lesiones al manejar cargas, las personas que pasen largos períodos de tiempo en sedentación deberían evitar actividades que impliquen flexión raquídea. Esto es debido a que una sedentación relajada induce cambios en la rigidez pasiva a la flexión lumbar (Beach et al., 2005).

El ejercicio en *banco scott* supone una sedentación (Figura 4), con un apoyo en el tórax que limita la adopción de posturas cifóticas, siempre y cuando la altura de la base de apoyo sea la adecuada, puesto que si ésta se encuentra demasiado alta se aumenta la cifosis dorsal en la posición inicial para apoyar la parte posterior de los brazos.

Figura 4. *Flexión de codos en banco Scott para el fortalecimiento de los flexores del codo en una posición de rectificación lumbar.*

Con una base de asiento horizontal, se requiere que el sujeto adopte y controle la postura de su pelvis de forma activa, lo que exige una adecuada concienciación de sus movimientos. Si la base de asiento se inclina hacia delante, es más difícil que la pelvis se disponga en retroversión, por lo que el raquis lumbar queda más alineado.

En otros ejercicios, coexiste la sedentación con una flexión del tronco (por ejemplo, el *curl de bíceps* con mancuerna) (Figura 5). En estas circunstancias, mantener el raquis alineado es difícil (sobre todo el raquis lumbar) (Bankoff et al., 2000). Un adecuado trabajo de concienciación del raquis y la pelvis son importantes para que el usuario pueda controlar apropiadamente su postura.

Tras un período prolongado en sedentación, es recomendable levantarse y realizar un movimiento lento y progresivo de elevación de brazos hasta adoptar una postura de ligero aumento de la lordosis lumbar (Figura 6), que produce una descarga de estrés en la pared posterior del anillo fibroso (McGill, 2002). Una extensión lumbar de hasta 20 grados sin carga, también puede ser una maniobra beneficiosa para descargar temporalmente los discos tras un período de carga en posturas de flexión (Magnusson et al., 1996).

En esta línea de reducción de las cargas, Rodacki et al. (2008) analizaron el efecto de realizar ejercicios abdominales en la fase de recuperación entre las series de los ejercicios que aumentan la carga en el raquis. Estos autores encontraron que realizar ejercicios abdominales entre las series de ejercicios de trabajo de miembros superiores, producía una disminución del efecto de las fuerzas compresivas en actividades de manejo de cargas, tales como el ejercicio del press militar. Además, estos ejercicios abdominales fueron más efectivos para reducir las cargas compresivas que adoptar una posición de decúbito supino con ligera flexión pasiva de caderas (posición semi-Fowler). No obstante, si el técnico deportivo propone este protocolo, debe prescribir ejercicios abdominales de baja intensidad, ya que si se desencadena una moderada o intensa fatiga en la musculatura abdominal, se reducirá su capacidad estabilizadora al realizar ejercicios con cargas.

Figura 5. *Final de la fase concéntrica del curl de bíceps con una cifosis dorsal aumentada y rectificación lumbar.*

Figura 6. *Flexión escapulo-humeral máxima realizada tras un período de sedentación prolongada.*

Flexión del tronco

La flexión del tronco es un movimiento frecuente en el ámbito del acondicionamiento muscular y en las actividades de la vida diaria. Cholewicki y Van Vliet (2002) encontraron que el raquis es más vulnerable e inestable en actividades realizadas en flexión del tronco, posición en la que el raquis tiene menor resistencia a las fuerzas de cizalla (McGill, 2004) y se reduce la tolerancia al estrés compresivo hasta un 40% (Gunning et al., 2001). Desde la postura de bipedestación, conforme se flexiona el tronco aumenta la carga sobre el raquis lumbar. Un reciente estudio de Takahashi et al. (2006) encontró que la carga sobre el raquis lumbar era de 645 N en bipedestación, de 1277 N a 10° de flexión, 1922 N a 20° de flexión y de 2305 N a 30° de flexión. Si se moviliza una carga externa, el estrés en el raquis lumbar aumenta. En el estudio citado, añadieron un peso de 5 Kg en cada mano y encontraron que el estrés en las posiciones indicadas anteriormente se elevaba hasta 791 N, 1504 N, 2215 N y 2776 N, respectivamente, para cada posición.

Existen muchos ejercicios que se ejecutan con una flexión del tronco, mientras que en otros ésta es el resultado de cuestiones biomecánicas. Así por ejemplo, la sentadilla con barra requiere de una ligera flexión del tronco (Figura 7) para mantener la estabilidad, lo que provoca un aumento de la presión intradiscal. En el caso de realizar este ejercicio en un multipower o en máquina, el tronco permanece en una posición más vertical y se reduce la presión intradiscal. Con el tronco inclinado o verticalizado, mantener el raquis dorso-lumbar alineado es un criterio de seguridad a tener muy en cuenta (McGill, 2004), y para ello es importante una correcta disposición de la pelvis, que en ningún momento debe colocarse en retroversión.

Figura 7. *Inclinación anterior del tronco en la sentadilla con barra, con raquis alineado y pelvis en ligera anteversión.*

Es frecuente observar a usuarios que realizan los ejercicios de sentadillas colocándose unas cuñas en los talones, de forma que estos últimos quedan elevados respecto al metatarso. Kongsgaard et al. (2006) analizaron esta forma de realizar las sentadillas y encontraron que unas cuñas que generaban una angulación de 25° de la línea del pie respecto a la horizontal del suelo producía un aumento significativo del estrés en el tendón rotuliano y en la actividad electromiográfica del vasto lateral e interno, así como del recto femoral. Otro hecho importante es que al realizar el ejercicio con las cuñas, se produce una disminución del ángulo tronco-muslos (91° con los pies apoyados en el suelo vs 82.9° con la cuña), quedando el tronco menos inclinado. Así también, se produce una importante modificación del ángulo pie-pierna, pasando de 114° con las plantas apoyadas a 90.8° con el uso de las cuñas. Esta modificación en el citado ángulo al usar las cuñas, provoca que las rodillas se adelanten mucho más respecto a la articulación de los tobillos.

Escamilla et al. (1998) encontraron que la sentadilla provoca mayores picos de tensión en el ligamento cruzado posterior respecto a las extensiones de rodillas, y que la tensión ligamentosa se incrementaba con el grado de flexión de rodillas. Por esta razón, la media sentadilla es más recomendable que la completa tanto para deportistas como para personas sanas (Escamilla, 2001). Mientras la actividad eléctrica del cuádriceps es la misma en una sentadilla completa respecto a la media sentadilla, la carga en la rodilla es mucho mayor en la primera (Wretenberg et al., 1996).

Las personas con una extensibilidad isquiosural reducida no deben extender las rodillas en aquellos ejercicios donde exista un cierre del ángulo tronco-muslos moderado, puesto que de este modo el raquis se dispondrá en inversión (Figura 8). Un ejercicio donde se cierra el ángulo tronco-muslos es el *remo al pecho en polea baja*. Extender las rodillas dificulta la correcta disposición del raquis y la pelvis. Otro error muy frecuente al realizar este ejercicio es flexionar el raquis dorsal en la fase excéntrica (López-Miñarro, 2003).

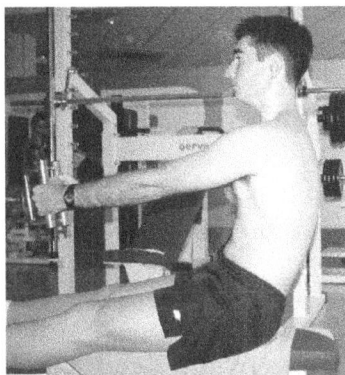

Figura 8. *Posición inicial con pelvis en retroversión y raquis dorso-lumbar flexionado.*

El ejercicio de remo al pecho en polea, al realizarse en sedentación, requiere de cierto control de la pelvis y el raquis para su correcta ejecución. Es preciso que el técnico deportivo enseñe a colocar el raquis lo más alineado posible (McGill, 2004) (Figura 9). De este modo, el movimiento de flexión se produce a través del eje coxofemoral (McGill, 2004), hasta que la tensión isquiosural limita el movimiento de flexión de la pelvis, momento en el que cualquier flexión adicional acontece por la movilización de las articulaciones intervertebrales lumbares y dorsales.

Figura 9. Remo en polea con raquis alineado.

En los ejercicios de *extensiones de piernas en sedentación* y *prensa* (horizontal o inclinada), también hay que considerar la extensibilidad de la musculatura isquiosural. Cuando una persona con una insuficiente extensibilidad isquiosural realiza estos ejercicios y extiende totalmente las rodillas, adopta una postura de retroversión pélvica que provoca una inversión lumbar (Figura 10).

La extensión de rodillas es recomendable siempre y cuando se pueda realizar el movimiento de extensión de las mismas manteniendo cierto grado de lordosis lumbar. En otro caso, es aconsejable utilizar otros ejercicios y abordar un trabajo de extensibilidad isquiosural, o bien realizar el ejercicio con un rango de movimiento intermedio. Otra opción es utilizar máquinas que permitan modificar la inclinación de la base de asiento y del respaldo, para abrir el ángulo de forman ambos, de modo que la extensibilidad isquiosural no sea un factor tan limitante.

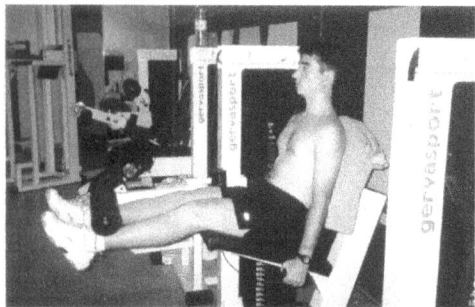

Figura 10. Usuario que para extender las rodillas hace una ligera retroversión pélvica.

Puesto que la disminución de la extensibilidad isquiosural es frecuente en adultos y afecta a la ejecución de varios ejercicios, el trabajo de estiramientos de la musculatura isquiosural es un objetivo a programar por el técnico deportivo. La mejora de la extensibilidad conllevará mayor rango de movimiento de la cadera y menor estrés en el raquis lumbar en la flexión del tronco (Esola et al., 1996). McGill (2002) recomienda que los ejercicios de extensibilidad de la musculatura coxo-femoral en sedentación se realicen siempre y cuando se mantenga cierto grado de lordosis lumbar.

En los movimientos de flexión máxima del tronco, buscando el máximo alcance posible, se produce una relajación súbita de la musculatura extensora lumbar en torno al 80-90% de la máxima flexión del tronco, proceso denominado *fenómeno flexión-relajación* (Callaghan y Dunk, 2002), siendo soportada la posición del tronco gracias a las fuerzas de tracción inducidas en las estructuras ligamentosas (McGill y Kippers, 1994). Esta situación aumenta la tensión en los tejidos pasivos posteriores que generan grandes cargas de cizalla anterior en el raquis lumbar (McGill, 2002). Olson et al. (2004) demostraron que al realizar movimientos de flexión máxima del tronco, conforme se hacen más repeticiones, el fenómeno flexión-relajación aparece antes. No obstante, en algunos sujetos con algia lumbar no se evidencia dicho fenómeno (Neblett et al., 2003).

La flexión estática y dinámica del raquis lumbar aumenta el estrés en los tejidos viscoelásticos provocando en ellos una deformación residual, denominada deformación visco-elástica (*creep deformation*) que se acompaña de una disminución de las fuerzas musculares de estabilización y espasmos musculares (Claude et al., 2003; Olson et al., 2004; Lu et al., 2004), que requiere largos períodos de descanso antes de recuperar su función normal (Jackson et al., 2001). La deformación inducida en los tejidos viscoelásticos del raquis posibilita una mayor flexión intervertebral por la excesiva laxitud en las articulaciones intervertebrales, aumentando el estrés, la inestabilidad y la posibilidad de lesión, incluso en actividades cotidianas (Solomonow et al., 2003; Olson et al., 2004; Lu et al., 2004).

Realizar, de forma repetida, movimientos dinámicos de flexión máxima del tronco sin carga, permitirá alcanzar mayor flexión raquídea conforme se realicen repeticiones, debido a la deformación de los tejidos viscoelásticos (Dickey, 2003). Si por el contrario, al flexionar el tronco, no se flexiona el raquis sino que se mantiene alineado, se activa la musculatura paravertebral extensora y no se produce deformación viscoelástica.

Cuando se realiza una flexión del tronco para elevar una carga, se puede realizar el movimiento a través del eje coxofemoral (técnica squat) (Figura 11, izquierda), a través de una flexión intervertebral del raquis dorsal y lumbar (técnica stoop) (Figura 11, derecha), o mediante una combinación de ambas (McGill et al., 2000). El riesgo de lesión al manejar cargas está más influenciado por el grado de flexión lumbar que por el uso de una técnica u otra (Potvin et al., 1991).

Figura 11. *Fase de recogida de una carga del suelo utilizando la técnica squat y stoop.*

El riesgo de lesión en el disco intervertebral es mayor cuando se realizan movimientos de flexión intervertebral a primera hora de la mañana, tras un largo descanso en posición de decúbito, debido a que el disco intervertebral está más hidratado y, por tanto, ofrece mayor resistencia a los movimientos de flexión (Gunning et al., 2001; Snook et al., 2002; Green et al., 2002; McGill, 2004), reduciendo el umbral de tolerancia del disco intervertebral (McGill, 2004). En el caso de realizar una sesión de acondicionamiento muscular a primera hora de la mañana se recomienda no hacer ejercicios que impliquen la flexión del raquis, andar unos minutos antes de comenzar la sesión y realizar el ejercicio denominado "*cat-camel*".

Hiperextensión lumbar

Los movimientos de hiperextensión lumbar son también frecuentes en el ámbito del acondicionamiento muscular y provocan un aumento del estrés compresivo en el arco vertebral y en las facetas articulares (McGill, 2002), incrementan el estrés de cizalla en el raquis lumbar (McCarrol et al., 1986; Congeni et al., 1997; Hall, 1986), y aumentan el riesgo de fractura vertebral (Shirazi-Adl et al., 1986; McGill, 2002). La reiteración de movimientos de hiperextensión raquídea con cargas aumenta el riesgo de espondilólisis (fractura en la pars interarticularis) y espondilolistesis (fractura en la pars interarticularis y desplazamiento anterior del cuerpo vertebral) (Adams y Dolan, 1995; McGill, 2002).

Los movimientos de hiperextensión lumbar son frecuentes en ejercicios que implican una flexión de las articulaciones de los miembros superiores, cuando la carga movilizada excede la capacidad de la musculatura implicada y el sujeto usa un momento de inercia, generado mediante un movimiento de extensión lumbar para lograr realizar el ejercicio, como ocurre en el *curl de bíceps* con barra en bipedestación (Figura 12).

Figura 12. *Ligera extensión lumbar en un curl de bíceps con barra en bipedestación.*

Una ejecución correcta de este ejercicio requiere de una posición alineada del raquis en todas las repeticiones. Si el usuario no es capaz de hacerlo, puede ejecutar el ejercicio manteniendo la espalda apoyada en una pared, sin separar los omóplatos de ésta, y manteniendo en todo momento la curva lumbar alineada (López-Miñarro et al., 2007a).

Los ejercicios que implican una flexión o abducción escapulo-humeral máxima, también pueden llevar a posiciones de hiperextensión lumbar. En bipedestación, la realización de ejercicios para el fortalecimiento del tríceps braquial predispone a la adopción de posturas hiperlordóticas (Figura 13), debido a que la posición del brazo ejecutor se acompaña de un aumento de la lordosis lumbar. Si el mismo ejercicio se ejecuta en sedentación, la lordosis lumbar se reduce, ya que la flexión pasiva de caderas, que suele ser de unos 90º (varía según los parámetros antropométricos de miembros inferiores y la altura del banco) conlleva cierta retroversión pélvica. Así, la posición del brazo y la sedentación se compensan mutuamente y provocan que la lordosis lumbar de un gran porcentaje de usuarios se encuadre en valores angulares de normalidad (López-Miñarro, 2003).

Figura 13. Final de la fase excéntrica del ejercicio con un ligero aumento de la curva lumbar.

Este ejercicio debería realizarse en bipedestación sólo cuando exista una adecuada propiocepción o control de la pelvis y curvas raquídeas. La realización de una retroversión pélvica reduciría el ángulo de lordosis lumbar (Levine y Whittle, 1996), si bien dificulta la colocación del brazo totalmente vertical. Otra posible opción, para facilitar una mejor postura, sería sentarse en un banco, con la espalda apoyada en el respaldo.

Posiciones cifóticas

La hipercifosis torácica y la inversión lumbar son posturas muy frecuentes en la ejecución de los ejercicios más típicos de acondicionamiento muscular (López-Miñarro, 2003). Estas posturas junto al manejo de cargas someten a las diferentes estructuras raquídeas a mayores presiones, aumentan la tensión ligamentosa y el estrés en la pared posterior del anillo fibroso (McGill, 1997; Hedman y Fernie, 1997). Dependiendo de la posición inicial, se podrá observar a personas que disponen una parte de su raquis de forma correcta, mientras que otra parte se coloca inadecuadamente. Por ejemplo, en el *press francés con polea*, son frecuentes las posturas cifóticas (López-Miñarro et al., 2008a) (Figura 14), al intentar movilizar un peso excesivo (López-Miñarro, 2003), mientras que el raquis lumbar se dispone con una angulación correcta. En la fase concéntrica de este ejercicio, debido a que la tracción de la polea es hacia abajo y ligeramente atrás, el aumento de la cifosis facilita la movilización de la carga.

En este ejercicio, al igual que ocurre en otros, se puede encuadrar a las personas que lo realizan con una postura inadecuada en dos grupos. Un primer grupo que aglutina a aquellas personas que no mueven prácticamente su tronco en las repeticiones realizadas, pero que en la posición inicial se colocan en una postura de hipercifosis dorsal, manteniéndola durante el tiempo de ejecución del ejercicio. Y en el segundo grupo, a aquellos que disponen su raquis torácico alineado en la posición inicial, pero realizan una flexión del mismo en la fase concéntrica del ejercicio, sobre todo en las últimas repeticiones (López-Miñarro et al., 2008a).

Otro error frecuente en este ejercicio, y que se reproduce en muchos otros ejercicios es no colocar el raquis cervical alineado (Figura 15). Otro ejemplo de postura cifótica es el final de la fase concéntrica del ejercicio de *polea tras nuca*, por la mayor flexión de las articulaciones intervertebrales torácicas más superiores (Figura 15). Esto es debido a la movilización de un peso excesivo o por el desconocimiento de la técnica correcta (López-Miñarro, 2003).

Es preciso considerar que el punto en el que falla un tejido se reduce cuando las cargas se aplican en postura flexionada respecto a posición alineada. Los segmentos vertebrales sometidos a una carga compresiva mantenida en postura de flexión son menos resistentes y se rompen antes (Gunning et al., 2001). La hernia discal está asociada a movimientos repetidos de flexión que se acompañan de fuerzas compresivas moderadas (Doers y Kang, 1999; Callaghan y McGill, 2001), mientras que cuando se mantiene una postura alineada la hernia es extremadamente rara (Doers y Kang, 1999; Callaghan y McGill, 2001).

Figura 14. *Aumento de la cifosis dorsal al final de la fase concéntrica.*

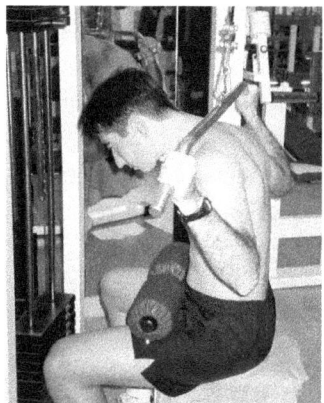

Figura 15. *Aumento de la cifosis dorsal al final de la fase concéntrica.*

En un estudio sobre la postura del raquis lumbar, Hedman y Fernie (1997) comprobaron que la fuerza compresiva en el disco intervertebral y la tensión ligamentosa son mayores cuando se adopta una postura invertida, que aumenta el estrés de cizalla, mientras que éste se reduce en la postura donde se mantiene una lordosis fisiológica. Una postura alineada del raquis aporta mayor margen de seguridad, ya que las cargas se distribuyen sobre diferentes estructuras. Mantener el raquis alineado es aún más importante en personas con lesiones por cizalla en las articulaciones vertebrales (facetas, daño en el arco posterior o espondilolistesis) o daño en los ligamentos posteriores (McGill, 1997).

Además, con el raquis en posición alineada es factible lograr una adecuada estabilidad lumbar con niveles moderados de activación lumbar y abdominal (Cholewicki y McGill, 1996; Cholewicki et al., 1997). En situaciones estáticas y dinámicas, se logra mayor activación de los músculos estabilizadores al colocar el raquis lumbar alineado, mientras en posición de hiperlordosis se reduce su nivel de activación, y aún más con una rectificación o inversión (McGill, 1991).

FACTORES DE RIESGO EN LA MOVILIZACIÓN DE CARGAS

El acondicionamiento muscular requiere la movilización de cargas, bien del propio cuerpo (autocargas) o externas. Estudios epidemiológicos han relacionado la elevación frecuente de cargas con el incremento del riesgo de lesión lumbar (Sparto y Parnianpour, 1998). El riesgo se incrementa al movilizar mayor peso, a mayor velocidad y cuando las cargas se movilizan simultáneamente en diferentes planos (carga asimétrica) (Davis y Marras, 2000; Granata y Wilson, 2001; Marras et al 2001; McGill, 2002; Wilson y Granata, 2003), como por ejemplo, al realizar simultáneamente una flexión y rotación vertebral.

Cuando se coge una carga en condiciones asimétricas aumenta el estrés compresivo y de cizalla antero-posterior, comprometiendo la estabilidad (Goldish et al., 1994), y aumentando el riesgo de algias lumbares (Wilson y Granata, 2003), sobre todo cuando el giro se realiza a favor de las agujas del reloj (Marras et al., 2004). La incidencia de lesiones raquídeas al elevar cargas con rotación del tronco se debe a una mayor susceptibilidad de las estructuras, así como a una disminución de la implicación de los estabilizadores del raquis en esta posición (Goldish et al., 1994).

En algunos ejercicios de acondicionamiento muscular, los ejecutantes realizan una rotación del tronco por una ejecución técnica incorrecta, mientras que en otros, la rotación forma parte de la ejecución del ejercicio.

La rotación intervertebral es también muy frecuente en el ejercicio de remo con mancuerna, de forma que el hombro del brazo ejecutor queda por encima del hombro del brazo de apoyo. La técnica más aconsejable en este ejercicio para conseguir un trabajo muscular adecuado sin generar un gran estrés de torsión, es apoyar el brazo contralateral en el banco, manteniendo una activación de la musculatura abdominal (*abdominal bracing*) que estabilice el raquis en su posición fisiológica, anulando en lo posible movimientos de rotación vertebral (McGill, 2004) (Figura 16). Para ello es preciso enseñar al ejecutante que el movimiento se realiza exclusivamente con el hombro y a elegir la carga adecuada a la capacidad de la musculatura extensora del hombro.

El estrés generado al manejar cargas está determinado por otros factores. El peso movilizado y la posición de los segmentos corporales influyen en la magnitud de la presión intradiscal (Wilke et al., 2001; Polga et al., 2004) y de la compresión raquídea. A mayor carga, mayor estrés compresivo sea cual sea la técnica de elevación de la misma (Potvin et al., 1991). El peso movilizado es el factor que más condiciona la fuerza compresiva ejercida sobre el raquis (55.4%), seguido de la situación del peso (18.0%) (Davis y Marras, 2003). En cuanto al estrés de cizalla lateral, su magnitud está más influenciada por la situación de la carga (30.7%), el peso movilizado (24.1%) y la asimetría (9,9%). Respecto al estrés de cizalla antero-posterior, las características antropométricas (57.7%) y el peso a movilizar (15.1%) son los factores que más influyen en el estrés generado (Davis y Marras, 2003).

Figura 16. *Raquis alineado en el remo con mancuerna.*

Tener una masa de 10 Kg. en cada mano con los codos flexionados 90 grados en sedentación o bipedestación aumenta la presión intradiscal torácica hasta 3 veces, comparado con las mismas posturas en posición erecta y sin carga. Mantener esta misma carga con los codos extendidos en bipedestación aumenta la presión de 1.01 Megapascales (Mpa) a 1.61 Mpa (Polga et al., 2004). Este último ejemplo ilustra el hecho de que alejar la carga del eje de gravedad provoca un aumento de la presión intradiscal (Wilke et al., 2001), de la compresión y el estrés de cizalla antero-posterior (Marras et al., 2004). Además, conforme la carga se encuentre más cerca del suelo, el estrés generado al recogerla aumentará significativamente (Marras et al., 2004).

Al manejar una carga, los hombres experimentan mayor carga raquídea absoluta debido a su mayor masa corporal. Sin embargo, cuando se valora el umbral de tolerancia del raquis, las mujeres tienen más riesgo de lesión (Marras et al., 2002). Este hecho junto a que los núcleos articulares de las mujeres tienen más movilidad (Fujiwara et al., 2000), magnifica la importancia de la adecuada postura en los ejercicios de acondicionamiento muscular en aquéllas.

La condición física de la persona que moviliza cargas es muy importante. La resistencia cardio-respiratoria y la forma de ventilar influyen de forma indirecta en el estrés vertebral. En personas poco entrenadas y con un bajo control motor de su musculatura, se ha observado que al manejar cargas y ventilar de forma acelerada, hay un aumento de la compresión raquídea y una menor estabilidad vertebral.

RECOMENDACIONES PRÁCTICAS EN EL ACONDICIONAMIENTO MUSCULAR

El técnico deportivo debe conocer en profundidad los criterios de correcta ejecución de los ejercicios y su efectividad, para prescribirlos de forma adecuada en función de los intereses de sus clientes.

1) Mantener el raquis lo más alineado posible, prestando especial atención a detectar y corregir posturas de flexión e hiperextensión vertebral, ya que las posturas de flexión dorso-lumbar, especialmente, son muy frecuentes en la ejecución de gran parte de los ejercicios de acondicionamiento muscular (López-Miñarro, 2003; López-Miñarro et al., 2008a).

Además, el técnico deportivo debe considerar la postura corporal que presenta el cliente, pues va a influir en la ejecución de los ejercicios. En este sentido, un estudio sobre la postura corporal en 772 usuarios varones de salas de acondicionamiento muscular encontró un 53.9% de sujetos con hipercifosis torácica leve y un 3.6% con una hipercifosis torácica moderada (López-Miñarro et al., 2007b). Las posturas hipercifóticas en la realización de los ejercicios son aún más contraproducentes para aquellos que posean una hipercifosis torácica, ya sea postural o estructurada. Respecto a la curva lumbar, su disposición era más normalizada, ya que un 83.9% de personas tenían un ángulo de lordosis normal, mientras que un 3.8% presentan una rectificación lumbar, y un 12.3% una hiperlordosis lumbar.

2) Seleccionar adecuadamente las cargas a movilizar, las cuales deben permitir la correcta disposición de las estructuras articulares.

El exceso de carga es el mayor responsable de la ejecución incorrecta de los ejercicios (López-Miñarro, 2003). Cuando la capacidad muscular no permite movilizar una carga, los usuarios utilizan momentos de inercia generados con otras estructuras de su cuerpo para movilizarla. Por ejemplo, cuando al hacer un *curl de bíceps* con barra en bipedestación, los flexores del codo no son capaces de elevar la carga, el sujeto suele realizar una extensión lumbar (López-Miñarro et al., 2007a) que genera una inercia que posibilita el desplazamiento de la carga y reduce el brazo de palanca de la resistencia.

3) Realizar los ejercicios a una velocidad lenta-moderada con inclusión de fases estáticas, ya que la carga raquídea aumenta significativamente con el aumento de la velocidad (Marras y Granata, 1997).

Minimizar la velocidad del movimiento puede contribuir a una mejor salud, especialmente cuando las tareas son repetitivas (Solomonow, 2004). Los movimientos excesivamente rápidos pueden exceder las cargas fisiológicas que pueden soportar los ligamentos (Solomonow, 2004). Además, la actividad muscular media (efectividad) desarrollada en un movimiento rápido es menor.

4) Trabajar la concienciación de la movilidad pélvica y escapular, así como la extensibilidad isquiosural como medio de control de las curvaturas raquídeas, ya que unos isquiosurales flexibles facilitan una postura más alineada.

5) El uso del espejo permitirá aumentar el control de la postura corporal al tener una información visual que suple la ausencia de control propioceptivo de las curvas del raquis, debido al déficit general de concienciación de la postura raquídea que presentan la mayoría de personas.

6) Controlar la posición del raquis cervical. La posición de la cabeza es muy importante, pero pasa desapercibida con frecuencia para el ejecutante y el técnico deportivo. El raquis cervical debe permanecer alineado durante la ejecución de los ejercicios.

7) Desarrollar la resistencia muscular de los estabilizadores del tronco, ya que se reduce el riesgo de repercusiones raquídeas (McGill, 2002) y permite un buen control de la postura corporal (raquis lo más alineado posible), sobre todo en los ejercicios ejecutados en bipedestación, no sólo en la posición inicial, sino también durante todas las repeticiones realizadas.

8) Realizar un *abdominal bracing* para mantener el raquis alineado. El *abdominal bracing* consiste en una activación voluntaria de la musculatura abdominal y provoca un aumento de la rigidez raquídea y estabilidad (McGill, 2004). De hecho, el *abdominal bracing* produce una mayor estabilidad que un *abdominal hollowing* (un 32% más), con sólo un aumento del 15% en la compresión raquídea.

REFERENCIAS

- Adams, M.A., Dolan, P. (1997). Could sudden increases in physical activity cause degeneration of intervertebral discs? *Lancet*, 350, 734-5.
- Adams, M.A., Dolan, P. (1995). Recent advances in lumbar spinal mechanics and their clinical significance. *Clinical Biomechanics*, 10, 3-19.
- Adams, M.A., Dolan, P. (1996). Time dependent changes in the lumbar spine's resistance to bending. *Clinical Biomechanics*, 11, 194-200.
- Akmal, M., Kesani, A., Anand, B., Singh, A., Wiseman, M., Goodship, A. (2004). Effect of nicotine on spinal disc cells: a cellular mechanism for disc degeneration. *Spine*, 29, 568-575.
- Bankoff, A.D.P., Moraes, A.C., Salve, M.G.C., Lopez, M.B.S., Ferrarezi, M.P.S. (2000). Electromyographical study of the iliocostalis lumborum, longissimus thoracis and spinalis thoracis muscles in various positions and movements. *Electromyography and Clinical Neurophysiology*, 40, 345-349.
- Baranto, A., Ekström, L., Hellström, M., Lundin, O., Holm, S., Swärd, L. (2005). Fracture patterns of the adolescent porcine spine: an experimental loading study in bending-compression. *Spine*, 30, 75-82.
- Beach, T.A.C., Parkinson, R.J., Stothart, J.P., Callaghan, J.P. (2005). Effects of prolonged sitting on the passive flexion stiffness of the in vivo lumbar spine. The Spine Journal, 5, 145-154.
- Borer, K.T. (2005). Physical activity in the prevention and amelioration of osteoporosis in women. Interaction of mechanical, hormonal and dietary factors. *Sports Medicine*, 35, 779-830.
- Brereton, L.C., McGill, S.M. (1999). Effects of physical fatigue and cognitive challenges on the potential for low back injury. Human Movement Science, 18, 839-857.

- Callaghan, J.P., Dunk, N.M. (2002). Examination of the flexion relaxation phenomenon in erector spinae muscles during short duration slumped sitting. *Clinical Biomechanics*, 17, 353-360.
- Callaghan, J.P., McGill, S.M. (2001). Low back joint loading and kinematics during standing and unsupported sitting. *Ergonomics*, 44, 280-294.
- Callaghan, J.P., McGill, S.M. (1995). Muscle activity and low back loads under external shear and compressive loading. *Spine*, 20, 992-998.
- Cassinelli, E.H., Hall, R.A., Kang, J.D. (2001). Biochemistry of intervertebral disc degeneration and the potential for gene therapy applications. *The Spine Journal*, 1, 205-214.
- Cholewicki, J., McGill, S.M. (1996). Mechanical stability of the in vivo lumbar spine: implications for injury and chronic low back pain. *Clinical Biomechanics*, 11, 1-15.
- Cholewicki, J., Panjabi, M.M., Khachatryan, A. (1997). Stabilizing function of trunk flexor-extensor muscles around a neutral spine posture. *Spine*, 22, 2207-2212.
- Cholewicki, J., Silfies, S.P., Shan, R.A., Greene, H.S., Reeves, N.P., Alvi, K., et al. (2005). Delayed trunk muscle reflex responses increase the risk of low back injuries. *Spine*, 30, 2614-2620.
- Cholewicki, J., Van Vliet, J.J. (2002). Relative contribution of trunk muscles to the stability of the lumbar spine during isometric exertions. *Clinical Biomechanics*, 17, 99-105.
- Claude, L.N., Solomonow, M., Zhou, B.H., Baratta, R.V., Zhu, M.P. (2003). Neuromuscular dysfunction elicited by cyclic lumbar flexion. *Muscle Nerve*, 27, 348-358.
- Congeni, J., McCulloch, J., Swanson, K. (1997). Lumbar Spondylolisis. A study of natural progression in athletes. *American Journal of Sports Medicine*, 25, 248-253.
- Davis, K.G., Marras, W.S. (2003). Partitioning the contributing role of biomechanical, psychosocial, and individual risk factors in the development of spine loads. *The Spine Journal*, 3, 331-338.
- Dickey, J.P., McNorton, S., Potvin, J.R. (2003). Repeated spinal flexion modulates the flexion-relaxation phenomenon. *Clinical Biomechanics*, 18, 783-789.
- Doers, T.M., Kang, J.D. (1999). The biomechanics and biochemistry of disc degeneration. *Current Opinion in Orthopaedic*, 10, 117-121.
- Dolan, K.J., Green, A. (2006). Lumbar spine reposition sense: The effect of a 'slouched' posture. *Manual Therapy*, 11, 202-207.
- Dolan, P., Adams, M.A. (1998). Repetitive lifting tasks fatigue the back muscles and increase the bending moment acting on the lumbar spine. *Journal of Biomechanics*, 31, 713-721.
- Elfering, A., Semmer, N., Birkhofer, D., Zanetti, M., Hodler, J., Boos, N. (2002). Risk factors for lumbar disc degeneration. *Spine*, 27, 125-134.
- Escamilla, R.F., Fleisig, G.S., Zheng, N., Barrentine, S.W., Wilk, K.E., Andrews, J.R. (1998). Biomechanics of the knee during closed kinetic chain and open kinetic chain exercises. *Medicine and Science and Sports Exercise*, 30, 556-569.

- Escamilla, R.F. (2001). Knee biomechanics of the dynamic squat exercise. *Medicine and Science in Sports and Exercise*, 33, 127-141.
- Esola, M.A., McClure, P.W., Fitzgerald, G.K., Siegler, S. (1996). Analysis of lumbar spine and hip motion during forward bending in subjects with and without a history of low back pain. *Spine*, 21, 71-78.
- Feldman, D.E., Rossignol, M., Shrier, I., Abenhaim, L. (1999). Smoking. A risk factor for development of low back pain in adolescents. *Spine*, 24, 2492-2496.
- Fujiwara, A., Lim, T.L., An, H.A., Tanaka, N., Jeon, C.H., Andersson, G.B.J., Haughton VM. (2000). The effect of disc degeneration and facet joint osteoarthritis on the segmental flexibility of the lumbar spine. *Spine*, 25, 3036-3044.
- Goldish, G.D., Quast, J.E., Blow, J.J., Kuskowski, M.A. (1994). Postural effects on intra-abdominal pressure during Valsalva maneuver. *Archives of Physical Medicine and Rehabilitation*, 75, 324-327.
- Green, J.P., Grenier, S.G., McGill, S.M. (2002). Low back stiffness is altered with warm-up and bench rest: implications for athletes. *Medicine and Science in Sports and Exercise*, 34, 1076-1081.
- Gunning, J.L., Callaghan, J.P., McGill, S.M. (2001). Spinal posture and prior loading history modulate compressive strength and type of failure in the spine: a biomechanical study using a porcine cervical spine model. *Clinical Biomechanics*, 16, 471-480.
- Guo, L.X., Teo, E.C., Lee, K.K., Zhang, Q.H. (2005). Vibration characteristics of the human spine under axial cyclic loads: Effects of frequency and damping. *Spine*, 30, 631-63
- Hall, S. (1986).Mechanical contribution to lumbar stress injuries in females gymnasts. *Medicine and Science in Sports and Exercise*, 18, 599-602.
- Hedman, T.P., Fernie, G.R. (1997). Mechanical response of the lumbar spine to seated postural loads. Spine, 22, 734-743.
- Ho, C.W., Chen, L.C., Hsu, H.H., Chiang, S.L., Li, M.H., Jiang, S.H., et al. (2005). Isokinetic muscle strength of the trunk and bilateral kness in young subjects with lumbar disc herniation. *Spine*, 30, E528-E533.
- Hodges, P.W. (2001). Changes in motor planning of feedforward postural responses of the trunk muscles in low back pain. *Experimental Brain Research*, 141, 261-266.
- Kelley, G.A., Kelley, K.S., Tran, Z.V. (2001). Resistance training and bone mineral density in women: a meta-analysis of controlled trials. *American Journal of Physical Medicine and Rehabilitation*, 80, 65-77.
- Kiefer, A., Shirazi-Adl, A., Parnianpour, M. (1998). Synergy of the human spine in neutral postures. *European Spine Journal*, 7, 471-479.
- Kongsgaard, M., Aagaard, P., Roikjaer, S., Olsen, D., Jensen, M., Langberg, H., Magnusson, S.P. (2006). Decline eccentric squats increases patellar tendon loading compared to standards eccentric squats. *Clinical Biomechanics*, 21, 748-754.
- Larivière, C., Gagnon, D., Loisel, P. (2002). A biomechanical comparison of lifting techniques between subjects with and without chronic low back pain during freestyle lifting and lowering tasks. *Clinical Biomechanics*, 17, 89-98.

- Leboeuf-Yde, C., Kyvik, K.O., Bruun, N.H. (1999). Low back pain and lifestyle. Part II- Obesity. Information from a population-based sample of 29,424 twin subjects. *Spine*, 24, 779-784.
- Lee, P., Helewa, A., Goldsmith, C.H., Smythe, H.A., Stitt, L.W. (2001). Low back pain: prevalence and risk factors in an industrial setting. The *Journal of Rheumatology*, 28, 346-351.
- Leinonen, V., Kankaanpää, M., Luukkonen, M., Hänninen, O., Airaksinen, O., Taimela, S. (2001). Disc herniation-related back pain impairs feed-forward control of paraspinal muscles. *Spine*, 26, E267-272.
- Lengsfeld, M., Frank, A., Van Deursen, D.L., Griss, P. (2000). Lumbar spine curvature during office chair sitting. *Medical Engineering & Physics*, 22, 665-669.
- Levine, D., Whittle, M.W. (1996). The effects of pelvic movement on lumbar lordosis in the standing position. *Journal of Orthopaedic and Sports Physical Therapy*, 24, 130-135.
- Lindsey, D.P., Kim, M.J., Hannibal, M., Alamin, T.M. (1995). The monotonic and fatigue properties of osteoporotic thoracic vertebral bodies. *Spine*, 30, 645-649.
- López-Miñarro, P.A., Yuste, J.L., Rodríguez, P.L., Santonja, F, Sáinz de Baranda, P., García, A. (2007a). Disposición sagital del raquis lumbar y torácico en el ejercicio de curl de bíceps con barra en bipedestación. *Cultura, Ciencia y Deporte*, 7, 19-24.
- López-Miñarro, P.A., Rodríguez, P.L., Santonja, F., Yuste, J.L., García, A. (2007b). Disposición sagital del raquis en usuarios de salas de musculación. *Archivos de Medicina del Deporte*, 122, 435-441.
- López-Miñarro, P.A., Yuste, J.L., García, J.J., López, F.J., Ariza, L. (2008b). Disposición sagital del raquis lumbar en un ejercicio de estiramiento del músculo recto femoral. *Actas del IV Congreso Internacional y XXV Nacional de Educación Física*, 2-5 de Abril. Universidad de Córdoba.
- López-Miñarro, P.A., Rodríguez, P.L., Santonja, F., Yuste, J.L. (2008a). Posture du rachis thoracique pendat la réalisation de léxercise triceps extensions á la poulie. *Science & Sports*, 23, 183-185.
- López-Miñarro, P.A. (2003). Análisis de ejercicios de acondicionamiento muscular en salas de musculación. Incidencia sobre el raquis en el plano sagital. [*Tesis doctoral*]. Murcia: Universidad de Murcia.
- Lu, D., Solomonow, M., Zhou, B., Baratta, L.L. (2004). Frequency-dependent changes in neuromuscular responses to cyclic lumbar flexion. *Journal of Biomechanics*, 3, 845-855.
- Magnusson, M.L., Aleksiev, A., Spratt, K., Lakes, R.S., Pope, M.H. (1996). Hyperextension and spine height changes. *Spine*, 21, 2670-2675.
- Marras, W., Ferguson, S.A., Burr, D., Davis, K.G., Gupta, P. (2004). Spine loading in patients with low back pain during asymmetric lifting exertions. *The Spine Journal*, 4, 64-75.
- Marras, W.S., Dais, K.G., Jorgensen, M. (2002). Spine loading as a function of gender. *Spine*, 27, 2514-2520.

- Marras, W.S., Davis, K.G., Heaney, C.A., Maronotis, A.B., Allread, W.G. (2000). The influence of psychosocial stress, gender, and personality on mechanical loading of the lumbar spine. *Spine*, 25, 3045-3054.
- Marras, W.S., Ferguson, S.A., Burr, D., Davis, K.G., Gupta, P. Functional impairment as a predictor of spine loading. Spine, 30, 729-737.
- Marras, W.S., Granata, K.P. (1997). Spine loading during trunk lateral bending motions. *Journal of Biomechanics*, 30, 697-703.
- Marras, W.S. (2003). Editorial. The case for cumulative trauma in low back disorders. *The Spine Journal*, 3, 177-179.
- McCarroll, J.R., Miller, J.M., Ritter, M.A. (1986). Lumbar Spondylolisis and Spondylolisthesis in College football players. A prospective study. *American Journal of Sports Medicine*, 14, 404-406.
- McGill, S.M., Hughson, R.L., Parks, K. (2000). Changes in lumbar lordosis modify the role of the extensor muscles. *Clinical Biomechanics*, 15, 777-780.
- McGill, S.M., Kippers, V. (1994). Transfer of loads between lumbar tissues during the flexion-relaxation phenomenon. *Spine*, 19, 2190-2196.
- McGill, S.M. (1997). The biomechanics of low back injury: implications on current practice in industry and the clinic. *Journal of Biomechanics*, 30, 465-475.
- McGill, S.M. (1991). Kinetic potential of the lumbar trunk musculature about three orthogonal orthopaedic axes in extreme postures. *Spine*,16, 809-815.
- McGill S.M. (2002). *Low back disorders. Evidence-Based prevention and rehabilitation*. Champaign: Human Kinetics.
- McGill, S.M. (2004). *Ultimate back fitness and performance*. Waterloo: Wabuno Pubishers.
- Moseley, G.L., Hodges, P.W., Gandevia, S.C. (2002). Deep and superficial fibers of the lumbar multifidus muscle are differentially active during voluntary arm movements. *Spine*, 27, E29-E36.
- Neblett, R., Mayer, T.G., Gatchel, R.J., Keeley, J., Proctor, T., Anagnostis, C. (2003). Quantifying the lumbar flexion-relaxation phenomenon. Theory, normative data, and clinical applications. *Spine*, 28, 1435-1446.
- O´Sullivan, P.B., Twomey, L., Allison, G.T. (1998). Altered abdominal muscle recruitment in patients with chronic back pain following a specific exercise intervention. *Journal of Orthopaedic and Sports Physical Therapy*, 27, 114-124.
- Olson, M.W., Li, L., Solomonow, M. (2004). Flexion-relaxation response to cyclic lumbar flexion. *Clinical Biomechanics*, 19, 769-776.
- Paajanen, H., Erkintalo, M., Parkkola, R., Salminen, J., Kormano, M. (1997). Age dependent correlation of low back pain and lumbar disc degeneration. *Archives of Orthopaedic and Trauma Surgery, 116*, 106-107.
- Panjabi, M.M. (2003). Clinical spinal instability and low back pain. *Journal of Electromyography and Kinesiology*, 13, 371-379.
- Parkkola, R., Rytökoski, U., Kormano, M. (1993). Magnetic resonante imaging of the discs and trunk muscles in patients with chronic low back pain and healthy control subjects. *Spine*, 18, 830-836.
- Polga, D.J., Beaubien, B.P., Kallemeier, P.M., Schellhas, K.P., Lee, W.D., Buttermann, G.R., Wood, K.B. (2004). Measurement of in vivo intradiscal pressure in healthy thoracic intervertebral discs. *Spine*, 29, 1320-1324.

- Pope, M.H., Magnusson, M., Wilder, D. (1998). Low back pain and whole body vibration. *Clinical Orthopaedic and Related Research*, 354, 241-248.
- Potvin, J.R., McGill, S.M., Norman, R.W. (1991). Trunk muscle and lumbar ligament contributions to dynamic lifts with varying degrees of trunk flexion. *Spine*, 6, 1099-1107.
- Rodacki, C.L., Rodacki, A.L., Ugrinowitsch, C., Zielinski, D., da Costa, R. (2008). Spinal unloading after abdominal exercises. *Clinical Biomechanics*, 23, 8-14.
- Sato, K., Kikuchi, S., Yonezawa, T. (1999). In vivo intradiscal pressure measurement in healthy individuals and in patients with ongoing back problems. *Spine*, 24, 2468-2474.
- Scott, S.C., Goldberg, M.S., Mayo, N.E., Stock, S.R., Poîtras, B. (1999). The association between cigarette smoking and back pain in adults. *Spine*, 24, 1090-1098.
- Shirazi-Adl, A., Ahmed, A.M., Shrivastava, S.C. (1986). A finite element study of a lumbar motion segment subjected to pure sagittal plane moments. *Journal of Biomechanics*, 19, 331-350.
- Snook, S.H., Webster, B.S., McGorry, R.W. (2002). The reduction of chronic, nonspecific low back pain through the control of early morning lumbar flexion: 3 year follow up. *Journal of Occupational Rehabilitation*, 12, 13-19.
- Solomonow, M., Zhou, B.H., Baratta, R.V., Burger, E. (2003). Biomechanics and electromyography of a cumulative lumbar disorder: response to static flexion. *Clinical Biomechanics*, 18, 883-889.
- Solomonow, M. (2004). Ligaments: a source of work-related musculoskeletal disorders. *Journal of Electromyography and Kinesiology*, 14, 49-60.
- Sparto, P.J., Parnianpour, M. (1998). Estimation of trunk muscle forces and spinal loads during fatiguing repetitive trunk exertions. *Spine*, 23, 2563-2573.
- Taimela, S., Kankaanpää, K., Luoto, S. (1999). The effect of lumbar fatigue on the ability to sense a change in lumbar position. *Spine*, 24, 1322-1327.
- Takahashi, I., Kikuchi, S.I., Sato, K., Sato, N. (2006). Mechanical load of the lumbar spine during forward bending motion of the trunk-A biomechanical study. *Spine*, 31, 18-23.
- Wilder, D.G., Pope, M.H. (1996). Epidemiological and aetiological aspects of low back pain in vibration environments - an update. *Clinical Biomechanics*, 11, 61-73.
- Wilke, H.J., Neef, P., Caimi, M., Hoogland, T., Claes, L.E. (1999). New in vivo measurements of pressures in the intervertebral disc in daily life. *Spine*, 24, 755-762.
- Wilke, H.J., Neef, P., Hinz, B., Seidel, H., Claes, L.E. (2001). Intradiscal pressure together with anthropometric data - a data set for the validation of models. *Clinical Biomechanics*, 1, S111-S126.
- Wilson, S.E., Granata, K.P. (2003). Reposition sense of lumbar curvature with flexed and asymmetric lifting postures. *Spine*, 28, 513-518.
- Wretenberg, P., Feng, Y., Arborelius, U.P. (1996). High-and low-bar squatting techniques during weight-training. *Medicine and Science in Sports Exercise*, 28, 218-224.
- Young, J.L., Press, J.M., Herring, S.A. (1997). The disc at risk in athletes: perspectives on operative and nonoperative care. *Medicine and Science in Sports Exercise*, 29 (suppl 7), 222-22.

Capítulo 5

ACTIVIDAD FÍSICO DEPORTIVA PARA PERSONAS CON DISCAPACIDAD FÍSICA

Javier Pérez Tejero

INTRODUCCIÓN

Este capítulo tiene por objetivo ofrecer un estado de la cuestión actual sobre la práctica de actividad físico deportiva de personas con discapacidad de física, especialmente en su orientación hacia el mantenimiento de la salud. En primer lugar es argumentada la importancia de la actividad física en esta población en el contexto actual de funcionalidad y salud. Así mismo son presentados algunos datos demográficos en relación a este segmento poblacional, incluso a nivel de práctica deportiva. En segundo lugar son indicadas las principales causas de discapacidad física, su incidencia a nivel perceptivo motor, así como una propuesta de pautas de intervención sobre cada una de ellas. Finalmente, se exponen las principales manifestaciones deportivas para este colectivo.

IMPORTANCIA DE LA ACTIVIDAD FÍSICO DEPORTIVA EN PERSONAS CON DISCAPACIDAD FÍSICA: PERSPECTIVA SALUDABLE

Para las personas con discapacidad en general, la actividad físico-deportiva ha jugado un papel de gran trascendencia en los últimos 70 años. Podemos considerar desde un primer momento, siguiendo a Vallbona (2003) que, si los beneficios de la actividad física para la salud de la población general están plenamente consensuados, en el caso de las personas con discapacidad, estos beneficios son aún más relevantes puesto que, gran parte de la independencia funcional que pueden alcanzar dependerá de su acondicionamiento físico. En este sentido, el tratamiento que las personas con discapacidad física han recibido desde el ámbito clínico sanitario, especialmente desde el punto de vista de los procesos de rehabilitación física, fue el germen de las manifestaciones deportivas que hoy conocemos como para personas con discapacidad. Hoy, estas manifestaciones están plenamente desarrolladas en estructuras deportivas a nivel internacional, nacional y autonómico, si bien está inmerso en una evolución hacia la integración en las estructuras deportivas normalizadas.

Perspectiva histórica

Seguramente el Dr. Ludwig Guttmann no podía imaginar, allá por mediados de los años 40 del pasado siglo, que la introducción de la actividad físico deportiva en los procesos de rehabilitación física en el hospital que dirigía de Stoke Mandeville (Aylesbury, Inglaterra) sería el detonante principal de las manifestaciones deportivas de personas con discapacidad física primero (especialmente lesiones medulares), para posteriormente, extenderse a otros colectivos de personas con discapacidad, con la orientación y filosofía que hoy conocemos. Aunque en el concierto mundial el deporte de personas con discapacidad se inicia a principios del siglo XX, cuando un grupo de mutilados de la 1ª Guerra Mundial comienza en 1918 a practicar algún tipo de deporte como válvula de escape para olvidar los horrores de la guerra y aliviar las horas de hospitalización. Sin embargo, el impulso definitivo viene dado por Guttmann, médico con formación en Neurología y Neurocirugía que, gracias a su concepto integral de la medicina, consigue disminuir de forma muy importante la mortalidad, muy elevada hasta entonces, de las personas que habían sufrido alguna lesión medular. En el año 1944 se crea en Stoke Mandeville, de la mano del Dr. Guttmann, el primer hospital monográfico para el tratamiento de las personas con lesión medular en el que, empleando técnicas realmente revolucionarias con suficiente solidez científica, se incorpora la práctica deportiva a la rehabilitación física y psíquica de las personas con graves lesiones medulares, evitando con ello las largas horas de gimnasio y la rehabilitación monótona hospitalaria que, en ocasiones, puede llegar a entorpecer el proceso rehabilitador, consiguiendo con el deporte un proceso más rápido por el aliciente que da la superación personal constante, a través de las marcas deportivas.El 28 de julio de 1948 se crean los Juegos Deportivos de Stoke Mandeville en las instalaciones del propio centro hospitalario, considerado como la Olimpia del deporte de personas con discapacidad, con participación exclusiva, en un principio de deportistas parapléjicos, cristalizando posteriormente la primera Paralimpiada en Roma 1960, donde sólo participaron personas con lesión medular.

En España, a principios de los años sesenta cuando en Cataluña, el Dr. Sales Vázquez, Director de Traumatología de la Residencia "Francisco Franco", en la actualidad "Residencia Vall d´Hebrón", inició con los jóvenes parapléjicos la recuperación a través de un equipo de baloncesto en silla de ruedas, influenciado por las nuevas técnicas del Dr. Guttmann. También el Dr. Sarrias en el Hospital de la Asociación Nacional de Inválidos Civiles (ANIC) introdujo varias disciplinas deportivas para los internados del hospital, entre las que destacaba la natación. En el año 1958, se acababan de inaugurar los Hogares Mundet, dependientes de la Diputación Provincial de Barcelona. En este centro y bajo la supervisión del Director Deportivo, D. Juan Palau, se introdujo el deporte en la numerosa población con poliomielitis que allí se ubicaba y que permitió dar a estas personas y a la propia institución un destacable cambio social (Federación Española de Deporte de Minusválidos Físicos, 1994).

Actualmente personas con discapacidad física se apoyan en las prácticas de ocio activo que ofrece el movimiento asociativo de la discapacidad física en nuestro país (bajo el paraguas de PREDIF, perteneciente al CERMI), específicamente en relación a trastornos concretos (como por ejemplo, asociaciones de lesionados medulares, o de familias de padres de niños/as con espina bífida, o afectados de distrofias musculares). Nos consta que la práctica deportiva "florece" en estos contexto de atención cercana, muchas veces de manera complementaria a actividades de ocio o culturales ya consolidadas, pero que derivan en prácticas deportivas recreativas, constituyendo el germen de posibles deportistas con discapacidad y proyección, si así es su deseo. Tenemos ejemplos de ello en relación a la práctica a nivel de iniciación de deportes como el baloncesto en silla de ruedas, el hockey en silla de ruedas eléctrica y el rugby en silla: tres deportes adaptados a personas con discapacidad físicas de diferente alcance.

La discapacidad física en el actual contexto de la Funcionalidad y la Condición de Salud

Hemos de referirnos sin duda a la actual Clasificación de la Funcionalidad, la Discapacidad y la Salud promulgada por la Organización Mundial de la Salud en 2001 (CIF, OMS 2001), verdadera homogenización actual de la terminología, de la perspectiva de la discapacidad como elemento o característica personal que condiciona la salud, pero que no tiene porqué suponer enfermedad. La clasificación supone una verdadera aproximación a todos los ámbitos que afectan a la condición de salud de las personas y es muy pertinente para abordar el análisis global del fomento de salud / prevención de la enfermedad para todas las personas (no sólo aquellas con una discapacidad) desde una perspectiva bio-psico-social. Los dominios de la actual clasificación funcionan como tamiz privilegiado para el análisis de la condición de salud, de cualquier persona, inclusive, aquella que no posea una discapacidad. Más aun, enfatiza el enfoque en positivo de dicho análisis, dotando de importancia al contexto en torno a la persona, como influenciador (tanto en negativo como en positivo) de la condición de salud. Un ejemplo de la aplicación de los dominios de la actual clasificación sobre personas con discapacidad física nos la da van der Woude et al. (2004) en su análisis de los factores que influyen en una persona con discapacidad física por lesión medular usuaria de una silla de ruedas (ver figura 1).

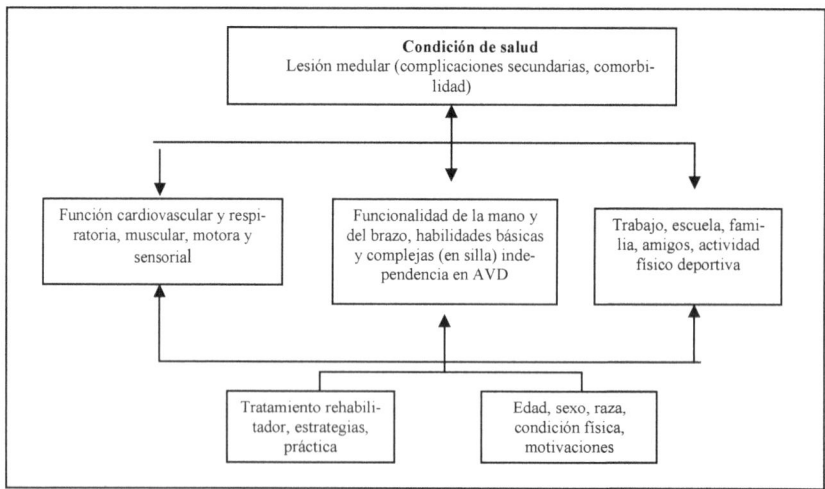

Figura 1. *Ejemplificación de la Clasificación de la Funcionalidad, la Discapacidad y la Salud aplicado a personas con lesión medular (adaptado de van der Woude et al, 2004).*

Siguiendo a Egea y Sarabia (2001), podemos indicar que la discapacidad es algo único, ya que se manifiesta a nivel individual (en forma de enfermedad, desorden, trastorno o lesión) y, además, por que esa condición personal estará influenciada por una compleja combinación de factores: desde las diferencias personales de experiencias, antecedentes y bases emocionales, construcciones psicológicas e intelectuales, hasta el contexto físico, social y cultural en el que la persona vive. Incluso, las percepciones y actitudes hacia la discapacidad son muy relativas, ya que están sujetas a interpretaciones culturales que dependen de valores, contexto, lugar y tiempo sociohistórico, así como de la perspectiva del estatus social del observador.

Es un hecho científicamente comprobado que la actividad físico deportiva es un elemento beneficioso para la salud y factor de protección frente a enfermedades y factores de riesgo asociados a estilos de vida sedentarios (Blair, 2009) y que la inactividad física es entendida a día de hoy como un problema de salud pública, dada las consecuencias que tiene a todos los niveles (Ainsworth, 2009). Imaginemos entonces los beneficios que tiene en personas con algún tipo de discapacidad, a sabiendas que tienen menos posibilidad de acceso a estas prácticas, la movilidad suele estar condicionada por el tipo de discapacidad y que debe realizarse una evaluación previa del tipo de actividad física recomendada según discapacidad o trastorno de la salud. Más allá creemos que los beneficios de la actividad físico deportiva en el caso de las personas con discapacidad física son aun más relevantes, puesto que gran parte de la independencia funcional que pueden alcanzar dependerá de su acondicionamiento físico. Incluso, y de manera muy reciente, el Colegio Americano de Medicina del Deporte (ACSM) indica en sus últimas recomendaciones los beneficios para personas con discapacidad de la actividad física regular: mejora cardiovascular y condición física, mejora de la salud mental y mejora de las habilidades para la vida diaria (ACSM, 2008). Incluso han de realizarse adaptaciones concretas según tipo de discapacidad en las prescripciones de ejercicio que garanticen el éxito del programa (ACSM, 2003). En nuestra opinión, el acceso a las prácticas deportivas por parte de personas con discapacidad física es un elemento facilitador de primer orden para un adecuado mantenimiento y/ o mejora de la condición de salud. Este servicio es suministrado por parte de los factores contextuales y tiene éxito cuando fomenta la participación de personas con discapacidad en actividades o entornos deportivos libremente elegidos y, dada la calidad de este servicio, fomenta la adherencia a la practica y el sentimiento de pertenencia a un colectivo, desde la perspectiva del ocio activo, el juego o la propia competición deportiva. Es por ello que este servicio requiere de:

- Un conocimiento adecuado de la condición de salud / discapacidad de la persona con discapacidad física.

- La planificación de las actividades físicas y su impacto en su salud.
- La importancia de la adaptación material (especialmente elementos de apoyo – ayudas técnicas) y metodológica.
- La seguridad durante el desarrollo de la actividad.
- Las estrategias que faciliten la participación activa en el desarrollo de la actividad, incluso en entornos inclusivos.

Algunos datos demográficos sobre las personas con discapacidad física en nuestro país

A este respecto hemos de partir de los estudios demográficos que sobre el tema ha elaborado el Instituto Nacional de Estadística (INE): la "Encuesta sobre Deficiencias, Discapacidades y Estados de Salud (EDDES, 1999)" o la más actual "Encuesta de Discapacidad, Autonomía personal y situaciones de Dependencia (EDAD 2008)" que, por ejemplo, avanza los siguientes datos generales:

a. El número de personas con discapacidad alcanza los 3,8 millones, lo que supone el 8,5% de la población.
b. Un total de 608.000 personas con discapacidad viven solas en su hogar.
c. 1,39 millones de personas no pueden realizar alguna de las actividades básicas de la vida diaria sin ayuda.
d. 269 mil personas que residen en centros de personas mayores, centros de personas con discapacidad, hospitales psiquiátricos y hospitales geriátricos tienen alguna discapacidad
e. Cuatro de cada 10 personas de seis y más años con discapacidad tienen deficiencias en huesos y articulaciones.

EDAD 2008	N° de personas (miles)	% sobre personas con discapacidad
TOTAL	3.847,9	100,0
0 a 5 años (*)	60,4	1,6
6 a 64 años	1.560,0	40,5
65 a 79 años	1.201,7	31,2
80 y más años	1.025,8	26,7

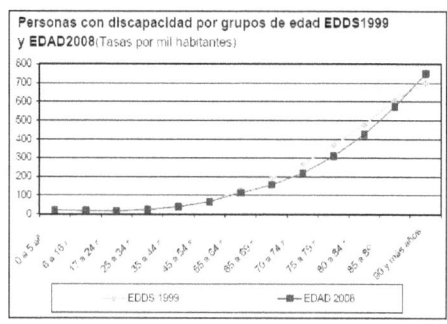

Figura 2. Segmentos de edad y porcentaje de personas con discapacidad, y tasa de discapacidad por grupo de edad a nivel nacional (INE, EDAD 2008)

Esta misma encuesta indica que se puede afirmar que, en general, la discapacidad aparece a edades más tardías, aunque haya aumentado el período de exposición al riesgo de discapacidad como consecuencia del aumento de la esperanza de vida (ver figura 2). Por ello, hemos de decir, como dato revelador, que un 42% de personas con discapacidad tienen de 0 a 65 años, por lo que hay una gran asociación entre edad y adquisición de la misma. En relación a la práctica deportiva en el tiempo libre, casi un millón de personas con discapacidad, lo que representa aproximadamente una cuarta parte de la población (24,9% del total). La mayoría de ellas no lo hacen como primera opción a la hora de seleccionar la actividad a la que dedican tiempo libre. Casi ochocientas mil personas reconocen que no practican deporte aunque lo desearían, por causa directamente relacionada con la situación de discapacidad, la mayoría de ellas querrían hacerlo como primera opción, es decir, se ven abocadas a una renuncia de primer orden. Por poner el ejemplo de una Comunidad Autónoma, como es Madrid, la población con discapacidad representa casi un 4% de la población total de la Comunidad (ostensiblemente menor que a nivel nacional), correspondiendo a la discapacidad física el 62% de las mismas (Instituto de Estadística de la Comunidad de Madrid, IECM) lo que indica la importancia de este tipo de discapacidad sobre la población general. Interesantes a este respecto, nos parecen las conclusiones de Pinilla (2008) en relación a la interpretación de los datos poblacionales de personas con discapacidad con un fin de promoción deportiva:

	2.008	%
FÍSICA	**147.526**	**62**
OSTEOARTICULAR	57.915	24,2
ENFERMEDADES CRONICAS	46.659	19,5
NEUROMUSCULAR	30.157	12,6
EXPRESIVA	1.645	0,7
MIXTA	6.605	2,8
OTRAS	4.545	1,9
PSÍQUICA	**52.452**	**21,9**
INTELECTUAL	24.835	10,4
ENFERMEDAD MENTAL	27.617	11,5
SENSORIAL	**39.811**	**16,6**
AUDITIVA	16.208	6,8
VISUAL	23.603	9,8
TOTAL	**239.789**	**100**

Tabla 1. *Distribución porcentual de la población con discapacidad certificada en la Comunidad de Madrid, según tipología (IECM, 2009)*

- Es la discapacidad de tipo física la que predomina dentro de la población con discapacidad, sin embargo los demás tipos de discapacidad pese a ser menos representativas, cuantitativamente son elevadas y requieren de las mismas necesidades y servicios.

- Aunque se piensa que son las edades más jóvenes las que más necesidades requieren en el ámbito de la discapacidad, cuantitativamente el sector mayor de 45 años representa el 67% de las personas con discapacidad.

- Podemos considerar un sector especial dentro de la actividad física adaptada, denominada tercera edad que adquieren la discapacidad debido al envejecimiento y que representa el 34% de la población con discapacidad.

- La actividad física debe ir orientada a cubrir las principales necesidades de cada sujeto desde una perspectiva común: el máximo desarrollo de las capacidades, de la autonomía y mejora de la calidad de vida.

- De cara a la oferta de actividades, por el perfil estudiado de la persona con discapacidad, no es seguramente el deporte de competición el tipo de práctica más adecuada y demandada por la población general con discapacidad. Ha de ponerse el acento en la difusión, aparte de la anterior, de la práctica saludable y recreativa.

- La iniciación en la práctica deportiva se realiza principalmente a partir de los 17 años como consecuencia de la adquisición de la discapacidad.

- Pese a ser un sector reducido dentro de la población con discapacidad las personas menores de 18 años, la iniciación en las actividades físico-deportivas es de gran importancia para el desarrollo de las cualidades físicas.

ÁMBITOS DE INTERVENCIÓN DESDE LAS ACTIVIDAD FÍSICO DEPORTIVAS PARA PERSONAS CON DISCAPACIDAD FÍSICA

La práctica deportiva se puede enfocar desde distintos puntos de vista en función de las orientaciones de dicha práctica, así como de motivaciones de cada persona a la hora de llevarla a cabo. En este sentido Ruiz (2007) propone las orientaciones de las actividades físicas adaptadas y sus posibilidades en relación a la promoción deportiva (ver figura 3). Este autor específica cada ámbito desde su perspectiva más aplicable en función de sus finalidades, contexto de desarrollo, profesional responsable, público objetivo y concepción corporal que sustenta cada ámbito: educación, ocio recreación, terapia – clínico asistencial o la competición deportiva. Desde nuestra perspectiva, basamos el origen de las actividades físicas adaptadas como un medio ideal para el mantenimiento y/o mejora de la salud en personas con discapacidad física, adecuando la práctica al objetivo planteado.

	ORIENTACIONES DE LAS A.F.A.			
	EDUCACION	RECREACION	COMPETICION	TERAPIA
OTRAS DENOMINACIONES	Formación	Ocio Práctica de T.L.	Deporte de elite, de rendimiento	Salud Reeducación
FINALIDADES	Favorecer el desarrollo integral del niño	Entretener, divertir, actividad liberadora	Conseguir máximo desarrollo de capacidades motrices, comparando el resultado frente a otros	Alcanzar el estado de salud o recuperación o mantenimiento de funciones
CONTEXTO ENTORNO	Escuela	Club, asociación, entidad deportiva municipal, entidad privada	Club deportivo, Federación	Clínica, hospital, centro de salud, entidad deportiva municipal o privada
PROFESIONALES	Maestros en E.F. Lcdo. CC A.F.	Maestros Lcd. A.F. Monitores Animadores	Monitores, entrenadores, Lcd. CC. A.F.	Fisioterapeutas Monitores Lcd CC A.F.
PRACTICANTES	Alumnos con necesidades especiales	Clientes Usuarios participantes	Atletas, Deportistas	Pacientes Clientes
COCEPCION CORPORAL	Holística	Hedonista	Mecanicista, máximo rendimiento, eficiencia	Funcional

Figura 3. Las diferentes orientaciones de las AFA´s (Ruiz, 2007)

Por ejemplo, una persona que es atendida en un hospital monográfico de referencia para la lesión medular, conoce en sus últimas fase de rehabilitación la práctica deportiva, de manera similar a como Guttmann la planteó en su día en Stoke Mandeville. A día de hoy en dicho hospitales se practica deporte como rehabilitación o terapia como elemento que permite la adaptación de la persona a su nueva situación vital, partiendo desde el tratamiento médico rehabilitador. Tenemos ejemplos magníficos en nuestro país de clubes deportivos en hospitales, como el Hospital Nacional de Parapléjicos de Toledo o el Hospital de Neurorehabilitación Guttmann de Barcelona. En este sentido, y específicamente dentro del ámbito clínico asistencial, los programas de aplicación práctica de la actividad deportiva en la rehabilitación integral de personas con discapacidad física se han diseñado a partir de los siguientes objetivos (Gil, 2008):

- Complementar el proceso rehabilitador del paciente con discapacidad física grave (como por ejemplo una lesión medular) ingresado en un hospital mediante un programa de iniciación deportiva prescrita por el médico.

- Incorporar al lesionado medular a la actividad deportiva como elemento motivador y de relación desde la perspectiva física, psíquica y social.

- La integración y la autoestima en su medio habitual, siendo la práctica deportiva uno de los hilos conductores hacia la recuperación del espacio social que ocupa el discapacitado.

- Ofrecer la posibilidad al paciente de incorporarse a un deporte en el nivel competitivo que elija en instituciones deportivas adaptadas a sus necesidades.

Por ejemplo, una persona con espina bífida, desde los primeros meses de vida y desde la estabilización de su trastorno, es familiarizado con el medio acuático como medio de atención temprana, estimulación y terapia. En ambos ejemplos, la práctica de actividad física tiene un origen terapéutico / rehabilitador, y será la persona, tras la fase hospitalaria, el asentamiento y superación de su trastorno en su forma más aguda, la que decida a que nivel sigue realizando dicha práctica como hábito en su estilo de vida, ya sea a nivel recreativo, de competición o, incluso, de riesgo. Igualmente, en opinión de Gil (2008) se hace necesaria la inserción de la práctica deportiva saludable tras los procesos agudos, basados en el conocimiento del trastorno, las limitaciones y contraindicaciones de determinadas prácticas, fuera de los entornos clínicos, ya que, como comentábamos antes, nos encontramos ante personas que no son enfermos, pero que sí requieren de adaptaciones o modificaciones para que los beneficios de la práctica (no sólo a nivel de salud física, sino psíquica y emocional y de inserción social) tengan realmente calado, y que sólo se van a presentar a medio / largo plazo, instaurados ya en el modo de vida de la persona. Sin ánimo de ser exhaustivos, pero como ejemplos de actividad físico deportiva para personas con discapacidad física en nuestro país están los siguientes:

- Programa "Hospisport" desarrollado en Cataluña tras el impulso de los Juegos Paralímpicos de Barcelona 1992, y actualmente también en la Comunidad Valenciana. Su principal objetivo es favorecer el proceso de readaptación funcional y reinserción social de las personas con discapacidad física grave, ingresadas en los hospitales de Cataluña, mediante su iniciación a la práctica deportiva adaptada. Este programa es un magnífico ejemplo de coordinación institucional, entre las Consejerías de Sanidad, Seguridad Social y Bienestar Social y la Dirección General de Deportes, de aquella región. Según Oriol (2008), uno de los aspectos más importantes del Programa Hospi Sport, es el hecho que los usuarios abandonan durante unas horas el ambiente hospitalario que los envuelve, para realizar su actividad física en instalaciones deportivas compartidas con todo tipo de usuarios, y totalmente preparadas para recibir personas con discapacidades físicas. Hecho que ha facilitado, sin duda, su difusión social entre la población practicante de actividades físico-deportivas, las instituciones deportivas y las administraciones públicas, en especial las de gestión deportiva y sanitaria. Un dato, en este programa, hasta finales del año 2006, han participado más de 40 instituciones hospitalarias y se han beneficiado más de 5400 personas con discapacidades físicas graves, desarrollando programas de iniciación deportiva dentro de las más de 40 escuelas de iniciación deportiva adaptada que se han puesto en marcha, agrupando deportes tan diversos como atletismo, baloncesto en silla de ruedas, boccia, ciclismo, esgrima, esquí, fitness, Natación, tenis de Mesa, tenis en silla de ruedas, tiro con Arco, submarinismo, y vela adaptada. Además, este programa se desarrolla con gran éxito también en la.

- Trabajos desarrollados en el Centro de Referencia Estatal de Discapacidad y Dependencia de San Andrés del Rabanedo de León (perteneciente al IMSERSO) donde se llevan a cabo iniciativas de inserción de la práctica deportiva en un contexto rehabilitador de referencia, especialmente para grandes discapacitados. Este centro posee un programa deportivo y de animación en coordinación con el resto de actividades del centro, siendo a su vez un centro de tecnificación nacional en el deporte de la boccia.

Incluso son varias las líneas de investigación que se están desarrollando sobre este deporte (Mendoza, 2010).

- El Hospital Nacional de Parapléjicos de Toledo fomenta también la realización de actividades deportivas encuadradas en el Área de Rehabilitación Complementaria (la que atiende aspectos no clínicos de la readaptación funcional -sociales, de formación, deportivos, lúdicos, entre otros) que cuenta con un responsable específico y se llevan a cabo bajo la coordinación de un profesor de educación física. Los objetivos que se persiguen con la actividad deportiva dentro del Hospital son a 3 niveles: 1 - Deporte Terapéutico, en el que se pretende desarrollar y mejorar las capacidades físicas en el contexto de la lesión medular. 2 - Deporte Lúdico, que sirve como complemento a la recuperación funcional. Y, por último, 3 - Deporte Formativo y/o de competición, en el que se dan los pasos de iniciación a una actividad deportiva determinada. Especialmente importante es la Unidad de Biomecánica y Ayudas Técnicas de este hospital, donde se realizan investigaciones aplicadas a la rehabilitación y readaptación funcional de personas con lesión medular: estudios de readaptación de la marcha en personas con lesión medular incompleta, efectos de la actividad física en la prevención de úlceras por presión o el análisis de patrones técnicos de propulsión de la silla de ruedas utilizando técnicas de análisis biomecánico, entre otros.

- El Instituto de Neurorehabiltación Guttmann es un centro especializado en el tratamiento y la readaptación funcional de las personas con gran discapacidad física de origen neurológica, tanto en adultos como en niños. A partir del año 2002 se incorporan especialistas en actividad física fomentando las prácticas deportivas a los pacientes, una vez dados de alta, a través del citado programa Hospi Esport. Existe asimismo un vínculo permanente con el club deportivo por si alguno de los usuarios quiere decantarse por la rama competitiva del deporte adaptado.

En relación al ámbito educativo, hemos de indicar que desde que en nuestro país se promueve a nivel legislativo la integración (LOGSE, 1990; y su continuación más actual, la LOE o Ley Orgánica 2/2006 de Educación), la prioridad a la hora de escolarizar a un alumno con discapacidad física es el centro integrado, si bien también existe la posibilidad de adecuar la respuesta educativo focalizando en la atención a un colectivo en concreto: nos referimos a los centro de atención preferente de discapacidad física o específicos de atención a estos alumnos con discapacidad. Parece que queda aún mucho por hacer en relación a la formación del profesorado, la dotación de personal de apoyo especialmente en asignaturas como la Educación Física, que se desarrollan prioritariamente fuera del aula, la adecuada accesibilidad de los centros educativos a todos los niveles (no sólo arquitectónicamente) y el compromiso de los docentes de todas las etapas educativas en el acceso real a una práctica activa de los alumnos con discapacidad física, evitando ser sustituida por otras actuaciones (fisioterapia, etc.) o por trabajos teóricos o trabajos individuales, sin relación con el resto de la clase, algo mas que necesario para el cumplimiento de los objetivos generales de la Educación Física como materia obligatoria.

El docente se ve abocado a utilizar las herramientas de adecuación curricular que ofrece el sistema educativo, en especial las adaptaciones curriculares individuales, concretándolas en la programación de aula respecto de las necesidades educativas especiales (por causa de discapacidad física en nuestro caso). Coincidimos a este respecto con Villagra en que "*...la opción consiste en conservar los contenidos pero simplificándolos, y en algunos casos esto tampoco es posible, debiendo modificar completamente los contenidos. Otra de las opciones es la de seleccionar los aprendizajes básicos que permiten alcanzar otros, pero incorporados con solidez y profundidad. Muchas veces se mide la calidad de los procesos educativos en Educación Física por la cantidad de contenidos trabajados, esto constituye un error de óptica, lo que debe contar es la consolidación de aprendizajes y la transferencia de los mismos, y no la cantidad de contenidos abordados. Es decir, la congruencia y calidad en lugar de la cantidad*" (Villagra 2008, pág 73). Preocupante, a nuestro modo ver es la inexistencia legislativa del profesor de Educación Física en la escuela especial en nuestro país, aun a sabiendas de que la actividad físico deportiva juega un papel clave en la educación y la salud de estos escolares.

Especialmente interesante, en relación a la participación del alumno con discapacidad física en clase de Educación Física, nos parece este extracto del profesor Arráez (2008, pág 318) "*la Educación Física, reconocida materia escolar que, sin duda, posee las mayores opciones para la inclusión, el principio básico que debe establecerse es el de la participación de todo el alumnado, sin que su nivel de destreza y tipo o grado de discapacidad puedan constituirse en impedimento insalvable. Ningún alumno/a debe ser marginado o apartado de la actividad físico-deportiva y el juego a causa de una discapacidad, a menos que existan contraindicaciones que así lo aconsejen, de igual forma que no se puede privar a un alumno con problemas de dislexia de las clases de lenguaje. Antes bien lo que deben procurarse son fórmulas y estrategias didácticas que faciliten e, incluso, inciten al alumnado afectado a buscar soluciones y respuestas motrices, en nuestro caso, ante cada situación que se le plantee".*

Aún más, creemos que se hace necesario, más allá del trabajo en clase, un vínculo claro y real con la actividad física fuera del horario escolar para alumnos con discapacidad, en nuestro caso, la física, ya que normalmente su acceso a prácticas deportivas es más limitado que sus compañeros coetáneos. Pocas experiencias existen a este respecto, y menos aun investigaciones, pero son conocidas en el ámbito del deporte adaptado en nuestro país aquellas disciplinas que han sido integradas en los campeonatos escolares en los dos últimos años, concretamente en las fases finales a nivel anual. Deporte como atletismo, natación o baloncesto (en su versión en silla) ya realizan los eventos deportivos de manera conjunta con sus compañeros sin discapacidad. Este hecho ha fomentado que desde las administraciones autonómicas se ponga el acento y se cuide la promoción deportiva desde el ámbito escolar de alumnos con discapacidad física en conexión con escuelas deportivas de iniciación de estos deportes. Por ejemplo, el caso de la coordinación de las escuelas de baloncesto en silla de ruedas en Madrid, para preparar el equipo de Madrid entre escolares de las tres escuelas de baloncesto en silla de ruedas de la Comunidad de Madrid de cara a las finales de los campeonatos escolares de 2010.

Otra iniciativa a resaltar es el programa de "Escuelas Deportivas para niños y niñas con discapacidad física" que promueve la Fundación Deporte Integra y la Federación Madrileña de Deportes para Discapacitados Físicos (FMDDF), junto con el Centro de Estudios sobre Deporte Inclusivo (INEF-UPM y Fundación Sanitas) que implementa actividad extraescolar para niños con discapacidad física tras el horario escolar, tanto en colegios de atención preferente, como en instalaciones deportivas de Madrid capital u otros ayuntamientos de la Comunidad. Este programa es un ejemplo de coordinación institucional con objetivo de difundir la práctica en edades escolares, posibilitando el acceso a la práctica de mayor nivel en el ámbito federativo. En la misma línea del caso anterior, pero con un cariz más itinerante, se desarrolló el programa "el deporte adaptado rueda por los colegios" (FMDDF, Hernanz 2008) que acercaba a los centros educativos en horario escolar la práctica adaptada para discapacitados físicos, realizando por un lado una labor formativa y divulgadora, así como una labor de captación de escolares con este tipo de discapacidad en los centros educativos participantes.

En relación al ámbito del ocio y la recreación, esta parcela está menos desarrollada que las indicadas anteriormente, ya que aun son pocas las experiencias de ocio activo, orientado al mero disfrute, más allá de la Educación Física escolar, o el deporte adaptado para personas con discapacidad física con orientación competitiva. A este respecto, es necesario destacar las actividades de promoción lúdico deportiva que hacen las propias federaciones deportivas, las actividades de esparcimiento y extensivas de los tratamientos de rehabilitación que se realizan en los centros de referencia o las actividades de las Fundaciones deportivas. Dos ejemplos como muestra: la Fundación del Lesionado Medular (en Madrid) donde la animación sociocultural juega un papel destacado, incluyendo actividades de ocio activo, salidas al medio natural o iniciación deportiva en algunos deportes adaptados, como es el hockey en silla de ruedas eléctrica. Por otro lado, las actividades de la Fundación También, un ejemplo en el desarrollo de actividades de ocio deportivo para personas con discapacidad física. Entre sus actividades destacan deportes como el esquí, piragüismo, ciclismo, pesca, buceo, tenis de mesa, senderismo, pádel, fiestas multiactividad, etc. Citamos aquí los objetivos de esta Fundación (Silva, 2008):

- Fomentar la integración social de personas con discapacidad, a través de la práctica de deportes adaptados de ocio y tiempo libre.
- Propiciar la participación de personas con discapacidad y física, psíquica y/o sensorial junto a sus acompañantes sin discapacidad (amigos, familiares, parejas) en actividades al aire libre y en contacto con la naturaleza, creándose así un ambiente de no exclusión y normalidad.
- Proporcionar la organización, el material adaptado, la logística necesaria y las subvenciones posibles que cubran los gastos de cursos, viajes y actividades a las personas con discapacidad, dotándolas así de la posibilidad de realizar deportes adaptados y actividades de ocio y tiempo libre.

La Federación Española de Deportes para Personas con Discapacidad Física (FEDDF) es el principal organismo encargado de gestionar, organizar y difundir la práctica deportiva de personas con discapacidad física en España. Esta federación es evolución de la antigua e indicada anteriormente Federación Española de Deportes de Minusválidos (FEDM) creada en 1968 y que posteriormente derivaría en las diferentes federaciones que responden a diferentes discapacidades: la de citada de discapacitados físicos, y también la de personas con parálisis cerebral, ceguera, sordera y discapacidad intelectual. Recomendamos la lectura del capítulo "Historia del Deporte de Minusválidos" (VVAA, 1994). Esta situación es especial, ya que según la vigente Ley del Deporte de 1990, especifica que las federaciones nacionales han de organizarse en torno a una sóla especialidad deportiva, a excepción de aquellas que organizaciones que promueven el deporte para personas con discapacidad, entendidas desde entonces como federaciones "multideportivas" (Landaberea, 2009). Centrándonos en la FEDDF, esta federación está reconocida por el Comité Paralímpico Español (CPE) y el Consejo Superior de Deportes (CSD) e internacionalmente por la International Wheelchair and Amputee Sports Federation (IWAS) y el Comité Paralímpico Internacional (IPC). Como federación multideportiva que es, la FEDDF promueve y organiza los siguientes deportes: atletismo, baloncesto en silla de ruedas, esgrima en silla de ruedas, esquí, halterofilia, natación, tenis de mesa, tenis en silla de ruedas, tiro con arco, tiro olímpico, voleibol y hockey en silla de ruedas eléctrica. Indicar que en la mayoría de las comunidades autónomas de nuestro país, existe una federación autonómica de deportes para personas con discapacidad física. Incluso, actualmente, la FEDDF es la que mayor número de licencias federativas posee en nuestro país (ver figura 4). Un indicativo del potencial de crecimiento en el número de practicantes es la relación entre este número, y el número estimado de personas con discapacidad física en nuestro país según las encuestas a nivel nacional o regional, si bien entendemos que la licencia federativa no es un indicador fiable de la práctica real de este colectivo (Pérez 2009).

Por ejemplo, para el caso de la Comunidad de Madrid, sobre una población de personas con discapacidad física de entre 0 y 64 años de 86.626 (de las cuales 5.377 tenía menos de 18 años y 60.900, 65 o más), existían en el año 2006 en la FMDMF 1983 licencias (de las cuales 707 tenían 16 años o menos). Esto supone que en la Comunidad de Madrid, el 2,2% de las personas con discapacidad física mayores de 18 años tienen licencia federativa, mientras que este porcentaje se eleva al 13% en la población menor de edad, dato interesante para la FMDDF.

Federación	Licencias	Clubes
FEDDI	4014	1376
FEDDF	**6804**	**372**
FEDC	2487	1115
FEDS	919	702
FEDPC	1624	286
Total	15848	3851

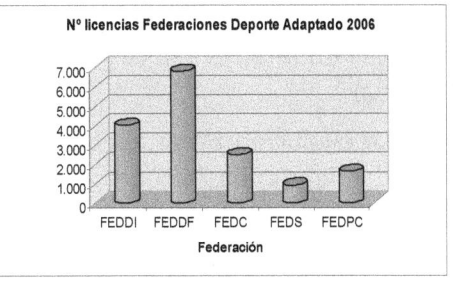

Figura 4. *Número de licencias y clubes por Federación de Deporte Adaptado en España (fuente, CSD año 2006).*

Finalmente, indicar que en estos dos últimos años, y derivados de los procesos de integración deportiva, existen especialidades deportivas para personas con discapacidad física que ya gestionan directamente federaciones unideportivas, es decir, del deporte en concreto. En este caso, la práctica deportiva incluso de aquello con alguna discapacidad es regulada por la federación nacional de ese deporte, dejando de estar contemplada por la federación multideportiva o federación de discapacitados. En esta situación actualmente están deportes como el ciclismo (en todas sus modalidades), el triatlón, la vela o la hípica.

CONSIDERACIONES GENERALES PARA LA PRESCRIPCIÓN DE EJERCICIO FÍSICO ORIENTADO A LA SALUD EN LA DISCAPACIDAD FÍSICA

Beneficios de la actividad física en este colectivo

La discapacidad física es definida como "(...) una alteración del aparato motor o locomotor causada por un funcionamiento deficiente del sistema nervioso central, del sistema muscular, del sistema óseo o de una interrelación de los tres sistemas que dificultan o imposibilita la movilidad funcional de una o diversas partes corporales" (Basil, Bolea, Soro-Camats, 1997, en Ríos 2003). Para clasificar la discapacidad motriz habrá de tenerse en cuenta:

- El momento en que se produce la alteración: congénita (que existe desde el nacimiento, ya sea por causas genéticas o sobrevenidas) o adquirida (se produce a consecuencia de factores ambientales u orgánicos).

- La duración de la alteración: temporal (su duración es determinada hay un retorno a la casi normalidad) o permanente (dura toda la vida).
- La evolución de la alteración: degenerativa (empeora con el paso del tiempo hasta llegar a la muerte) o no degenerativa (se muestra estable en el tiempo).

Los beneficios de la actividad física para personas con discapacidad física han sido estudiados no en general, si no concretando por grupos según causa de discapacidad. Estos grupos incluyen Accidente Cerebro Vascular (ACV), lesión medular, esclerosis múltiple, enfermedad de Parkinson, distrofia muscular, parálisis cerebral, daño cerebral adquirido, amputaciones y poliomielitis (y síndrome post-polio). Según Vallbona (2003) en un programa de ejercicio físico orientado a la salud en personas con discapacidad se deben respetar los siguientes principios:

- Necesidad de adecuación y de individualización del entrenamiento, lo que conlleva la necesidad de evaluación.
- Tener en cuenta el tipo de discapacidad y su estado de progresión.
- Se debe diseñar de manera específica, de manera que no interfiera en el proceso de rehabilitación que se haya diseñado.
- Debe contemplar beneficios de tipo psicológico y no sólo fisiológico.
- Debe estructurarse de manera que tenga en cuenta los ritmos y necesidades de la persona con discapacidad, más allá de las extrapolaciones que se puedan hacer desde las prescripciones para personas sin discapacidad. Es necesario adecuar la carga de trabajo (tanto en intensidad, duración como descansos) a la realidad personal.
- Debe facilitar la integración de la persona o población discapacitada en la sociedad, especialmente en lo que se refiere a la participación en programas deportivos junto con otras personas.

Podemos concretar las recomendaciones del ACSM (2008) en relación a la prescripción de ejercicio físico orientado a la salud en los siguientes:

- Los adultos con discapacidad debería al menos realizar 150 minutos por semana de actividad física de moderada a mediana intensidad, o 75 minutos de actividad aeróbica de alta intensidad, o una combinación equivalente de actividad aeróbica de moderada a vigorosa. La actividad aeróbica debe ser realizada en episodios de al menos 10 minutos, y preferiblemente, debe ser repartida a lo largo de la semana.

- Los adultos con discapacidad debería al menos realizar actividades de fortalecimiento muscular de mediana a alta intensidad que implique los principales grupos musculares dos o más días a la semana, ya que estas actividades generan beneficios adicionales.
- Cuando los adultos con discapacidad no sean capaces de llegar a estos mínimos, deberían realizar algún tipo de actividad física en relación a sus capacidades, intentando evitar el sedentarismo.
- Igualmente, deben consultar a su especialista sobre la cantidad y tipo de actividad física que es apropiada y adecuada a sus habilidades, capacidades y preferencias.

A este respecto, el progresivo fortalecimiento muscular incrementa o preserva la masa y la potencia muscular. Mayores cantidades (a través de mayor frecuencia o mayor carga) mejoran la función muscular en mayo grado. Las mejoras se registran tanto en jóvenes como en adultos con discapacidad. Los ejercicios de resistencia también mejoran la fuerza muscular en personas con AVC, esclerosis múltiple, parálisis cerebral y lesión medular. Aunque no aumenta la masa muscular del mismo modo que lo hace el entrenamiento de fuerza muscular, la actividad aeróbica también ayuda a prevenir la pérdida muscular (sarcopenia) con la edad.

Tabla 2. *Sumario de beneficios derivados de la actividad física para personas con discapacidad física (Frontera et al., 1999)*

A nivel músculo-esquelético: - Aumento de la fuerza y la resistencia. - Disminución (o cese) de la pérdida de densidad ósea.	A nivel neural: - Reducción de la espasticidad. - Aceleración de la regeneración nerviosa periférica.
A nivel cardiovascular: - Incremento en el volumen sistólico y disminución de las resistencias periféricas totales. - Reducción en la frecuencia cardiaca en reposo y submáxima. - Reducción de la presión sanguínea durante ejercicio. - Incremento de la capacidad de ejercicio global. - Disminución del riesgo de enfermedad cardiovascular.	A nivel general / otros: - Aceleración en la capacidad cicatrizante. - Mejora de la sensibilidad a la insulina. - Pérdida de peso, pérdida de grasa. - Incremento de la autonomía personal, posibilidad de reincorporación laboral. - Posibilidad de realizar actividades de la vida diaria sin asistencia.

Consideraciones para el responsable de la actividad

El papel del técnico, responsable de la actividad o, incluso, profesor de Educación Física, es clave para la adecuada consecución del programa a realizar. Siguiendo a Olayo (1999), podemos concretar algunas pautas metodológicas de interés a tener en cuenta, que serán necesarias para el éxito del programa:

1. La discapacidad, en este caso física, es una característica más de la persona, por mucho que condicione su corporalidad o su movilidad. No es la primera, ni es la única, por lo que no deberemos prejuzgar su capacidad de aprendizaje o su desempeño en el programa. Antes de ser portadora de deficiencia, es persona. Por ello se impone el respeto y la valoración de la persona antes que nada como lo que es, sin menosprecio de sus deficiencias ni de las dificultades que ellas pueden presentar en la realización de las tareas cotidianas.

2. Evitar actitudes paternalistas, en la que la persona con discapacidad se sienta inferior: ha de sentirse uno más y ser tratado como el resto. El tato pues ha de ser espontáneo y natural fomentando un clima de normalidad y actitud adecuada, con énfasis en el desarrollo de la tarea o ejercicio, fomentando el éxito en la misma.

3. Igualmente, evitar hablar en un tono de voz que denote pena o lástima, ni hablar como si no nos fuera a entender. Utilizar el mismo tono siempre, mostrando una actitud comunicativa relajada, valorando en positivo las capacidades de la persona con discapacidad.

4. Caso de que la persona con discapacidad utilice una silla de ruedas para desplazarse, sea del tipo que sea:

    - Éste es un bien necesario para su desenvolvimiento autónomo, por lo que, como cualquier ayuda técnica, no es nada negativo. Es importante desdramatizar su uso.
    - Es importante no agarrar o inclinar la silla, ya que es parte de su espacio corporal.
    - Preguntar siempre si necesita de nuestra ayuda o asistencia antes de realizar la ayuda directamente.
    - Hablar directamente a la persona en silla, y no a alguien cerca.
    - Si una conversación dura más de unos minutos, consideremos sentarnos o ponernos de rodillas.
    - No evitemos que el resto de deportistas o alumnos hagan preguntas sobre la silla de ruedas.

- No asumamos que la silla es en sí misma una tragedia. Es un medio que permite la libertad de movimientos y por lo tanto permite al alumno moverse independientemente y descubrir el medio que le rodea.

5. Reforzar positivamente los progresos realizados por muy lentos o poco relevantes que pudieran parecer, animándole a seguir trabajando y a descubrir nuevas posibilidades motrices.

6. El responsable de la actividad ha de ser consciente y asumir la discapacidad física con naturalidad, para desde ahí, hacerles accesibles las actividades, creando un clima de relación y trabajo adecuado, en función del objetivo del programa y del grupo.

7. Facilitar o ayudar al deportista con discapacidad siempre que lo necesite y que lo solicite, pero dejándole tomar la iniciativa en el momento de pedir la ayuda. Muchas veces cae en la tentación (derivado de una actitud paternalista) de querer ayudar tanto a la persona que se le hace sentir un inútil. Lo ideal es actuar con naturalidad, adecuando la intervnción a las necesidades del deportista y la propia tarea a realizar.

8. Debemos considerar y fomentar las capacidades y potencialidades del alumno. Algunos alumnos que usan silla de ruedas pueden andar con una ayuda pero eligen usar la silla para ahorrar energía y desplazarse más rápidamente.

9. Es apropiado usar términos como "correr" o "saltar" cuando hablamos con ellos: están acostumbrado a hablar en esos términos.

Seguidamente se exponen tres ejemplos de las discapacidad físicas más usuales: lesión medular / espina bífida, parálisis cerebral y amputaciones del miembro inferior. Cada una de ellas se estructura en una breve exposición del trastorno, consideraciones específicas para la realización del ejercicio, así como recomendaciones para el entrenamiento.

Lesiones medulares: tetraplejia, paraplejia y espina bífida

La lesión medular supone un aplastamiento o corte medula espinal por fractura ósea vertebral, afectando a la motricidad, sensibilidad y funciones vegetativas bajo ese nivel de lesiónLas causas pueden ser muy diversas, ya sea por enfermedades o traumatismos en la columna vertebral. En todos los casos se produce una pérdida de movilidad y de sensibilidad en los músculos enervados por debajo del nivel de lesión. Dependiendo de este nivel las deficiencias que provoca a nivel de piernas, brazos y/o tronco, tanto a nivel fisiológico, sensoriomotor, locomotor, neuromuscular y autonómico. La mayoría de las personas con lesión medular la han adquirido en durante la adolescencia y el inicio de su adultez. Las lesiones medulares vienen provocadas en su mayoría por accidentes de tráfico y caídas y en meno grado, por accidentes deportivo, violencia e infecciones o tumores en la espina dorsal. Por ello, dependiendo de la altura vertebral de lesión, y de si esta lesión es completa o incompleta, más o menos grupos musculares se ven afectados:

- Tetraplejia: la lesión se produce a nivel del cuello (vértebras cervicales) o primera vertebra torácica (C1-C8 y T1), afectando a los a las extremidades superiores a distinto nivel y una afectación del tronco, de los miembros inferiores y de la región pélvica (vejiga, aparato digestivo y órganos sexuales).
- Paraplejia alta: lesión a nivel dorsal alto (T2-T12), afectando al tronco y abdomen y a los miembros inferiores.
- Paraplejia baja: lesión medular a nivel lumbar o los segmentos sacros de la cauda equina (L1-L5, S1-S4), afectación de la zona abdominal y miembros inferiores.

Dada la actual esperanza de vida, muy similar a personas sin este tipo de discapacidad, se suelen producir complicaciones de tipo secundario, que pueden concretarse en:

- Alteraciones de la temperatura corporal: los mecanismos de termorregulación cutánea están alterados, por lo que los cambios de temperatura, sumados a insensibilidad de las zonas afectadas, pueden producir problemas de hiper o hipotermia.
- Úlceras por presión: de fácil aparición debido a la falta de sensibilidad, la falta de movimiento y falta de tono muscular y vasomotor.
- Infecciones del tracto urinario: pueden aparecer infecciones repetidas de orina debido a la incontinencia, la posición de sentado y a los sondajes.
- Problemas respiratorios: por debilidad de los músculos que intervienen en la respiración (musculatura intercostal y diafragmática).
- Trastornos digestivos: debido frecuentemente a la parálisis de los movimientos instestinales que pueden provocar estreñimiento.

- Tromboflebitis: debido a la falta de tono muscular, la lentificación del tono venoso provoca una mayor lentitud a nivel sanguíneo, ya que no existe el efecto de bombeo muscular por la falta de contracción periférica.
- Fracturas óseas debidas al propio accidente o posteriores. Este aspecto es muy importante, ya que al no existir sensibilidad, dichas fracturas pueden pasar desapercibidas (osteoporosis).
- Contracturas musculares y anquilosis articulares. Deben evitarse a través de las movilizaciones pasivas de las áreas paralizadas y el tratamiento postural. Pueden aparecer también osificaciones periarticulares (osteomas).

Consideraciones sobre el ejercicio. La afectación fisiológica puede incluir parálisis muscular y afectación del sistema nervioso simpático, lo que acarrea dos principales trastornos:

- Reducción de la habilidad para realizar ejercicio aeróbico con grandes grupos musculares.
- Incapacidad para estimular el sistema cardiovascular para alcanzar altos índices de metabolismo aeróbico.

Debido a lo anterior, la producción de catecolaminas por la medula adrenal, el empuje venoso por la contracción muscular (sobre todo en el miembro inferior) y la termorregulación pueden estar afectados. Dada esta situación por la que, especialmente en la paraplejia, el miembro inferior está afectado, es el miembro superior el usado para las actividades de la vida diaria y la realización de ejercicio físico: bicicleta de manos, propulsión en silla de ruedas, o deambulación con mecanismos ortopédicos o muletas. En proporción, la masa muscular disponible se ve reducida, lo que restringe los valores pico de potencia ejercida, consumo de oxígeno, y gasto cardíaco que se ven reducidos (dependiendo de la afectación) hacia la mitad de aquel esperado en ejercicio máximo de piernas en personas sin lesión medular. En el caso de la tettraplejia, los efectos son mucho más extensos que en la paraplejia: parte de la masa muscular del miembro superior puede resultar afectada y el control sobre el sistema nervioso simpático puede estar completamente abolido. Por ello, los indicadores de rendimiento cardiovascular indicados anteriormente para personas con paraplejia pueden reducirse hasta la mitad o un tercio de aquellos. Incluso, debido a la hipotensión ortostática o debido al ejercicio, lo que puede producir mareos, vómitos o intolerancia al ejercicio. Normalmente, personas con tetraplejia no superan las 130 pulsaciones durante ejercicio máximo.

La espina bífida es un tipo de lesión medular, de tipo congénito que conlleva una malformación congénita en forma de fallo en el cierre del tubo neural y los arcos vertebrales durante el periodo embrionario (sobre la cuarta semana de embarazo), con riesgo de daño para la médula espinal. Existe el consenso de que existe cierta predisposición genética para su desarrollo, aunque se han detectado ciertos elementos que pueden coadyuvar a la aparición de la malformación (ácido valpórico, eterinato, déficit de fosfatos, hipertermia y gripe materna, etc.). Podemos decir que es la lesión medular congénita. Tipos de espina bífida:

- Oculta: cuando el defecto se limita a un cierre inadecuado o incompleto de uno o más arcos vertebrales, sin conllevar alteraciones neurológicas al no afectar a la médula y los nervio (25% de la población sin síntomas).
- Meningocele: la falta de cierre en el arco vertebral produce una profusión de una bolsa meníngea llena de líquido cefalo-raquídeo. La afectación es leve, presentándose como una masa fluctuante llena de piel en la región sacra.
- Lipomeningocele: en este caso, la profusión o quiste se encuentra lleno de líquido lipomatoso que contacta con la medula, provocando compresión y afectación a nivel neurológico.
- Mielomeningocele: el saco meníngeo en este caso contiene estructuras nerviosas. Constituye la forma más compleja de espina bífida. Afecta al canal óseo espinal, meninges, nervios espinales y la propia medula. Generalmente se localiza en la región lumbosacra, siendo alto el índice de mortalidad. Requiere tratamiento quirúrgico tras el nacimiento.

La extensión y el tipo de parálisis o afectación que conlleva dependen de su localización y extensión:

- Cráneo: 8% de los casos. Estos niños no tienen una parálisis fláccida que suele verse en el resto de los casos, sino que presentan cierta parálisis espástica, e, incluso, lesión cerebral.
- Cuello: 4% de los casos. Puede conllevar una deformidad en la cintura escapular y pueden verse afectados los movimientos finos de los dedos. No suele provocar incontinencia, y, aunque la parálisis com-

pleta es rara, se puede producir alguna parálisis espástica en las piernas.

- Espina dorsal: 6% de los casos. Una parálisis completa por debajo de la zona afectada, que puede influir negativamente en el desarrollo del tórax, acompañada a menudo de escoliosis.
- Espina lumbar: 69% de los casos. Es la parte más afectada comúnmente, con parálisis fláccida por debajo del nivel de lesión. Suele acompañarse de debilidad de los músculos que rodean las caderas, produciendo una flexión forzada cuando el niño intenta ponerse de pie. Aparecen problemas ortopédicos en las caderas e incontinencia.

Consecuencias de la espina bífida:

- Parálisis y falta de sensibilidad de la musculatura inervada por debajo del nivel de lesión. Son parálisis irreversibles, que comportan problemas de circulación sanguínea propias de cualquier zona paralizada.
- Malformaciones y deformidades asociadas (miembro inferior) a nivel ortopédico por descompensaciones musculares y la consecuente falta de movilidad, que puede afectar, fundamentalmente:
    - A la columna, con deformaciones y anomalías en la alineación de la columna (lordosis, cifosis, escoliosis).
    - A las caderas, por desequilibrio muscular que la lesión provoca. Pueden presentar tendencia a la luxación de las caderas, que pueden tratarse con un trabajo correctivo para el desequilibrio muscular.
    - Pies, tobillos y rodillos, presentado formas y combinaciones de gran variabilidad (pie equino, pie equino varo, pie talo).
- Hidrocefalia: se produce un aumento de líquido cefalorraquídeo en los ventrículos cerebrales por una descompensación entre la producción y la eliminación del mismo. Suele utilizarse una válvula de drenaje que acaba en el peritoneo. La hidrocefalia puede suponer repercusiones negativas en el ámbito cognitivo y el área del lenguaje.
- Incontinencia: afectación posible en el control de esfínteres.

Consideraciones para la realización de ejercicio. Aparte de lo indicado en anteriormente sobre las complicaciones secundarias en este tipo de discapacidad física, habrá que atender a:

- Piel: evitar los largos periodos de tiempo en una misma posición sobre musculatura sin tono, especialmente en las tuberosidades isquiáticas, sacro o cóccix, necesitando utilizar cojines, en especial en la silla de ruedas deportiva. Si no es así, podrán aparecer úlceras por presión, muy invalidantes.
- Termorregulación: evitar ambientes de temperaturas extremas, por la alteración de la capacidad termorregulatoria en personas con tetraplejia.
- Huesos: especialmente durante las trasferencias o caídas desde la silla de ruedas pueden provocar fracturas, en especial bajo el nivel de lesión, debido a la osteoporosis citada.
- Posicionamiento durante el ejercicio: fijando la posición a la silla o al ergómetro a utilizar, especialmente cuando la capacidad de agarre está afectada. Utilización de guantes, velcro, bandas elásticas, etc.
- Espasticidad: especialmente en lesiones de tipo incompleto. Puede manifestarse por debajo del nivel de lesión, con ciertos beneficios en cuanto a la prevención de las úlceras por presión y la osteoporosis. Se manifiestas en de forma espontánea e incontrolada, producidos de forma refleja (la pérdida del control de los músculos agonistas y antagonistas) ante estímulos de estrés, golpes y frío, entre otros.
- Disrreflexia autonómica: por la afectación refleja, sobretodo el lesiones en T6 o superiores, puede darse un súbito aumento de la tensión arterial (hipertensión). Por ello, es necesario vaciar la vejiga y/o los intestinos previamente a la práctica, evitando la sobredistensión o sobrellenado que se puede producir durante la práctica deportiva. Se hace necesario mediar la tensión arterial regularmente. Provocar la disrreflexia para aumentar el rendimiento ("boosting") es peligroso para la salud y deportivamente se asemeja al dopaje.
- Hipotensión: si la tensión en reposo y previo al ejercicio es de 80/50 mmHg, la persona debe vestir medias compresoras o faja abdominal, para elevarla.
- Especialemente en la tetraplejia, debe evitarse por esta razón el hacer ejercicio antes de las tres horas tras la ingesta.
- Dolor: puede manifestarse en hombro o muñecas, especialmente en usuarios de silla de ruedas manual, por sobreuso. Se hace necesario prevenir los síndromes de atrapamiento, como son la tendinistis del supraespinoso o del tendón largo del bíceps, o el tunel carpiano.

Recomendaciones para el entrenamiento:

- El entrenamiento cardiopulmonar puede incluir bicicleta de manos, ergometría en silla de ruedas, o propulsión sobre tapiz rodante o rodillos. Aparte, la práctica deportiva de intensidad puede ser natación, baloncesto o rugby en silla (este último no practicado en nuestro país) y ciclismo de manos, así como propulsión de la silla como paseo, pasear con muletas, ejercicios aeróbicos sentado o electro estimulación funcional de piernas en ciclo ergómetro, o en combinación con ejercicio de brazos.
- Controlar la temperatura de la sala donde se vaya a realizar el ejercicio, o la temperatura ambiente si la práctica es al aire libre, cuidado la hidratación y la realización de las necesidades fisiológicas previamente a la actividad.
- Variación del tipo de ejercicio para prevenir lesiones por sobreuso, especialmente en hombro y muñeca. Sobre todo en usuarios de sillas de ruedas manuales, es necesario fortalecer la musculatura de la espalda y posterior del hombro, así como trabajar la flexibilidad del pecho y deltoides.

Parálisis cerebral

Se define como un trastorno del tono muscular y del movimiento, de carácter persistente pero no invariable, secundario a una agresión no progresiva en un cerebro inmaduro (SNC, antes de los 3 años de edad). Sus secuelas están presentes a lo largo de toda la vida, si bien algunas capacidades funcionales podrán ser rehabilitadas o habilitadas, dado que la agresión tiene lugar en un cerebro en desarrollo. Las causas de la PC se determinan en la etapa en la que ha tenido lugar la afectación:

- Periodo prenatal: causas genéticas o bien infecciones intrauterinas, el efecto de algunas drogas o tóxicos como el alcohol, la diabetes materna, traumatismos, entre otros.
- Periodo perinatal (en el momento del parto): la causa más común es la anoxia o falta de irrigación sanguínea en el cerebro del niño o de la niña.
- Periodo postnatal: causada por infecciones, sobretodo meningitis, las intoxicaciones y los traumatismos craneoencefálicos.

Según la topografía de la afectación podemos clasificarla en:

- Monoplejia o monoparesia: una sola extremidad.

- Diplejia o diparesia: afectación de dos extremidades, generalmente las inferiores, o afectación de tres o más extremidades pero con gran predominancia de las inferiores.
- Paraplejia o paraparesia: afectación de los dos miembros inferiores.
- Triplejia o triparesia: afectación de las extremidades inferiores y de una superior o de la musculatura de la cara y cuello.
- Tetraplejia o tetraparesia: afectación de los miembros superiores e inferiores, o de la musculatura de la cara y del cuello.
- Hemiplejia o hemiparesia: afectación de la pierna y del brazo del mismo lado.

Según el tipo de alteración del control del movimiento, la parálisis cerebral conlleva específicamente trastornos que afectan a control del movimiento, siendo:

- Espasticidad: (40-50% de PC´s) implica una contracción involuntaria de los músculos (espasmos) ya que el tono muscular está aumentado debido a la imposibilidad de relajar y contraer recíprocamente agonistas y antagonistas, en forma de movimiento "roto" o "crispado", siendo los músculos hiperirritables, hipertónicos e hipercontráctiles. Indica la existencia de una lesión a nivel del sistema piramidal, afectando por ello, a los movimientos voluntarios. Las consecuencias a nivel postural son:
  - Miembros inferiores en extensión y adducción, pies en puntillas.
  - Miembros superiores con semiflexión de codo, dorso de la mano dirigida hacia la cara y pulgar pegado a la palma de la mano.
  - Los movimientos faciales pueden resultar también afectados.
- Atetosis: (15-30% de los PC´s) aparecen contracciones involuntarias de las partes distales de las extremidades. El tono muscular presenta fluctuaciones espasmódicas, es decir, el tono varía de hipo a hipertonía según la actividad voluntaria, afectado además por contracturas musculares parasitarias que tienden a la extensión. No es posible controlar el movimiento regulado, controlado y dirigido. Puede afectar a los músculos del habla, por lo que es posible tener dificultades para una correcta vocalización (di-

sartria). Las emociones y el estado de ánimo pueden afectar a dichos movimientos irregulares.

- Ataxia: puede definirse como un trastorno de la coordinación y de la estática. Es una forma de parálisis cerebral que en ocasiones va unida a un componente espastico o atetósico. El tono muscular suele estar disminuido y la estabilidad postural es deficiente. El equilibrio postural y la coordinación son defectuosos, así como el equilibrio. Un mecanismo compensador en muchos casos puede ser realizar los movimientos de manera lenta y pausada.

Una característica general a todos estos trastornos es que no se presentan aislados, sino combinados unos con otros, lo que produce un efecto multiplicador de las dificultades para aprender. Trastornos asociados que pueden aparecer en la parálisis cerebral son:

- Epilepsia: se presenta en un 60% de las personas con este trastorno. La medicación para el tratamiento de estos episodios pueden tener un efecto depresor en el sistema nervioso central, afectando a la respuesta sobre el ejercicio. Se dan crisis, si bien es raro que afecten a la capacidad de aprendizaje.
- Anomalías sensoriales: suelen sufrir pérdidas de audición, especialmente sonidos agudos. Las anomalías visuales son más frecuentes, sufriendo pérdidas de agudeza visual y reducción del campo visual.
- Trastornos perceptivo-motores, conllevando dificultades en la discriminación, distinción de figuras, fondos, reconocimiento de direcciones espaciales, realización de figuras y dibujos.
- Problemas de atención: en muchos casos se dan problemas para concentrar la atención.

Consideraciones para la realización de ejercicio.

- Los objetivos del programa han de ser el aumento de la salud y de la capacidad funcional en actividades diarias. Personas con este trastorno se pueden beneficiar mucho de un programa de ejercicio orientado a la salud, dado incluso los riesgos de enfermedad cardiovascular o ACV.
- Evitar movimientos repetitivos y rápidos. Empobrecen el radio de movilidad articular y disminuye el nivel posible de mejora o rendimiento.

- Cuidado con actividades como:
    - Alcanzar, agarrar, manipular, y dejar objetos.
    - Reacciones rápidas.
    - Control de la velocidad y del movimiento.
    - Control del equilibrio a la vez que se mueve o desplaza.
- La habilidad a enseñar debe ser dividida en partes para favorecer el éxito en las etapas iniciales.
- Importancia del calentamiento para la adecuación del tono muscular de cara a la actividad.
- Maximizar la movilidad del deportista desarrollando el manejo de sus asistencias técnicas como sillas de ruedas, andadores, sillas eléctricas, etc.
- Objetos para ser lanzados que no rueden (saquitos de arena, etc.), para mejorar la calidad del feedback en el rendimiento de las tareas que implican coordinación óculo manual.
- Con el fin de buscar, en la medida de lo posible, el éxito en la tarea, variar objetivos de tamaño, decrecer la distancia, bajar la altura.
- Las investigaciones de la respuesta al ejercicio en esta población son escasas, si bien se han registrado mayores valores en relación a la frecuencia cardíaca, aire espirado, concentración de lactato para un determinado valor submáximo de trabajo. Sin embargo, la respuesta pico a nivel fisiológico y de eficiencia mecánic es un 10-20% menor que en personas sin discapacidad. Esto es explicado por la cantidad de energía extra que han de emplear para superar el tono espástico de la parálisis cerebral.
- La aparente baja condición física puede ser el resultado de los escasos hábitos de ejercicio, dificultad a la hora de realizar movimientos técnicos que implique coordinación, desequilibrios musculares y poca fuerza muscular.
- Incluso, el propio ejercicio físico y determinados estados de ánimo, pueden aumentar la espasticidad y la incoordinación tras una sesión de ejercicio intenso.
- La interacción del deportista con su ayuda técnica, si es que la utiliza, ha de tenerse muy en cuenta a la hora de realizar la actividad, especialmente en posicionamiento durante la actividad (seguridad). Por ello es adecuado utilizar cinchas, guantes, cintu-

rones para la sujeción de manos y/o pies. Recordar aquí que si están mal colocadas y producen dolor, el deportista puede experimentar un aumento de la espasticidad.

- Lo ideal será trasferir a las actividades de la vida diaria las ganancias del programa de ejercicio orientado a la salud, por lo que la utilización durante el entrenamiento de la ayuda técnica es de gran valor.

Recomendaciones para el entrenamiento.

- Los ejercicios preferidos en esta población son el cicloergómetro, la ergometría en silla de ruedas y sobre tapiz rodante, así como la bicicleta de manos. Cuando existen problemas de coordinación y equilibrio, el cicloergómetro es lo ideal, mientras que si son adecuados, el tapiz puede ser la opción preferida. Para personas con este trastorno ambulantes, lo ideal es la utilización de la bicicleta estática o el tapiz rodante. Seguramente sea necesario el ajuste y fijación de los pies y/o manos a la bicicleta por problemas de coordinación o por una inadecuada flexión de cadera por la hiperactividad.

- El uso de la ayuda técnica persona durante el entrenamiento aumentará el confort y la tolerancia en el ejercicio sobre la silla de ruedas.

Amputaciones del miembro inferior

La amputación es la pérdida total o parcial de una extremidad, que conlleva unos trastornos físicos y psíquicos. Las causas de la amputación son las siguientes:

- Enfermedad vascular o circulatoria causada por diabetes tipo II o enfermedad vascular periférica (alrededor del 70% de los casos, y prioritariamente en personas mayores de 55 años: "amputados vasculares").

- Traumáticas: por traumatismo, fracturas muy graves, quemaduras o por congelación (alrededor del 23% de los casos).

- Por secuela de tratamiento de tumores (por ejemplo, por tratamiento de osteosarcoma maligno, alrededor del 4% de los casos).

- Deformidades congénitas (sobre el 3% de los casos).

El objetivo del programa de ejercicio difiere según la persona con amputación sea vascular o no vascular. En el primer caso, el ejercicio ha de ir encaminado a paliar la patogénesis de la diabetes o de la ateroesclerosis. En el segundo caso, los objetivos son similares a aquellos de personas sin discapacidad, es decir, en la prevención de la enfermedad cardiovascular, diabetes, hipertensión y obesidad. Incluso, en este caso, es todavía más importante mantener un estilo de vida activo, ya que personas con amputación tienen una mayor predisposición a un estilo de vida sedentario. Por otro lado, la amputación traumática conlleva una serie de cambios a nivel de esquema corporal y de propiocepción importantes, especialmente importante es la aparición del "miembro fantasma", como dolor o percepción reflejos en el miembro amputado, como si realmente estuviera presente.

Clasificación de las amputaciones del miembro inferior.

- Del antepie o mediopie, con preservación de los huesos del tobillo, lo que permite la carga de peso.
- Transtibiales (amputaciones bajo la rodilla).
- Transfemoral (amputaciones por encima de la rodilla).
- Desarticulación de la cadera (pérdida de la pierna y la articulación de la cadera).
- Amputación unilateral (sólo de una pierna, como en las amputaciones unilaterales por encima o por debajo de la rodilla).
- Amputación bilateral (de ambas piernas, por ejemplo con amputación de una pierna por encima de la rodilla y la otra por debajo de la rodilla).

Consideraciones para la realización de ejercicio.

- Lo ideal es que la mayor cantidad de masa muscular participe en el modo de ejercicio seleccionado, de manera que el impacto del ejercicio sea similar a la respuesta encontrada en personas sin discapacidad. Sin embargo, para personas con desarticulación de ambas caderas o amputación bilateral por encima de la rodilla, la respuesta al ejercicio va a estar limitada por la capacidad de trabajo de la musculatura del miembro superior, por lo que la respuesta será similar a las de personas con paraplejia por debajo de L1.

- En amputados vasculares se indica lo mismo, pero la respuesta puede estar condicionada por la medicación o la extensión de la enfermedad principal (por ejemplo, diabetes de tipo II). Por otro lado la elección de un determinado tipo de ejercicio ha de individualizarse en función de la extensión de la amputación: por ejemplo, una persona con amputación unilateral transtibial o una desarticulación de cadera dispondrá de suficiente masa muscular para utilizar un ergómetro de brazos o bicicleta de manos combinada con ejercicio cíclico de pierna. Igualmente, un doble amputado femoral podrá realizar bicicleta de manos o natación.
- Andar o correr no son modalidades de ejercicio recomendadas a largo plazo, ya que el gasto energético es mayor, las posibles consecuencias a nivel del muñón (dolor, problemas en la piel, úlceras, infecciones, etc.), limitando de manera aguda cualquier ejercicio, sea recreativo, laboral o de las propias AVD.
- Derivado de lo anterior, pueden aparecer lesiones por sobreuso o compensación en el miembro útil, o de la musculatura del miembro superior.

Recomendaciones para el entrenamiento:

- Idealmente una persona con amputación unilateral debe utilizar el miembro inferior útil en su programa de entrenamiento, con las máximas garantías de seguridad y prevención de lesión por sobreuso. Aquello que no puedan utilizar ambas piernas tienen en el cicloergómetro de brazos o bicicleta de manos un medio ideal.
- En el entrenamiento de fuerza, es mejor utilizar máquinas que peso libre, por los problemas de fijación de la postura o de equilibrio que se pueden manifestar, si bien hay que adecuarlo a las posibilidades del deportista.
- La evaluación funcional más importante es la capacidad para la marcha, ya que se ha demostrado que los programas de ejercicio mejoran la eficiencia de la marcha, aunque obviamente dependerá de la extensión de la amputación, con lo que la distancia a recorrer sobre una distancia dada habrá de ser individualizada a efectos de monitorización del entrenamiento.

REFERENCIAS

- ACSM (2003) ACSM's Exercise Management for Persons with Chronic Diseases and Disabilities (2nd edition). Human Kinetics Publishers. Illinois.
- ACSM (2008) Physical activity guidelines for all Americans (en línea) http://www.health.gov/PAguidelines/pdf/paguide.pdf (consulta 21-04-10).
- Answorth B. (2009) 'La inactividad física como problema de salud pública: retos y oportunidades' I Encuentro Anual de los Comités del Foro GanaSalud. Ponencia no publicada. 29-30 de enero. Madrid.
- Arráez, J.M. (2008). Integración / inclusión en Educación Física escolar. En Pérez (coord.) Discapacidad, calidad de vida y actividad físico deportiva: la situación actual mirando hacia el futuro. Plan de Formación. Comunidad de Madrid (pp 311-324).
- Bailey, S. (2007). Athlete First: A History of the Paralympic Movement. Wiley. Londres.
- Blair S. (2009) ¿Por qué la actividad física es un factor de salud? I Encuentro Anual de los Comités del Foro GanaSalud. Ponencia no publicada. 29-30 de enero. Madrid.
- Egea, C. Sarabia, A. (2001). Clasificaciones de la OMS sobre discapacidad. Boletín del Real Patronato sobre Discapacidad, nº 50 (pp 15-30). Madrid.
- García de Mingo, J.A. (2008) Mapa del deporte y la discapacidad: la punta del iceberg. En Pérez (coord.) Discapacidad, calidad de vida y actividad físico deportiva: la situación actual mirando hacia el futuro. Plan de Formación. Comunidad de Madrid. 2008. (pp 111-147).
- Gil, A. (2008) La atención clínico sanitaria a la discapacidad y su papel en la difusión de las actividades físico deportivas. En Pérez (coord.) Discapacidad, calidad de vida y actividad físico deportiva: la situación actual mirando hacia el futuro. Plan de Formación. Comunidad de Madrid (pp 15-62).
- Gomendio, M. (2001). Educación Física para la Integración de niños con necesidades educativas especiales. Gymnos, Madrid.
- Hutzler, Y. (2007). Investigación Basada en la Evidencia sobre Actividad Física Adaptada: un Análisis de la Literatura. En: Martínez Ferrer J.O. (ed). II Conferencia Internacional sobre Deporte Adaptado. Libro de Actas (pp. 90-98). Málaga: Instituto Andaluz del Deporte.
- Instituto Nacional de Estadística (1999) Encuesta sobre Discapacidades, Deficiencias y Estado de Salud. Resultados nacionales. Madrid.
- Instituto Nacional de Estadística (2008). Encuesta de Discapacidad, Autonomía personal y situaciones de Dependencia. Avance de resultados. Madrid.
- Landaberea J. "Hacia una reforma legal para la integración del deporte adaptado federado en España", en Pérez J y Sanz D. (2009) (eds.) I Conferencia Nacional de Deporte Adaptado: libro de actas. Organizado por el Consejo Superior de Deportes y el Comité Paralímpico Español. Toledo. 2009.

- Mendoza, N. (2010) "Acciones de promoción deportiva en un Centro Estatal de Referencia para la Atención de Personas con Gran Discapacidad: San Andrés de Rabanedo (León)", en las "Jornadas Internacionales "Ciencia, discapacidad, actividad física y deporte"; organizadas por el IAD, Málaga. Ponencia no publicada.
- Organización de las Naciones Unidas. Clasificación Internacional de Funcionamiento, Discapacidad y Salud. 1980-2001.
- Pérez J y Sanz D. (2009) (eds.) I Conferencia Nacional de Deporte Adaptado: libro de actas. Organizado por el Consejo Superior de Deportes y el Comité Paralímpico Español. Toledo. 2009. 332.
- Pérez, J. (2006) "La discapacidad y la salud, ¿antagónicas? Propuestas desde las actividades físico deportivas?". En actas de las Jornadas Internacionales de Actividad Física y Salud "Ganasalud", (pp 396–417). Madrid: Consejería de Deportes de la Comunidad de Madrid.
- Pérez, J. (2009) "Acciones clave de la promoción del deporte adaptado en España: situación actual y futuro" en Pérez J y Sanz D. (2009) (eds.) I Conferencia Nacional de Deporte Adaptado: libro de actas. Organizado por el Consejo Superior de Deportes y el Comité Paralímpico Español. Toledo. 2009.
- Pérez, J. (coord.) (2008) Discapacidad, calidad de vida y actividad físico-deportiva: la situación actual mirando hacia el futuro. Madrid. Plan de Formación. Comunidad de Madrid. 2008. 332.
- Pinilla (2008) Demografía de la discapacidad en la Comunidad de Madrid. En Pérez (coord.) Discapacidad, calidad de vida y actividad físico deportiva: la situación actual mirando hacia el futuro. Plan de Formación. Comunidad de Madrid (pp 149-163).
- Ríos M., Blanco A., Bonany T., Carol N., (2001). El juego y los alumnos con discapacidad. 3ª edición, Paidotribo, Barcelona.
- Ríos, M (2009) (coord.). Plan Integral de Promoción de la Actividad Física: Personas con Discapacidad: versión 1. Consejo Superior de Deportes. Madrid. 66.
- Rodríguez G., Mayorga J.I., Merino A., Garrido M., Fernández M. (2005) "Hábitos deportivos de la población de la Comunidad de Madrid 2005". ASOMED – Comunidad de Madrid – Univrsidad Europea de Madrid. 99.
- Ruiz, P. (2007) Estado de la cuestión en la formación en AFA en España y Europa. En: Martínez Ferrer J.O. (ed). II Conferencia Internacional sobre Deporte Adaptado. Libro de Actas Málaga: Instituto Andaluz del Deporte. (pp. 53-61).
- Ruiz, P. (2007). Estado de la cuestión en la formación en AFA en España y Europa. En: Martínez Ferrer J.O. (ed). II Conferencia Internacional sobre Deporte Adaptado. Libro de Actas (pp. 53-61). Málaga: Instituto Andaluz del Deporte.
- Silva, T. (2008) Actividad física, ocio y recreación en la discapacidad física. En Pérez (coord.) Discapacidad, calidad de vida y actividad físico deportiva: la situación actual mirando hacia el futuro. Plan de Formación. Comunidad de Madrid (pp 301-310).
- Tweedy, S. M. (2002). Taxonomic theory and the ICF: Foundation for a unified disability athletics classification. Adapted Physical Activity Quarterly, 19, 2, 220-237.

- Vallbona C. (2003). La actividad física como elemento de salud para personas discapacitadas. En: Martínez Ferrer J.O. (ed). Conferencia Internacional sobre Deporte Adaptado. Libro de Actas (pp. 283-96). Málaga: Instituto Andaluz del Deporte.
- Van der Woude, L. H. D, Janssen, T. W. J., Veeger, D. J. (2005). Guest Editorial: Background on the 3rd International Congress "Restoration of (wheeled) mobility in SCI rehabilitation": State of the art III. Journal of Rehabilitation Research and Development, 42, 3, Suplemento 1, vii-xiv.
- Villagra, H.A. (2008) El papel de la escuela y de la Educación Física para los alumnos con discapacidad. En Pérez (coord.) Discapacidad, calidad de vida y actividad físico deportiva: la situación actual mirando hacia el futuro. Plan de Formación. Comunidad de Madrid (pp 63-110).

Capítulo 6

OBESIDAD: IMPORTANCIA DE LOS HÁBITOS SALUDABLES EN EL CONTROL DEL PESO Y MEJORA DE LA SALUD

José Enrique Moral García

RESUMEN

En la actualidad, cada vez hay más estudios que tratan la obesidad en todos los tramos de edad. A continuación se expresan los datos de prevalencia de obesidad a nivel mundial, nacional y autonómico, prestando especial atención a la obesidad infantil y juvenil. Se explica el fenómeno en toda su dimensión, comprobándose que suele iniciarse en la infancia y la adolescencia, existiendo en su origen un desequilibrio entre la ingesta y el gasto energético. Explicándose la importancia de la detección y el tratamiento temprano, debiendo iniciarse en la infancia, a través de la promoción de hábitos saludables tales como alimentación adecuada y práctica regular de actividad física.

Igualmente se explican los beneficios de la práctica de actividad física (AF) para el control del peso corporal y la mejora de la salud de las personas, al tiempo que se verifica la importancia de una actuación conjunta entre la familia, la escuela y los profesionales sanitarios.

INTRODUCCIÓN

Según la Organización Mundial de la Salud (OMS), la obesidad se define como una entidad en la que el exceso de grasa corporal interfiere en la salud y en el bienestar de las personas (WHO, 1998). Por consiguiente, la obesidad y el sobrepeso aumentan el riesgo de padecer enfermedades crónicas de tipo cardiovascular, diabetes tipo II, así como hipertensión, aumentando el riesgo de muerte prematura (Haslam y James, 2005; WHO, 2003b). En concreto, la obesidad es una enfermedad crónica, multifactorial, de prevalencia creciente, que junto con el sobrepeso, afecta a más de la mitad de la población de los países desarrollados, por lo que ha sido considerada por la International Obesity Task Force (IOTF) y la OMS, como la epidemia del siglo XXI (WHO, 2000). Por su parte, el sobrepeso es la condición en la que el peso del individuo excede del promedio de la población en relación al sexo, talla y somatotipo correspondiente (Bastos et al., 2005).

La obesidad suele iniciarse en la infancia y la adolescencia, existiendo en su origen una interacción genética y ambiental, siendo más importante la parte ambiental o conductual, que se establece por un desequilibrio entre la ingesta y el gasto energético (Ballabriga y Carrascosa, 2001; Serra et al., 2003). Es lo que se conoce como balance energético, es decir, el conjunto de mecanismos fisiológicos que contribuyen a mantener un equilibrio entre la ingesta calórica y el gasto energético. Estos mecanismos son capaces de mantener el peso corporal en unos límites muy estrechos, a pesar de las grandes variaciones tanto en la ingesta calórica como en el gasto energético. Existen situaciones patológicas, como la obesidad, en las que la capacidad de regulación del sistema se sobrepasa, y su eficacia disminuye sensiblemente frente a estos cambios, creándose resistencias en las respuestas fisiológicas (Obregón, 2007).

PREVALENCIA DE LA OBESIDAD ADULTA E INFANTIL EN EL ÁMBITO NACIONAL E INTERNACIONAL

La obesidad constituye uno de los mayores problemas a los que se enfrentan las sociedades modernas, afectando sobre todo a los países desarrollados, teniendo en cuenta que el crecimiento económico en países en vías de desarrollo conlleva muchas veces un incremento de su prevalencia. Los datos epidemiológicos de los que se disponen indican un aumento de la prevalencia en la mayor parte de los países del mundo, lo que lleva parejo un aumento de la morbi-mortalidad asociada. De hecho, según la OMS, la obesidad y el sobrepeso han alcanzado caracteres de epidemia, más de 3.000 millones tienen sobrepeso y de ellos al menos 300 millones son obesos (Ministerio de Sanidad y Consumo, 2005).

En el contexto nacional, España no permanece ajena a esta situación, no en vano a principios del siglo XXI la Sociedad Española para el Estudio de la Obesidad (SEEDO) publicaba unos datos de prevalencia de obesidad en España en población adulta (25-60 años), según los cuales el 14.5% presenta obesidad y el 38.5% sobrepeso (SEEDO, 2000). Actualmente estas cifras no parecen haber sufrido grandes cambios, tan sólo se aprecia un descenso del sobrepeso que, por otra parte, es compensado por el incremento que experimenta la obesidad. Concretamente, la Encuesta Nacional de Salud, del periodo 2006-2007, estima el sobrepeso en el 37.8% de la población total y la obesidad se encuentra en el 15.5% (Ministerio de Sanidad y Consumo, 2008).

Por género, la prevalencia de obesidad en la población adulta española es más frecuente en mujeres (15.7%) que en los hombres (13.4%), aumentando también la obesidad conforme se incrementa la edad, llegando a cifras del 21.6% en varones y 33.9% en mujeres de más de 55 años (Ministerio de Sanidad y Consumo, 2005).

Respecto a las tendencias temporales de la obesidad, en la infancia, los datos apuntan a un incremento muy importante sobre todo en niños prepuberales, siendo el aumento en niñas mucho menor o incluso inexistente para algunos grupos de edad, estimándose que dicho incremento se produce sobre todo en los niveles culturales y socioeconómicos más deprimidos (Serra, 2005).

En el ámbito internacional, y en particular en el conjunto de la Unión Europea, el exceso de peso supone un serio problema de salud pública (Banegas et al., 2003). En la actualidad, la curva más habitualmente aceptada ha sido la de forma de J, en la que la mínima mortalidad se encuentra en la zona del IMC entre 18.5 y 25 kg/m^2, mientras que existe un moderado incremento en un IMC <18.5 y un aumento progresivo a partir de un IMC superior a 25. También se puede afirmar que la obesidad tiene un riesgo mayor de mortalidad, entre dos y tres veces más, cuando el IMC supera los 40 kg/m^2 (Foz, 2005).

Aun así, y a pesar de que la población en general es conocedora de lo perjudicial que es para la salud el exceso de peso, en los últimos 20 años la prevalencia de obesidad ha aumentado considerablemente en muchos países. En 1978 el estudio NHANES II (Nacional Health and Nutrition Examinnation Survey) demostró que la prevalencia de obesidad era del 12% en varones y del 14% en mujeres, mientras que en 1991, según el mismo estudio estas cifras de obesidad aumentaron hasta rangos del 19.7% en varones y del 24.7% en las mujeres (Barbany y Foz, 2005). Igualmente, Bastarrachea, Cole y Comuzzie (2004) afirman que de acuerdo con el Centro Nacional para Estadísticas en Salud (NCHS), en el año 2002 prácticamente el 64% de la población adulta de EEUU presentaba sobrepeso, con IMC igual o superior a 25, mientras que el 31% presentaba obesidad con IMC igual o superior a 30.

Actualmente, la obesidad es una de la enfermedades metabólicas más extendidas en todo el mundo, con gran repercusión no sólo en al ámbito sanitario, sino también en el psicológico, social y económico (Frideman, 2000; López-Fontana, 2003). Más importante si cabe es la obesidad infantil, sobre todo por la importancia que en la etiología de esta patología tiene el momento de su aparición. Los datos obtenidos por el estudio nacional EnKid (1998-2000) muestran que la obesidad en la población española en edad infantil y juvenil está adquiriendo unas dimensiones preocupantes, especialmente los factores que pueden estar contribuyendo a extender la epidemia y las posibles maneras de prevenirla. La prevalencia de obesidad es del 13.9% y del 12.4% en sobrepeso; frente al 6.4% de niños obesos del año 1984 estas cifras nos indican que el 26.3% de los niños españoles están por encima de su peso saludable (Santos, 2005).

El estudio PAIDO'S, llevado a cabo en 1984, reveló que la prevalencia de obesidad entre 6 y 15 años era ya del 4.9%. En el estudio Enkid, realizado en 2000, la prevalencia de obesidad entre niños de 6 y 9 años era del 14.5% y entre los 10 y 13 años del 14.6% (Paidos'84, 1985; Serra et al., 2003; Vela et al., 2007). Como se viene diciendo, los resultados del estudio Enkid han puesto de manifiesto que la obesidad en la población española en edad infantil y juvenil está adquiriendo dimensiones que merecen una atención especial. La prevalencia de obesidad según este estudio es más importante en la población en edad escolar, especialmente en los años que preceden al brote puberal (Aranceta et al., 2001; Rubio et al., 2007).

Más recientemente, según los datos del Ministerio de Sanidad y Consumo, para le edad infantil (2-17 años), la obesidad se estabiliza en el 8.9% y el sobrepeso en el 18.6%, presentando los varones unas cifras más elevadas, tanto de obesidad como de sobrepeso, en comparación con las mujeres, en concreto los varones tienen unas cifras de obesidad del 9.1% y las mujeres del 8.7 (Ministerio de Sanidad y Consumo, 2008).

Según Barrio et al. (2005), en el último estudio NHANES (Estados Unidos) realizado entre los años 1999 y 2002 en población pediátrica, se muestra un incremento de la obesidad, en comparación a 1988-1994, pasando del 7.2% al 10.3% en los niños de 2-5 años; del 11.3% al 15% en los de 6-11 años y del 10.5 al 16% en los de 12-19 años; la prevalencia de sobrepeso es del 22.6, el 31.2 y el 30.9% en cada uno de los grupos de edad, respectivamente. Naciones desarrolladas como Canadá han visto aumentada la cifra de personas obesas con el paso del tiempo. De hecho, desde 1978 la prevalencia de canadienses con un IMC superior a 30kg/m^2 se ha incrementado del 7 al 13% en hombres y del 9 al 14% en mujeres (Ross et al., 2000).

En cambio, otros países de nuestro entorno europeo ofrecen menos niveles de exceso de peso, concretamente los valores medios de obesidad de los jóvenes finlandeses de 16 y 17 años se sitúan en el 6% para los chicos y en el 4.7% para las chicas (Pietiläinen et al., 1999); parecidos fueron los datos relativos a adolescentes belgas, cuando en un estudio de 1997 determinaron que la obesidad infantil se ubicaba en el 5.6 y 5.9% para los sujetos de 12 y 15 años de edad (De Spiegelaere et al., 1998).

En la tabla 1 se comparan los últimos estudios Health Behaviour in School-aged Children (HBSC) realizados a nivel mundial por la OMS en los años 2002 y 2006, y el estudio realizado con adolescentes andaluces (Moral, 2010). La comparativa de estos estudios de ámbito autonómico e internacional revela que los adolescentes andaluces presentan niveles de sobrepeso y obesidad muy similares a los españoles. En cambio, la media europea se sitúa por debajo de la andaluza en la mayor parte de los casos. Así mismo, en países referencia como Estados Unidos se produce un claro incremento de la prevalencia de obesidad del tránsito del año 2002 al 2006, de modo similar experimentan ésta tendencia el resto de países, sobre todo en el grupo de edad de 15 años. Por otra parte, tanto en el estudio HBSC 2002 (Moreno et al., 2008a) como en el estudio HBSC 2006 (Moreno et al., 2008b), se produce un descenso del IMC paralelo al incremento de la edad de las personas, circunstancia que también se advierte en los escolares andaluces.

Tabla 1. *Comparativa de datos porcentuales de adolescentes con sobrepeso/obesidad de Andalucía y diferentes países de Europa más Estados Unidos.*

	HBSC 2002		HBSC 2006	
	13 años	15 años	13 años	15 años
Estados Unidos	23	27.2	31	29.5
Francia	11.3	10.6	10	11
Italia	16.7	13.7	18	16.5
Portugal	16.7	12	15.5	17.5
Grecia	16.2	15.8	20	18
España	18.2	15.7	15.5	15
Unión Europea	11.8	15.5	13	13
Andalucía	17.8	14	17.8	14

Nota: Los datos relativos a Andalucía han sido extraídos de la tesis doctoral de Moral (2010).

Se puede llegar a la conclusión de que la presencia de obesidad a edades tempranas es un factor de riesgo reconocido para el desarrollo de la obesidad en la época adulta. Más de dos terceras partes de los niños mayores de 10 años con obesidad se convierten en adultos obesos, lo que conlleva una mayor mortalidad a corto y largo plazo, con un sustancial efecto en el riesgo cardiovascular. La obesidad en los adultos jóvenes disminuye la esperanza de vida en 5-20 años (Gunnell, 1998; Maffeis et al., 2002; Barrio et al., 2005).

Importancia de la Prevención y tratamiento de la obesidad

Para conseguir resultados positivos en la reducción de la obesidad, la detección y el tratamiento tempranos son esenciales, de hecho, la prevención de la obesidad deberá iniciarse en la infancia, a través de la promoción de hábitos saludables en Atención Primaria. Siendo necesario conocer el éxito derivado de la combinación de la higiene dietética con el ejercicio físico, y la ayuda psicológica, mayor en niños y adolescentes que en adultos. Asimismo, para aumentar las probabilidades de éxito, debe implicarse también al psicólogo infantil, al experto en nutrición y dietética, al asistente social, al profesional de la educación física y a las instituciones sanitarias públicas (González Corbella, 2005).

Modificar estos hábitos puede resultar una tarea compleja ya que dichas conductas se instauran en la infancia, quedando impresas en el ambiente social y familiar. En este sentido, las estrategias anticipativas de prevención, dirigidas a todos estos sectores son las que más garantías de éxito tienen. Todo esto se ve reforzado si se implica el medio escolar, la familia y la sociedad. No en vano, en diferentes estudios llevados a cabo en Australia, Estados Unidos y Canadá se llegó a esta misma conclusión, por consiguiente, es importante modificar el estilo de vida hacia unos hábitos saludables cuanto antes (Pérez et al., 2001; Serra, 2005).

En el terreno de lo práctico, es necesario realizar una propuesta para la promoción de un peso equilibrado y saludable entre la población en general, debiendo combinar la práctica de actividad física (AF) con un consumo de grasas reducido y una dieta baja en calorías y una tasa creciente de frutas y verduras, unido a una disminución del consumo de tabaco y otros hábitos que repercutan negativamente en el control del peso corporal. Es aún más determinante, si cabe, el caso de los niños y adolescentes, para los que resulta muy importante el fomento de hábitos que incorporan la AF, tanto programada como no programada, en su estilo de vida cotidiano. La AF no programada engloba actividades cotidianas como subir escaleras, en lugar de utilizar el ascensor o elementos mecánicos; ir a pie para desplazarnos de un lugar a otro, en sustitución de medios de locomoción; montar en bicicleta; jugar al fútbol, deportes populares, etc., resultando importante evitar el empleo de demasiadas horas ante el televisor o el ordenador (Bastos et al., 2005).

La prevención y el tratamiento de la obesidad parten de un objetivo fundamental, disminuir la masa grasa del paciente obeso. Existen también objetivos secundarios, como mantener el peso perdido, mejorar los hábitos de vida y aumentar la calidad de vida del individuo. El tratamiento debe ser personalizado y adaptado a las características y comorbilidades de cada persona, lo ideal es que se produzcan pérdidas de peso moderadas, entre el 5 y 10% del peso inicial, y mantenidas en el tiempo. Esta forma de controlar el peso corporal es muy rentable en términos de salud. En resumen, dicho tratamiento pasaría por adquirir hábitos de vida más saludables de forma permanente, mejoras en la alimentación, acompañada de un incremento de la AF. Las pautas alimentarias deben ser individualizadas para cada paciente según la edad, sexo, trabajo, enfermedades asociadas, gustos, horarios, clima y AF. En caso de que el método llevado a cabo lo estime oportuno, se podrán administrar fármacos recomendados por el ministerio de salud (Consenso SEEDO, 2000; Barbany y Foz, 2005).

ÁMBITOS DE ACTUACIÓN PARA EL CONTROL DEL PESO CORPORAL DESDE TEMPRANA EDAD

Para abordar con garantías la obesidad en general, lo ideal es que haya una actuación conjunta no sólo entre la familia y la escuela, sino con la incorporación de los profesionales sanitarios, ya que éstos últimos ocupan una posición privilegiada a la hora de informar y educar para la salud, fomentando así hábitos nutricionales más adecuados para prevenir problemas actuales y futuros (Hidalgo, 2003). Por esta razón, es necesario realizar campañas de sensibilización que dirijan al paciente a su médico, y expliquen que sólo el facultativo puede realizar un tratamiento personalizado, dirigido a la modificación de hábitos y que incluirá cambios en la alimentación, en la AF y fármacos (si se precisan), lo que permitirá la pérdida de peso y su mantenimiento a largo plazo (Barbany y Foz, 2005). Del mismo modo, desde la familia, el medio escolar y social se debería actuar en la programación de la alimentación saludable, acompañada de ejercicio físico como elementos principales para la modificación del estilo de vida (Hopper et al., 2005; Martínez, 2005).

Desde el ámbito sanitario, el equipo médico del centro de salud, y en concreto el pediatra, debe comenzar la educación nutricional desde el periodo prenatal, como asesor nutricional de los padres, niños y adolescentes. Los pediatras tienen una misión fundamental en el inicio de la vida del niño, procurando que las madres, a ser posible, amamanten a sus hijos, abogando así por una alimentación sana desde el principio (García et al., 1999; Rubio et al., 2007). Es más, Ministerio de Sanidad y Consumo (2005) trazó unas líneas maestras de lo que debería ser la actuación, al respecto de la problemática de la obesidad y todo lo que ella acarrea, considerando necesario realizar campañas periódicas de detección precoz del sobrepeso y la obesidad, promover la lactancia materna en los centros de atención primaria e identificar y seguir a los niños potencialmente en riesgo.

Ahondando ahora en el segundo de los ámbitos, el escolar, la declaración de Yakarta incluye a las escuelas entre los escenarios que ofrecen oportunidades reales para la ejecución de estrategias integrales de promoción de la salud que pueden modificar el estilo de vida y las condiciones sociales, económicas y ambientales determinantes para la salud. Es necesario incluir la educación nutricional en el proyecto curricular de los centros escolares para conseguir modificar la tendencia al aumento de la prevalencia de obesidad y sobrepeso (Santos, 2005). Igualmente, para el Ministerio de Sanidad y Consumo (2005) la escuela ofrece inmejorables oportunidades para formar a los niños sobre hábitos alimentarios saludables y fomentar la práctica regular de AF y deportiva. El comedor escolar juega un papel primordial ya que el 20% de los niños realiza su comida principal en el centro de enseñanza, porcentaje que aumenta hasta el 32% en el grupo de edad de 2-5 años. Esta circunstancia no sólo influye en el establecimiento de los hábitos alimentarios del niño, sino que además condiciona su estado nutricional. Por su parte, Martínez (2005) afirma que la eduación física (EF) es el terreno ideal sobre el que potenciar los hábitos de estilos de vida saludable; es prioritario revisar y actualizar los objetivos perseguidos en la EF durante la educación primaria y secundaria. Siendo también necesario incluir sesiones de educación nutricional, desde el conocimiento de las bases de una alimentación equilibrada, hasta la misma comprensión del etiquetado de los alimentos para la elección de su consumo.

En definitiva, los centros educativos, han de cumplir con un triple cometido: educación para la salud, establecimiento de una estructura que permita la aplicación práctica de contenidos educativos y cribado de problemas de salud, con las pertinentes revisiones médicas periódicas (Marquillas et al., 1999; Rubio et al., 2007). Sin olvidar la necesidad de mejorar las opciones de alimentación en las cafeterías de los institutos o en los comedores escolares; promover que los alumnos vengan a clase andando o en bicicleta; facilitar el poder usar las instalaciones deportivas en los recreos o por las tardes y ofertar actividades extraescolares que promuevan un ocio activo. Todas estas medidas deben comenzar por el propio centro educativo y proyectarse hacia el entorno inmediato (Santos, 2005).

El tercer pilar es el del ámbito familiar, el cual ejerce una influencia decisiva. Tanto es así, que los mayores deciden la oferta alimentaria de la familia, al tiempo que estimulan el comportamiento activo o sedentario de los hijos. Por consiguiente, el seno familiar, se convierte en el primer agente transmisor de estos mensajes, debiendo tener unos conocimientos básicos sobre alimentación saludable (Ministerio de Sanidad y Consumo, 2005). De hecho, en la edad infantil, es fundamental la participación de todos los miembros de la familia, tanto en la alimentación como en la práctica de AF, para que el niño obeso se sienta reforzado y aumente su voluntad (Cañete, Gil y Poyato, 2003).

Los estudios realizados sobre el papel de la familia en el control de peso y en las intervenciones de mantenimiento y pérdida de peso sugieren que la implicación del cónyuge aumenta la efectividad. En la adolescencia, se consiguen mejores pérdidas de peso cuando se trata individualmente al paciente. En cambio, en la infancia los resultados son más evidentes cuando se involucran los padres, y las técnicas de cambio de comportamiento mejoran los objetivos de peso tanto en padres como en niños. No en vano, el ambiente nutricional y de ejercicio físico que vive el niño fomenta sus hábitos, más fácilmente moldeables que a edades adultas (Cañete, Gil y Poyato, 2003; McLean et al., 2003; Binns y Ariza, 2004; Rubio et al., 2007).

PROBLEMAS DERIVADOS DEL SEDENTARISMO Y SU RELACIÓN CON EL ÍNDICE DE MASA CORPORAL

A pesar de saber que la obesidad es una enfermedad con múltiples causas, la respuesta del individuo ha sido centrarse en la necesidad de practicar AF, abandonando conductas marcadamente sedentarias. Entre estas últimas se encuentran ver la televisión, ya que por ejemplo en Estados Unidos es la más importante, al punto de que se le dedican 30 horas semanales. Con esto se reduce la tasa metabólica a la vez que se incrementa el consumo de alimentos altamente energéticos. Por ello, las personas que ven más horas la televisión tienen más posibilidades de tomar aperitivos mientras están delante del televisor, y a la vez la televisión reemplaza las actividades al aire libre que consumen más energía, como los juegos o deportes (Hu et al., 2003; González-González, Rubio y Marañes, 2007).

Muchos de los estudios conocidos revelan una asociación positiva entre el IMC y el sedentarismo. El ejercicio físico es el componente del gasto energético más factible de ser modificado, y por consiguiente, el más implicado en el aumento de prevalencia de la obesidad detectado en las últimas décadas. En las sociedades desarrolladas el consumo energético atribuible al ejercicio físico se limita, en gran medida, al obtenido en las actividades desarrolladas en el tiempo libre, debido a la disminución progresiva del gasto energético empleado en las actividades vinculadas al trabajo (por mecanización de este) y en las actividades cotidianas, propiciado por el uso de medios de transporte, avances en domótica, ascensores, compra por Internet, etc. (González-González, Rubio y Marañes, 2007). Ver la televisión se asocia cada vez más con los acúmulos adiposos, y por tanto, los niños que durante la infancia tienen un consumo superior presentan mayor riesgo de obesidad con el paso del tiempo. Para prevenir toda esta casuística hay que educar en los estilos de vida saludables, reduciendo las horas diarias dedicadas al ocio pasivo (Proctor et al., 2003).

Además, el sobrepeso tiene un impacto negativo en la percepción de la apariencia, la habilidad atlética, competencia social, y la calidad de vida. Los adolescentes con sobrepeso presentan niveles elevados de ansiedad, síntomas de depresión y aislamiento social (Falkner et al., 2001; Robbins, Wu, Sikorskii y Morley, 2008).

Los médicos en general consideran la falta de AF como el factor desencadenante más importante para la aparición de la obesidad. Buena parte de los médicos de atención primaria estiman que los pacientes obesos que reciben tienen problemas conductuales y comparten con la sociedad los estereotipos negativos en relación a las personas con obesidad (Foster et al., 2003). Además, los sujetos obesos suelen evidenciar una gran dificultad para realizar ejercicio físico ya que muestran un bajo nivel de entrenamiento y con frecuencia padecen problemas osteoarticulares (Johson, 2001; Labayen, Rodríguez y Martínez, 2002; López-Fontana, Martínez-González y Martínez, 2003). En definitiva, se confirma la asociación entre la AF e IMC, duplicándose la prevalencia de obesidad entre los que no practican ningún tipo de ejercicio físico; se establece la necesidad de un cambio de estilos de vida en relación a la AF de la población (Rodríguez et al., 2003).

BENEFICIOS DE LA PRÁCTICA DE AF ENFOCADA HACIA LA CALIDAD DE VIDA Y SU INFLUENCIA EN EL CONTROL DEL PESO CORPORAL

La comunidad científica en general admite que hay una correlación positiva entre en nivel de práctica de AF y la salud de las personas, de hecho, la práctica habitual de AF ayuda a prevenir enfermedades como la diabetes, hipertensión, afecciones coronarias y algunos tipos de cánceres (Tudor et al., 2004). También protege contra la mortalidad prematura y, como media, las personas físicamente activas viven más tiempo que las sedentarias. Por otra parte, la AF influye positivamente en la salud física y psicosocial en todas las fases del ciclo de vida y ayuda a mejorar la calidad de vida de las personas independientemente de su edad (Kamarudin y Omar-Fauzee, 2007).

Muy unido a la salud, y en algunos casos con una relación causa-efecto, aparece el concepto de estilo de vida y calidad de vida. La definición más usada de Calidad de Vida es la proporcionada por la Organización Mundial de la Salud, que la entiende como la salud física, bienestar psicológico, nivel de independencia, las relaciones sociales y la relación con su medio ambiente y el contexto social, visto desde una percepción personal de los individuos, en su propia vida cultural y según los sistemas de valores, relacionado todo ello con sus objetivos, expectativas, valores y perspectivas (WHOQOL, 1994,1995, 1996, 1998a, 1998b).

Respecto al segundo concepto, el estilo de vida, se puede afirmar que en la actualidad no hay una definición consensuada, aunque la mayoría de los estudiosos afirman que los estilos de vida saludables están formados por patrones de conductas relacionadas con la salud. Estas conductas se caracterizan porque son observables, constituyen hábitos y poseen consecuencias para la salud. Según Gutiérrez (2000a) la forma de vivir que adopta una persona o grupo, la manera de ocupar su tiempo libre, el consumo, las costumbres alimentarias y los hábitos higiénicos son elementos configuradores de lo que se entiende como estilo de vida.

Este enfoque del estilo de vida activo sirve para percibir la salud de forma integral, *como algo más importante que la lucha contra la enfermedad, entendiendo por salud el estado de completo bienestar, físico, psicológico y social, y no sólo la ausencia de enfermedad. Esta definición, realizada por la organización mundial de la salud, sirvió para entender lo importante que es el medio social donde se desarrolla el sujeto, y ayudó a comprender que la salud es un término multidimensional (Arruza et al., 2008).*

De ahí que la práctica de AF, además de contribuir a la pérdida de peso mejora el porcentaje de masa grasa y masa muscular, a la vez que aumenta el rendimiento cardiovascular y la fuerza muscular. El estilo de vida activo se basa en la práctica de AF regular, de intensidad moderada a vigorosa, durante un mínimo de 30 minutos diarios, pudiéndose obtener este tiempo en actividades de ocio y tiempo libre, laborales, tareas del hogar, AF planificada o no, y todas aquellas actividades que formen parte de la vida cotidiana. En suma, se trata de reemplazar las horas invertidas en ver la televisión, el uso de ordenadores y juegos sedentarios, por otras de mayor gasto energético (ACSM, 2009), puesto que la práctica regular de AF reduce el riesgo de muerte prematura, ya que mejora los factores de riesgo de enfermedades crónicas (USDHHS, 1996; Gustavo, 2006), disminuyendo la mortalidad por todas las causas, con independencia de sus efectos sobre el peso. Por consiguiente, el fomento de la AF debe ser utilizado en la prevención de la obesidad a cualquier edad, puesto que la AF retrasa o previene la ganancia de peso que normalmente se produce con los años (ACSM, 2009).

REFERENCIAS

- American Collage of Sport Medicine (2009). Appropiate intervention strategies for weight loss and prevention of weight regain for adults. *Medicine and Science in Sport and Exercise,* 41(2), 459-71.
- Aranceta, J., Serra, L., Ribas, L., Foz, M., Pérez, C., Vioque, J. et al. (2003). Prevalencia de la obesidad en España: resultados del estudio SEEDO 2000. *Medicina Clínica, 120* (16), 608-612.
- Arruza, J.A., Arribas, S., Gil de Montes, L., Irazusta, S., Romero, S. y Cecchini, J.A. (2008). Repercusiones de la duración de la actividad físico-deportiva sobre el bienestar psicológico. *Revista Internacional de Medicina y Ciencias de la Actividad Física y el Deporte, 8*(30), 171-183.
- Ballabriga, A. y Carrascosa, A. (2001). Obesidad en la infancia y adolescencia. En: Ballabriga, A. y Carrascosa, A., editores. Nutrición en la infancia y adolescencia, 2º ed. Madrid: *Ergon S.A.* (pp. 559-582).
- Banegas, JR. (2003). A simple stimate of maortality attributable to excess weight in the European Union. *Eur. J. Clin. Nutr., 57,* 201-208.
- Barbany, M. y Foz, M. (2005). Tratamiento farmacológico de la obesidad. *Jano,* LXVIII (1563).
- Barrio, R., López-Capapé, M, Colino, E., Mustieles, C. y Alonso, M. (2005). Obesidad y síndrome metabólico en la infancia. *Endocrinol Nutr, 52*(2), 65-74.
- Bastarrachea, R.A., Cole, S.A. y Comuzzie, G. (2004). Genomita de la regulación del peso corporal: mecanismos moleculares que predisponen a la obesidad. *Med. Clin (Barc), 123*(3), 104-117.
- Bastos, A.A., González, R., Molinero, O. y Salguero, A. (2005). Obesidad, nutrición y actividad física. *Revista Internacional de Medicina y Ciencias de la Actividad Física y del Deporte, 18.*
- Binns, H.J. y Ariza, A.J. (2004). Guidelines help clinicians. Identify risk factors for overweight in children. *Pediatr Ann, 33,* 18-22.
- Cañete, R., Gil, M. y Poyato, J.L. (2003). Obesidad en el niño: nuevos conceptos en etiopatología y tratamiento. *Pediatría Integral, 7*(7), 480-490.

- De Spiegelaere, M., Dramaix, M. y Hennart, P. (1998). The influence of socioeconomic status on the incidence and evolution of obesity during early adolescence. *Int. J. Obes Relat Metab Disord, 22*, 268-274.
- Falkner, N.H., Neumark-Sztainer, D., Story, M., Jeffery, R.W., Beuhring, T. y Resnick, M.D. (2001). Social, educational, and psychological correlates of weight status in adolescents. *Obesity Research, 9*, 32-42.
- Frideman J.M. (2000). Obesity in the new millennium. *Nature*, 404, 632-634.
- Foster, GD., Wadden, TA., Makris, AP., Davidson, D., Sanderson, SR., Allison, DB. y Kessler, A. (2003). Primary care physican´s attitudes about obesity and its treatment. *Obes. Res.*, *11*, 1168-1177. (Revis: 18-11-05).
- Foz, M. (2005). Índice de masa corporal y mortalidad: un concepto a revisar. *Revista Española de Obesidad, 3* (4), 218-221.
- García, R.C., Sánchez-Pinilla, R.O., Peña, C.C., García, D.F. y Adell, M.N. (1999). Recomendaciones sobre el estilo de vida. *Atención Primaria, 24*, 118-132.
- González Corbella, M.J. (2005). Obesidad infantil. Prevención y educación nutricional. *OFFARM, 24*(6), 82-89.
- González-González, A., Rubio, M.A. y Marañes, J.P. (2007). Hábitos dietéticos y actividad física en el tiempo libre en sujetos con exceso ponderal. *Endocrinol Nutr, 54*(5), 241-248.
- Gutiérrez, M. (2000a). Aspectos del entorno escolar y familiar que se relacionan con la práctica deportiva en la adolescencia. *Primer Congreso Hispano-Portugués de Psicología*. Santiago de Compostela.
- Gunnell, D.J., Frankel, S.J., Nachahal, K., Peters, T.J. y Davey, G. (1998). Childhood obesity and adult cardiovascular, mortality: a 57 y follow-up study based on the Boyd Orr cohort. *Am J Clin Nutr, 67*, 1111-1118.
- Gustavo, M. (2006). Explicación de un modelo integrador sobre la relación de causalidad entre la actividad física, la salud y el riesgo de muerte prematura. *Apunts: Educación Física y Deportes, 85*, 15-27.
- Haslam, D.W. y James, W.P. (2005). Obesity. *Lancet, 366*(9492), 1197-1209.
- Hidalgo Vicario, M.I. (2003). Nutrición en la edad preescolar, escolar y adolescente. *Pediatría Integral,* 7(5), 340-354.
- Hopper, C.A., Muñoz, K.D., Gruber, B.M. y Nhuyen, P.K. (2005). The effects of a family Fitness programo n the Physical Activity and Nutririon behaviors of Third-Grade Children. *Research Quarterly for Exercise and Sport, 76*, 130-139.
- Hu, FB. (2003). Televisión watching and other sedentary behaviors in relation to risk of obesity and type 2 diabetes mellitius in women. *JAMA, 289*, 1785-1791.
- Johson, R.K. (2001). Energía. En: Mahan, K. Escou-Stump (ed). Nutrición y dietoterapia de de Krause. México: *Mc Graw Hill Interamericana*, 20-32.
- Kamarudin, K. y Omar-Fauzee, M.S. (2007). Attitudes Toward Physical Activities Among College Students. *Pakistan Journal of Psychological Research, 22*(1/2), 43-55.
- Labayen, I., Rodríguez, C. y Martínez, J.A. (2002). *Nutrición y obesidad. Alimentos y nutrición en la práctica sanitaria*. Pamplona: Navarra, S.L., 375-392.

- Maffeis, C., Moghetti, P., Grezzani, A., Clementi, M., Gaudino, R. y Tato, L. (2002). Insulin resistance and the presistence of obesity from childhood into adulthood. *J Clin Endocrinol Metab, 87,* 71-76.
- Marquillas, J.B., Sánchez-Ventura, J.G., Bosch, J.P. y Domínguez, J.D. (1999). Prevención y promoción de la salud en la infancia y la adolescencia. *Atención Primaria, 24,* 20-65.
- Martínez López, E.J. (2005). *Sobrepeso y obesidad infantil. Pautas para la educación nutricional y actividad física en el tratamiento educativo.* Respuestas a la demanda social de actividad física (pp. 257-269). Madrid: Editorial Gymnos.
- McLean, N., Griffin, S., Toney, K. y Hardeman, W. (2003). Family involvement in weight control, weight maintenance and weight-loss interventions: a systematic review of randomised trials. *Int J Obes, 27,* 987-1005.
- Ministerio de Sanidad y Consumo. (2005). *Estrategia NAOS.* Agencia Española de Seguridad Alimentaria.
- Ministerio de Sanidad y Consumo. (2008). *Encuesta Nacional de Salud 2006.* Ministerio de Sanidad y Consumo.
- Moral, J.E. (2010). *Actividad física y composición corporal en escolares andaluces de 13-16 años. Análisis de la calidad de vida y motivos que inducen a la práctica de actividades físico-deportivas.* Servicio de Publicaciones de la Universidad de Jaén.
- Moreno, M.C., Muñoz, M.V., Pérez, P.J. y Sánchezn Quejia, I., Granado, Mª.C., Ramos, P. y Rivera, F. (2008a). *Los adolescentes españoles y su salud. Un análisis en chicos y chicas de 11 a 17 años.* Universidad de Sevilla. Ministerio de Sanidad y Consumo.
- Moreno, C., Rivera, F., Ramos, P., Jiménez, A., Muñoz, V., Sánchez, I. y Granado, Mª.C. (2008b). *Estudio Health Behaviour in School Aged Childrenn (HBSC: Análisis comparativo de los resultados obtenidos en 2002 y 2006.* Universidad de Sevilla.
- López-Fontana, C.M., Martínez-González y Martínez, J.A. (2003). Obesidad, metabolismo energético y medida de la actividad física. *Rev. Esp. Obes., 1*(1), 29-36.
- Obregón, M.J. (2007). Obesidad, termogénesis y hormonas tiroideas. *Rev. Esp. Obes.,* 5(1), 27-38.
- Paidos´84. (1985). Estudio epidemiológico sobre nutrición y obesidad infantil. Madrid: Gráficas Jomagar.
- Pérez, R.C., Ribas, B.L., Serra, M.L. y Aranceta, B.J. (2001). *Estrategias de prevención de la obesidad infantil y juvenil. Obesidad infantil y juvenil (estudio Enkid).* Barcelona. Masson.
- Piettiläinen, K.H., Kaprio, J., Rissanene, A., Winter, T., Rimpelä, A., Viken, R.J. y Rose, R.J. (1999). Distribution and heritability of BMI in Finnish adikescent aged 16y and 17y: a study of 4884 twin and 2509 singletons. *International Journal Obes Relat Metab Disord, 23,* 107-115.

- Proctor, H., Moore, LL., Gao, L., Cupples, L.A., Bradlee, M.L., Hood, L. y Ellison, R.C. (2003). Horas de ver la televisión y cambios de la grasa corporal desde la edad preescolar hasta la pre-adolescencia: estudio de Framingham en niños. *Int. J. Obes.*, 27, 827-833.
- Robbins, L.B., Wu, T., Sikorskii, A. y Morley, B. (2008). Psychometric Assessment of the Adolescent Physical Activity Perceived Benefits and Barriers Scales. *Journal of Nursing Measurement,* 16(2), 98-113.
- Rodríguez, L., Moize, V., Moringio, R., Gomis, R. y Vidal, J. (2003). Impacto de un programa de cambio de estilo de vida para personas obesas sobre la calidad de vida relacionada con la salud (CVRS). *Rev. Esp. Obes.,* 1(2), 25-70.
- Ross, R., Janssen, I. y Tremblay, A. (1997). Obesity Reduction Throungt Lifestyle Modification. *Canadian Journal of Applied Physiology,* 25(1), 1-8.
- Rubio, M.A., Salas-Salvadó, J., Barbany, M., Moreno, B., Aranceta, J., Bellido, D., Blay, V., Carraro, R., Hormiguera, X., Foz, M., De Pablos, P.L., García-Luna, P.P., Griera, J.L., López, M., Martínez, A., Remesar, X., Tebar, J. y Vidal, J. (2007). Consenso SEEDO 2007 para la evaluación del sobrepeso y la obesidad y el establecimiento de criterios de intervención terapéutica. *Rev. Esp. Obes.,* 5(3), 135-175.
- Santos Muñoz, S. (2005). La educación física escolar ante el problema de la obesidad y el sobrepeso. *Revista Internacional de Medicina y Ciencias de la Actividad Física y del Deporte,* 19.
- SEEDO (2000). Consenso para la evaluación del sobrepeso y la obesidad y el establecimiento de criterios de intervención terapéutica. Sociedad Española para el estudio de la Obesidad (SEEDO). *Medicina Clínica* (Barc), 115, 587-597.
- Serra Majem, L. (2005). Epidemiología y perspectivas de futuro. *Rev. Esp. Obes.,* 3(5), 241-249.
- Serra, L., Ribas, L, Aranceta, J., Pérez, C., Saavedra, P y Peña, L. (2003). Obesidad infantil y juvenil en España. Resultados del estudio Enkid (1998-2000). *Med. Clin.,* 121(19), 725-32.
- Tudor-Locke, C., Bell, R.C., Myers, A.M., Harris, S.B., Ecclestone, N.A., Lauzon, N. y Rodger, N.W. (2004). Controlled autcome evaluation of the First Step Program: A dialy physical activity intervention for individuals with type II diabetes. *Int J Obes Relat Metab Disord,* 28(1), 113-9.
- US Department of Health and Human Services. (1996). *Physical Activity and Health: A Report or the Surgeon General.* Atlanta, GA: U.S. Department of Health Humana Services, Centers for Disease Control and Prevention, National Center for Chronic Disease Prevention and Health Promotion.
- Vela, A., Aguayo, A., Rica, I., González, T., Palmero, A., Jiménez, P. y Martul, P. (2007). Evaluación clínica del niño obeso. *Rev. Esp. Obes.,* 5(4), 226-235.
- WHO. (1998). *Obesity: Preventing and managing the global epidemic.* Report on a WHO consultation on Obesity. Geneva, 3-5 de Junio de 1997. WHO/NUT/NCD/98.
- WHO. (2000). Obesity: preventing and managing the global epidemic. Report of a WHO consulation. Technical report series 894. Geneva.

- WHO. (2003). *Technical report series: Joint WHO/FAO expert consultation on diet, nutrition and the prvention of chonic deseases.* Geneva, 28 January – 1 February 2002.
- WHOQOL Group (1994). Development of the WHOQOL: Rationale and current status. *International Journal of Mental Health, 23,* 24-56.
- WHOQOL Group (1995). The World Health Organization quality of life assessment (WHOQOL): Position paper from the World Health Organization. *Social Science Medicine, 41,* 1403-1409.
- World Health Organization Quality Of Life Assessment Group (1996). *What is Quality of Life?* World Health Organization Quality Of Life Assessment (WHOQOL): World Health Forum.
- WHOQOL Group (1998a). The World Health Organization quality of life assessment (WHOQOL): Development and general psychometric properties and results of international field trial. *Social Science Medicine, 46,* 1569-1585.
- WHOQOL Group (1998b). Development of the World Health Organization WHOQOLBREF quality of life assessment. *Psychology and Medicine, 28,* 551-558.

Capítulo 7

CÁNCER DE MAMA Y EJERCICIO FÍSICO: BASES PARA SU PRESCRIPCIÓN

Adrián Feria Madrueño
Borja Sañudo Corrales

INTRODUCCIÓN

En mujeres occidentales el cáncer de mama es el tumor más frecuente, alcanzando en países de Europa del Sur una tasa de 62,4 casos/100.000 hab/año y en España de 50,9 casos/100.000 hab/año (AECC, 2010). De hecho, en nuestro país se ha pasado de los 16.000 casos de cáncer de mama al año, lo que suponía el 25% del total de los tumores diagnosticados en mujeres (López-Avente et al., 2005), hasta los 22.000 casos al año, lo que representa el 30% (AECC, 2010). A pesar de estas alarmantes cifras, hoy en día no se sabe con exactitud la relación causa-efecto de esta enfermedad; si bien, pueden destacarse dos factores de riesgo fundamentales para la aparición del cáncer: la edad y los antecedentes familiares.

Existe un riesgo relativo (RR) de padecer cáncer de mama dependiendo del familiar de primer grado que esté afectado, diferenciándose si es la madre (RR=2.0), la hermana (RR=2.3) o ambos (RR=3.6). Este riesgo es aún mayor en mujeres menores de 40 años y/o con múltiples familiares diagnosticados especialmente a edades jóvenes (Pharoah et al., 1997). Parece evidente una predisposición genética común entre los sujetos afectados, aunque también contribuyen a su desarrollo otros factores de riesgo socioculturales compartidos, o simplemente por el azar (Graña et al., 2005). Únicamente, se reconoce que alrededor del 5-10% del total de los cánceres de mama son de origen hereditario y atribuibles a la transmisión genética (Newman et al., 1988). Por tanto, cabe señalar que la mayoría de los casos son esporádicos y aparecen en mujeres sin historia familiar. En cualquier caso, esta patología viene acompañada no solo por el dolor o la fatiga, sino también por otros componentes como el miedo, la angustia o la depresión. Por ello, un enfoque terapéutico completo debería procurar mejoras tanto de los problemas físicos como los psicológicos asociados.

Si bien las estrategias farmacológicas son a menudo usadas en el tratamiento de estos pacientes, éstas conllevan por lo general numerosos efectos secundarios, tales como nauseas, alteración del sueño, depresión y otros efectos psicológicos, lo que suele derivar en su abandono. Por este motivo, nuevas estrategias en el manejo sintomático son necesarias, destacándose en los últimos años la participación en programas de actividad física (AF) controlados.

Disponemos de numerosas evidencias que muestran como la AF en esta población puede reducir el riesgo de nuevas enfermedades crónicas. Además, los estudios sugieren que los adultos físicamente activos con cáncer (de mama, de colon, testículos...) presentan en menor número muerte prematura, teniendo además una recurrencia menor del cáncer (Dimeo et al., 1997a 1997b; Hayes et al., 2003; Hutnick et al., 2005; Thorsen et al., 2006; Courneya et al. 2007; Nikkander et al., 2007; Matthews et al. 2007; Hisieh et al, 2008; Mustian, Peppone, Darling, et al., 2009). La AF también puede jugar un papel en la reducción de los efectos adversos del tratamiento del cáncer, entendida como una herramienta terapéutica importante. Los tratamientos en base a programas con ejercicio físico se han mostrado efectivos en:

- Disminución en la duración de la neutropenia y la trombopenia (Dimeo et al., 1997a)
- Reducción de la mucosidad, la diarrea, infección, dolor (Dimeo et al, 1997b), fatiga (Dimeo et al, 1997a y Hsieh et al, 2008) y de la grasa corporal (Hayes et al., (2003)
- Disminución del periodo de hospitalización (Dimeo et al., 1997a), aumentando la adherencia a la práctica deportiva (Matthews et al., 2007).

- Aumento de la concentración de hemoglobina (Dimeo et al., 1997a), del porcentaje de células CD4 y CD69 y de la síntesis de ADN (Huttnick et al., 2005).
- Aumento del rendimiento máximo y del consumo de oxígeno (VO2) (Dimeo et al., 1997a; Hayes et al., 2003; Hutnick et al., 2005; Thorsen et al., 2006; Nikkander et al., 2007; Hisieh et al, 2008) y disminución de la frecuencia cardiaca (FC) de reposo (Hsieh et al., 2008).
- Aumento de la fuerza en el tren superior e inferior (Hayes et al., 2003; Hutnick et al., 2005; Nikkander et al., 2007)
- Mejoras en la percepción de calidad de vida física, psíquica y social y en trastornos mentales (Hayes et al., 2003; Thorsen et al., 2006).

A pesar de estas mejoras con la AF, para que el ejercicio sea eficaz, tiene que ser cuidadosamente prescrito y controlado por un profesional o equipo multidisciplinar especialista (Rodríguez y Daza, 2006) individualizando acorde con las capacidades y estado de salud de cada paciente. La intensidad del ejercicio debe ser tal que puede inducir efectos beneficiosos, pero no demasiada alta, ya que puede aumentar los síntomas. Conseguir que los pacientes con cáncer inicien y mantengan un programa de ejercicios físicos sigue siendo hoy día un reto, a pesar de las evidencias científicas que demuestran que los programas de ejercicio físico son efectivos para el control general del cáncer.

EVIDENCIAS SOBRE LOS BENEFICIOS DEL ENTRENAMIENTO

Programas de entrenamiento aeróbico

En la tabla 1 se describen los principales estudios que han empleado ejercicio aeróbico como tratamiento para el cáncer de mama. La mayoría de los estudios emplearon ejercicio físico de moderada intensidad, 50% FC de reserva (FCR) y un valor de percepción subjetiva del esfuerzo (RPE) entre 12-13 (Dimeo et al., 1997a; Dimeo et al., 1997b; Matthews et al, 2007). Cuando en otros estudios se aumentó la intensidad del ejercicio (80% FC máx y 14-16 RPE) la percepción de los pacientes fue negativa considerando el ejercicio como duro (Nikander et al., 2007; Hsieh et al., 2008).

Los estudios de este tipo se han desarrollado a través de programas con cicloergómetro (Dimeo et al., 1997a; Nikander et al., 2007; Hsieh et al., 2008), tapiz rodante (Dimeo et al., 1997b; Hsieh et al., 2008) o al aire libre (Matthews et al., 2007; Nikander et al., 2007), incluso en circuitos aeróbicos con postas donde se realizaban saltos continuos (Nikander et al., 2007) o ejercicios de natación (Nikander et al., 2007; Hsieh et al., 2008). El primer estudio que evaluaba la intervención de un programa de actividad física aeróbica a una intensidad moderada fue el elaborado por Dimeo et al. (1997a), quienes aplicaron un programa de 2 semanas de duración, con una frecuencia diaria de intervención en los que se ejercitaron 30 minutos al día de manera interválica, y donde el grupo control no entrenó. Se observaron beneficios en el grupo de intervención, donde se disminuyeron las concentraciones de neutropenia y la trombopenia, además de una reducción de los síntomas tales como la diarrea, mucosidad y dolor. También se observó que la duración de la hospitalización fue mayor en el grupo control. Este mismo grupo de autores evaluaron un programa de intervención en tapiz rodante, durante 6 semanas. La intensidad en esta ocasión fue 80% de la FC máx. El aspecto progresivo se hace notorio en esta ocasión, ya que la primera semana se ejercitaron en intervalos de 5×3 min^{-1}, la semana 2 de 4×5 min^{-1}, la 3 de 3×8 min^{-1}, la 4 de 3×10 min^{-1}, la 5 de 2×15 min^{-1} y la 6 de 1×30 min^{-1}, lo que incidió positivamente en la concentración de hemoglobina, aumento del rendimiento físico y disminución de la percepción de fatiga en el grupo de intervención.

Un aspecto clave en los programas de intervención es la supervisión de la AF. Precisamente, Nikkander et al., (2007), llevaron a cabo un estudio exclusivo para mujeres con cáncer de mama, con una intervención basada en ejercicio aeróbico supervisado (1 sesión por semana) y no supervisado (de 2 a 3 sesiones por semana), todo ello durante 12 semanas. La sesión supervisada, de 30 a 40 min de duración, consistía en un circuito aeróbico, donde las postas eran saltos continuos durante 20-40 s, descansando entre posta y posta el mismo tiempo. La frecuencia del salto era de 100-150 saltos por posta, mediante una progresión en la intensidad desde 11 RPE en las primeras semanas a 16 RPE en las últimas. En el ejercicio no supervisado, se le pedía al sujeto que realizaran AF aeróbica a elegir de entre caminar, ciclismo o nadar a una RPE de 14-16, durante 2-3 días a la semana, durante 30-40 min cada sesión. Los resultados concluyeron que existen mejoras en la condición física, en la agilidad, acondicionamiento muscular y en test de carrera, pero no hubo mejoras en aumento de fuerza isométrica medida en extensión de pierna y flexión de codo. También Matthews et al. (2007) detallaron un programa de AF de intensidad moderada (11-13 RPE) descrito en 12 semanas, donde el grupo control no realizó AF, y el grupo de intervención realizó un trabajo físico basado en caminatas de intensidad progresiva en las cuatro primeras semanas de 20-30 min x 3 s/sem, de la quinta a la séptima semana 30-40 min x 4s/sem y hasta el final de 30-40 min x 5 s/sem. Las caminatas fueron supervisadas, exceptuando a mitad del programa (semana 6) y al final (semana 12). Los resultados mostraron un aumento significativo de adherencia a la práctica, no encontrando mejoras en la composición corporal. Por tanto, la supervisión de la AF nos hace prever mejoras en la adherencia en la práctica, siendo importante la combinación de sesiones no supervisadas una vez que los sujetos tengan experiencia suficiente en la propia práctica.

Finalmente Hsieh et al. (2008), propusieron un programa de ejercicios para mujeres con cáncer de 6 meses de duración. En él, se realizó AF controlada durante 2 sesiones por semana, incrementándose progresivamente a 3, y de 60 min de duración cada una. Cada sesión estaba fraccionada en un periodo de calentamiento (10 min), uno de actividad aeróbica (40 min continuos) y otro de vuelta a la calma (10 min). La actividad aeróbica incluía caminata en tapiz rodante, cicloergómetro, step o natación al 40-75 % de FC máx. En el propio grupo de intervención, existía una subdivisión: A: cirugía; B: cirugía + radioterapia; C: cirugía + quimioterapia; D: cirugía + radioterapia + quimioterapia. Los resultados obtenidos reflejaron aumentos del VO2, mejoras en el test de tapiz rodante y de la capacidad vital. También disminución de la FC reposo y de la fatiga, sin distinción entre subgrupos.

Tabla 1. *Intervención mediante programas de ejercicio físico aeróbico en pacientes con cáncer de mama*

Estudio	Participantes	Duración y frecuencia	Intervención	Medidas
Dimeo (1997)	GI: 33 (M=23; H=10; 39±10 años) GC: 37 (M=28; H=11; 40±11años)	2 semanas intervá-lico 30 min/día (15 x 1min preparación + 1min recuperación) Diariamente	GC: no entrenó GI: Bicicleta cardiovascular (1 min a 50%FCR; 13 min a 30-50 ciclos/min 1min recuperación)	FCR Análisis de sangre (neutropenia, trombopenia).
Resultados: disminución en la duración de la neutropenia y la trombopenia, reducción de los síntomas (mucosidad, diarrea, infección y dolor) y de la duración de la hospitalización.				
Dimeo (1997)	GI: 16 (M=10; H=6; 42±9 años) GC: 37 (M=11; H=5; 39±11años)	6 semanas S1: 5x3 min^{-1} S2: 4x5 min^{-1} S3: 3x8 min^{-1} S4: 3x10 min^{-1} S5: 2x15 min^{-1} S6: 1x30 min^{-1} De lunes a viernes	GC: no realizó actividad física GI: tapiz rodante a 3mmol/L (80% FC máx ó 90% FC máx relativa a una prueba de esfuerzo. FC monitorizada	FC máx. (monitorizada) Análisis de sangre (hemoglobina) Fatiga percibida
Resultados: aumento del rendimiento máximo, concentración de hemoglobina y disminución de la fatiga percibida.				
Nikander (2007)	GI: 14 (M=14; 52,5±6.4 años) GC: 14 (M=14; 51,3±7.3 años)	12 semanas Aeróbico supervisado: 10 min calentamiento + 30 – 40 min 1 s/sem Aeróbico no supervisado: 30 - 40 min 2-3 s/sem	GI: S1-S2: 11 RPE S3-S5: 14 RPE S5-S12: 16 RPE CAS: (20-40 s cada posta. 1:1): Saltar con cuerda: 100-150 saltar: 100-150 CANS: (20-40 s cada posta. 1:1): saltar: 100 Caminar, ciclismo o nadar: 14-16 RPE GC: Sólo quimioterapia y radioterapia. No realizó actividad física (sí test), sí actividades cotidianas	Condición física Potencia en salto Fuerza isométrica Velocidad

Resultados: Aumento de la condición física, de la agilidad y mejoras en test de carreras. Mejoras en el acondicionamiento muscular (pico de potencia en salto). No hay variaciones en la fuerza isométrica medida en extensión de la pierna y flexión de codo. No hay mejoras en el tiempo en recorrer una distancia de 2 Km.				
Matthews (2007)	GI: 22 (M=22; 51.3±9 años) GC: 14 (M=14; 56.9±12.3 años)	12 semanas S1-S4: 20 - 30 min x 3 s/sem S5-7: 30-40 min x 4s/sem S8-S12: 30-40 min x 5s/sem	GI: caminar sin asesoramiento (sólo S6 y S12). Intensidad moderada de 11-13 de RPE GC: actividad física en actividades cotidianas	Adherencia al programa Actividades saludables (CHAMPS) Composición corporal (IMC)
Resultados: Aumento en la adherencia a la práctica de ejercicio físico. No hay diferencias en la composición corporal.				
Hsieh (2008)	GI: 74 (M=74; 57,9 ± 10,4 años) Subdivisión: A: cirugía B: cirugía + radioterapia C: cirugía + quimioterapia D: cirugía + radioterapia + quimioterapia	6 meses 60 min (10 min de calentamiento, 40 min aeróbico, flexibilidad, resistencia 10 min vuelta a la calma) 2-3 s/sem	GI: El ejercicio aeróbico incluye: cinta de correr, bicicleta estática, step, natación al 40-75 % de FC máx (40´continuos)	Resistencia cardiovascular Función pulmonar Fatiga
Resultados: Aumento del VO2. Mejoras en el test de aptitud en tapiz rodante y en la capacidad vital. Disminución de la FCrep y de la fatiga sin diferencias entre los grupos.				

GI: grupo de intervención; GC: Grupo control; S: sexo; E: edad; H: hombres; M= mujeres; FCR: frecuencia cardiaca de reserva; SAQ= sesión alta de quimioterapia; TCMSP= trasplante de células madre en sangre periférica; FCmax= frecuencia cardiaca máxima; FCrep= frecuencia cardiaca de reposo; RPE: Escala de percepción subjetiva del esfuerzo (Escala de Borg), VO2= consumo de oxígeno; VO2max= consumo máximo de oxígeno; IL-6= glucoproteína localizada en el cromosoma 7; IFN γ = intenrfón gamma inmunitario; GMP= grupos musculares principales; CAS: circuito aeróbico seguimiento; CANS: circuito aeróbico no seguimiento.

A la vista de los resultados anteriores, parece ser que un programa de ejercicio aeróbico en cualquier modalidad, por un mínimo de 2 días a la semana y que establezca una progresión adecuada, comenzando por 20 minutos a la semana, sería lo recomendable, tal y como se muestra en la tabla II.

Tabla 2. *Frecuencia, duración e intensidad recomendables para el ejercicio aeróbico en cáncer de mama*

DURACIÓN	Programa (semanas)	Mínimo 6 Recomendable➔12-24
	Sesión	Progresivo: mínimo 20´a 90´
FRECUENCIA		Progresivo 2 s/sem – diariamente (L-V)
		Interválico: 5x3/4x5/3x8/3x10/2x15/1x30
INTENSIDAD	FC máx	60-80% (40% en progresión)
	FCR	50%
	RPE	13-16
	Lactato en sangre	3mmol/L

Programas de entrenamiento de la fuerza

El entrenamiento de fuerza puede mejorar los aspectos nocivos que caracterizan al cáncer de mama. En este sentido, en la tabla III se describen los programas de ejercicio que emplean esta cualidad como la base de sus programas.

Uno de los primeros estudios en esta línea fue desarrollado por Hayes et al. (2003), quienes emplearon máquinas de resistencia muscular con peso libre, en las que se realizaron entre 8 a 20 repeticiones, 2 sesiones por semana (durante 12 semanas), con una duración adecuada que permitiera dichas repeticiones, aproximadamente, de 3 a 6 minutos por grupo muscular. El programa también contenía 3 días de ejercicio aeróbico. Como resultados principales del entrenamiento de la fuerza, se destacan los aumentos de la fuerza en tren superior e inferior, mejora global, física y psicosocial de la calidad de vida. No hubo mejoras en los parámetros inmunológicos, aumento en el gasto de energía total o masa libre de grasa. De manera específica, Courneya et al. (2007), configuraron dos subgrupos de intervención, donde uno de ellos realizaba un trabajo específico de fuerza (9 ejercicios distribuidos en el tren superior e inferior, a una intensidad del 60-70% de 1RM). La frecuencia de ejercicio fue de 3 sesiones por semana (2 series de 8 a 12 repeticiones), con una duración total de 18 semanas. Este subgrupo obtuvo mejoras en la autoestima, fuerza muscular, masa corporal magra, tasa de finalización de quimioterapia, fatiga, depresión y ansiedad.

Tabla 3. *Intervención mediante programas de fuerza en pacientes con cáncer de mama*

Estudio	Participantes	Duración y frecuencia	Intervención	Medidas
Hayes (2003)	GI: 6 (M=3; H=3; 39,5±23.5 años) GC: 6 (M=2; H=4; 54,5±8.5 años)	12 semanas A: 1x20-40 min caminando en tapiz rodante ó bicicleta estática (3 s/sem). 3-6 min máquinas de resistencia (2 s/sem; 8-20 rep) B: estiramientos 3s/seg	GI: A: Caminar tapiz rodante + Bicicleta estática (70-90% de FC máx) Máquinas de resistencia (peso libre) GC: B: estiramientos 15-30'' cada GMP	VO2 máx Masa magra/grasa Fuerza tren superior e inferior Percepción calidad de vida
Resultados: Aumento del VO2 y el pico de capacidad aeróbica, aumento fuerza en tren superior e inferior, mejora global, física y psicosocial de la calidad de vida. No hubo mejoras en los parámetros inmunológicos, Aumento en el gasto de energía total y masa libre de grasa. Disminución del porcentaje de grasa corporal.				
Courneya et al. (2007)	GI: A: 78 (M=78; 49.0 ± 19 años) B: 82 (M=82; 49.5 ± 26 años) GC: 14 (M=14; 49.0±25 años)	18 semanas A: 3 s/sem S1-S3: 15 min +5 min x día hasta S18:45 min B: 3s/sem 2 series 8-12rep de 9ejercicios	GI: A: cicloergómetro 60% de VO2max B: 9 ejercicios tren superior e inferior a 60-70% 1RM GC: no practicó AF	Resistencia cardiovascular Función pulmonar Fatiga
Resultados: A: Aumento de la capacidad aeróbica, porcentaje de grasa corporal y autoestima. B: mejoró autoestima, fuerza muscular, masa corporal magra y tasa de finalización de quimioterapia. Mejoras en A y B en fatiga, depresión y ansiedad.				

GI: grupo de intervención; GC: Grupo control; S: sexo; E: edad; H: hombres; M= mujeres; FCR: frecuencia cardiaca de reserva; SAQ= sesión alta de quimioterapia; TCMSP= trasplante de células madre en sangre periférica; FCmax= frecuencia cardiaca máxima; FCrep= frecuencia cardiaca de reposo; RPE: Escala de percepción subjetiva del esfuerzo (Escala de Borg), VO2= consumo de oxígeno; VO2max= consumo máximo de oxígeno; IL-6= glucoproteína localizada en el cromosoma 7; IFN γ = intenrfón gamma inmunitario; GMP= grupos musculares principales; CAS: circuito aeróbico seguimiento; CANS: circuito aeróbico no seguimiento.

A diferencia de los estudios basados en ejercicio aeróbico, para el entrenamiento de la fuerza en este tipo de población serían necesarias intervenciones con un mínimo de 2 semanas, aunque de manera recomendable, resulten más beneficiosas a partir de las 12 semanas. También el aspecto progresivo es un factor clave, destacando sesiones con un mínimo de 20 min, a partir de 8 repeticiones por grupo muscular y una serie, e incrementándose a sesiones de 90 min de duración, 3 veces por semana, con 12 repeticiones por ejercicio y 2 series por cada grupo muscular. La progresión debe hacerse también en intensidad, donde se comience con peso libre hasta llegar al 60-70% de 1RM.

Tabla 4. Frecuencia, duración e intensidad del entrenamiento de la fuerza en cáncer de mama

	Programa (semanas)	Mínimo 2. Recomendable➔12-24
DURACIÓN	Sesión	Progresivo: mínimo 20′a 90′
FRECUENCIA		Progresivo 2 s/sem –3 s/sem
		2 series
		3′-6′➔8-12 repeticiones
INTENSIDAD	Kg	Peso libre (progresión)
		60-70% 1RM
	Ejecución	Máxima velocidad (controlada)

Programas de entrenamiento combinado

Hasta ahora, hemos observado cómo los programas de intervención para personas con cáncer de mama han estado descritos según parámetros de resistencia aeróbica o parámetros de fuerza. Ahora bien, existen datos suficientes como para afirmar que el uso de programas de AF combinados podrían conllevar beneficios adicionales para la salud en personas con cáncer de mama, tal y como se refleja en la tabla V. En este sentido, Hayes et al. (2003) evaluaron un programa de 12 semanas de duración, mediante el trabajo, por un lado, de resistencia aeróbica y, por otro, de fuerza. Se llevaron a cabo 2 sesiones por semana de trabajo aeróbico y otras 2 de fuerza. En el caso de la intervención aeróbica, se especificaba un trabajo de 20 min de duración, que progresivamente, irían hasta 40 min a lo largo del programa. Se trataba de caminar en un tapiz rodante y pedalear en cicloergómetro, con una intensidad vigorosa de 70-90% FC máx. En la intervención de fuerza se empleaban 8-20 repeticiones, también en progresión, con una duración de 3 a 6 min cada máquina, con peso libre (el que permitiera realizar las repeticiones). Se utilizó un grupo control, el cuál sólo realizaba estiramientos de 15 a 30 s de duración por cada grupo muscular principal. Los resultados reflejaron un aumento de la capacidad aeróbica, aumento de la fuerza en tren superior e inferior, mejora global, física y psicosocial de la calidad de vida. No hubo mejoras en los parámetros inmunológicos, aumento en el gasto de energía total o masa libre de grasa.

Por su parte, Hutnick et al. (2005) llevan a cabo un programa combinado de fuerza y de resistencia aeróbica de mayor duración (6 meses), a través de 3 sesiones por semana para el trabajo aeróbico y otras 3 sesiones por semana para el de fuerza. En el trabajo de resistencia aeróbica se detallan 20 min continuos de AF con una intensidad de entre 60-75% VO2máx. En el apartado de fuerza, se establecieron 1-3 series con 8-12 repeticiones, para cada grupo muscular, mediante la progresión también en sesiones por semana, pues se comenzó con solamente una sesión hasta llegar a 3 sesiones por semana. Obtuvieron unos resultados significativos en comparación con el grupo control en VO2máx, fuerza en el tren superior, aumento del porcentaje de células CD4 y CD69 (linfocitos T colaboradores, indicadores inmunológicos) y aumento de la síntesis de ADN; aunque no hubo cambios en la producción de factores inmunológicos (IL-6 y de IFNγ).

Finalmente, tras un programa de AF de 14 semanas de duración, Thorsen et al. (2006), reflejaron la importancia de la elección de las tareas programadas por parte de los pacientes, pues el programa consistía en 2-3 sesiones por semana (en progresión) y en cada sesión, una duración total de 30 minutos en alguna de las siguientes actividades: bicicleta, entrenamiento de fuerza, actividades acuáticas y actividades con pelota. La intensidad que se le pedía era de 13-15 en RPE o de 60-70% FC máx. Los resultados apuntaban a un aumento del VO2 y diferencias entre los que percibían una forma física mayor con los que la percibían menor en trastornos mentales relacionados con la fatiga.

Tabla 5. *Intervención mediante programas combinados en pacientes con cáncer de mama.*

Hayes (2003)	GI: 6 (M=3; H=3; 39,5±23.5 años) GC: 6 (M=2; H=4; 54,5±8.5 años)	12 semanas A: 1x20-40 min caminando en tapiz rodante ó bicicleta estática (3 s/sem) 3-6 min máquinas de resistencia (2 s/sem; 8-20 rep) B: estiramientos 3s/sem	GI: A: Caminar tapiz rodante + Bicicleta estática (70-90% de FCmax) Máquinas de resistencia (peso libre) GC: B: estiramientos 15-30 s cada GMP	VO2 máx Masa magra/grasa Fuerza tren superior e inferior Percepción calidad de vida
Resultados: Aumento del VO2 y el pico de capacidad aeróbica, aumento fuerza en tren superior e inferior, mejora global, física y psicosocial de la calidad de vida. No hubo mejoras en los parámetros inmunológicos, Aumento en el gasto de energía total y masa libre de grasa. Disminución del porcentaje de grasa corporal.				
Hutnick (2005)	GI: 28 (M=28; 48,5±10.6 años) GC: 21(M=21; 52,3±9.2 años)	6 meses Total sesión: 40-90 min 5 min calentamiento Ejercicios de fuerza (8-12 repeticiones x 1-3 s/sem) 20 min de esfuerzo aeróbico 3 s/sem	GI: Calentamiento: movilidad articular y estiramientos. Actividad aeróbica: 20´ a 60-75% VO2max Actividad de fuerza: 8-12 repeticiones GC: no realizó actividad física	Vo2 Fuerza Células CD4 y CD69 Síntesis ADN IL-6 IFNγ
Resultados: Aumento del VO2, de la fuerza en el tren superior, aumento del porcentaje de células CD4 y CD69 (linfocitos T colaboradores, indicadores inmunológicos), aumento de la síntesis de ADN. No hay cambios en la producción de IL-6 y de IFNγ.				
Thorsen (2006)	GI: 90 (M=60; H=30; 39±8.4 años)	14 semanas 30 min en alguna actividad (elección) 2-3 sesiones/semana	Test submáximo en cicloergómetro Astrand Ryhming Caminar (50 rpm; 6 min), Actividades: Bicicleta, entrenamiento de fuerza, actividades acuáticas y actividades con pelota 13-15 en RPE al 60-70% de FCmax relativa a la edad	VO2 Percepción de la forma física Percepción de trastornos mentales relacionados con la fatiga
Resultados: Aumento del VO2. Diferencias entre los que percibían una forma física mayor con los que la percibían menor en trastornos mentales.				

GI: grupo de intervención; GC: Grupo control; S: sexo; E: edad; H: hombres; M= mujeres; FCR: frecuencia cardiaca de reserva; FC máx= frecuencia cardiaca máxima; FC rep= frecuencia cardiaca de reposo; RPE: Escala de percepción subjetiva del esfuerzo (Escala de Borg), VO2= consumo de oxígeno; VO2max= consumo máximo de oxígeno; IL-6= glucoproteína localizada en el cromosoma 7; IFN γ = intenrfón gamma inmunitario;

Finalmente, se ha podido observar cómo programas de ejercicio físico que contemplen el ejercicio aeróbico con el de fuerza u otras modalidades, parecen ser los más efectivos en el control sintomático de estos pacientes. Con unas pautas similares a las reflejadas anteriormente, es recomendable que el sujeto proponga el tipo de actividad que prefiere hacer en el programa de ejercicio combinado. Parece ser que estas medidas contribuyen a mejorar la adherencia y disminuir la percepción de ansiedad, depresión y otras alteraciones psicológicas.

PROPUESTA PARA LA PRESCRIPCIÓN DE EJERCICIO FÍSICO EN MUJERES CON CÁNCER DE MAMA

En cuanto a las recomendaciones para la prescripción de ejercicio físico, tanto en programas de ejercicio aeróbico, de fuerza o combinados, podemos recomendar metodologías diferentes atendiendo a la evidencia disponible. Desde esta perspectiva, vamos a proponer un programa de ejercicios de AF dirigido a mujeres con cáncer de mama, en donde nuestro sistema de entrenamiento utilizado será combinado.

La duración total del programa será de 24 semanas. En dicho programa, se establecerán las sesiones a lo largo de la semana, con 5 sesiones por semana, comenzando las 3 primeras con 3 sesiones alternas por semana. El trabajo aeróbico irá propuesto con un comienzo por cada sesión de 20 min al 50% de la FCR. El trabajo se llevará a cabo en cicloergómetro, caminata o natación, de manera continua y a elección por parte de los sujetos. Utilizaremos la monitorización de la FC junto a la percepción subjetiva del esfuerzo, trabajando entre 13-14 RPE en una escala de 6-20 (Borg, 1982). El trabajo de fuerza lo dedicaremos los 3 días a la semana también, con una duración de 20 min, englobando ejercicios donde se trabajen los principales grupos musculares, dedicándole 3 min a cada uno (1 x 8 repeticiones). La intensidad será 50% 1RM. Una vez transcurridas estas 3 semanas de inicio, se incrementará la duración de las sesiones, pasándose a los 40 min de ejercicio aeróbico, con una intensidad del 60% de la FC máx. o de 14-15 RPE. En cuanto a la fuerza, se aumentará a dos el número de series, hasta la semana 14. En este punto y hasta finalizar el programa (semana 24), el trabajo aeróbico debe aumentar progresivamente hasta los 90 min, siendo la intensidad de 70% FC máx. o 13-14 RPE. Los ejercicios de fuerza se realizarán en 2 a 3 series, con 12 repeticiones por ejercicio, utilizando autocargas en el medio acuático, incrementándose la intensidad mediante peso libre fuera del agua (aproximadamente 70% de 1RM).

CONCLUSIONES

Aunque las cifras de cáncer de mama han aumentado notablemente en los últimos años, todavía no se conocen con exactitud las causas específicas por las que una persona desarrolla esta enfermedad, siendo la edad y los antecedentes familiares factores de riesgo a tener en cuenta para su detección. Los avances científicos indican que existen, además del tratamiento farmacológico, otras vías por las cuales se pueden paliar sus efectos. Los programas de ejercicio físico han resultado ser muy eficaces contra los síntomas del cáncer de mama. Podemos ver cómo el ejercicio aeróbico, por un lado, el trabajo de fuerza, por otro, y la combinación de ambos tienen efectos beneficiosos sobre estos pacientes, llegando a disminuir la sintomatología, los periodos de hospitalización y aumentar la percepción de calidad de vida.

Si bien estos programas han demostrado ser efectivos, cabe destacar que la prescripción del ejercicio debe ser controlada e individualizada por los profesionales encargados para ello, con una duración, frecuencia e intensidad determinada. Como propuesta de futuro, se necesitan más estudios sobre la influencia del ejercicio físico en mujeres con cáncer de mama, comparando los distintos tipos de programas entre sí, para continuar avanzando en los beneficios que esta práctica tiene para este grupo de población. Así mismo, precisamos de una mayor difusión sobre las ventajas que tienen las personas activas en relación a la prevención del cáncer.

REFERENCIAS

- Asociación Española Contra el Cáncer (AECC). https://www.aecc.es/SobreElCancer/CancerPorLocalizacion/CancerMama/Paginas/incidencia.aspx (Consultado el: 15/02/2011).
- Borg GA. Phychophysical bases of perceived sensation. Med Sci Sports Exerc 1982;14:377-81.
- Courneya KS, Segal RJ, Gelmon K, et al. Six-month follow-up of patient-rated outcomes in a randomized controlled trial of exercise training during breast cancer chemotherapy. Cancer Epidemiol Biomarkers Prev. 2007;16:2572–2578.

- Dimeo FC, Tilmann MH, Bertz H, Kanz L, Mertelsmann R, Keul J. Aerobic exercise in the rehabilitation of cancer patients after high dose chemotherapy and autologous peripheral stem cell transplantation. Cancer 1997;79(9):1717–22.
- Dimeo F, Fetscher S, Lange W, Mertelsmann R, Keul J. Effects of aerobic exercise on the physical performance and incidence of treatment-related complications after high-dose chemotherapy. Blood 1997;90(9):3390–4.
- Graña, B., Vega, A. y Cueva, J. 2005.Cáncer de mama y ovario hereditario: consejo genético, seguimiento y reducción del riesgo. Psicooncología. 2 (2-3): 229-242.
- Hayes SC, Rowbottom D, Davies PS, Parker TW, Bashford J. Immunological changes after cancer treatment and participation in an exercise program. Med Sci Sports Exerc 2003;35(1):2–9.
- Hsieh CC, Sprod LK, Hydock DS, Carter SD, Hayward R, Schneider CM. Effects of a supervised exercise intervention on recovery from treatment regimens in breast cancer survivors. Oncol Nurs Forum 2008;35 (6):909–15.
- Hutnick NA, Williams NI, Kraemer WJ, et al. Exercise and lymphocyte activation following chemotherapy for breast cancer. Med Sci Sports Exerc 2005;37(11):1827–35.
- López-Abente G., Pollan M., Aragonés N., Pérez-Gómez B., Hernández Barrera V. et al. La situación del cáncer en España. Madrid: Ministerio de Sanidad y Consumo; 2005.
- Matthews CE, Wilcox S, Hanby CL, et al. Evaluation of a 12-week home-based walking intervention for breast cancer survivors. Support Care Cancer.
- Mustian KM, Peppone L, Darling TV, Palesh O, Heckler CE, Morrow GR. A 4-week home-based aerobic and resistance exercise program during radiation therapy: a pilot randomized clinical trial. J Support Oncol 2009; 7:158–67.
- Newman B., Austin M.A., Lee M., King M.C. Inheritance of human breast cancer: evidence for autosomal dominant transmission in high-risk families. Proc Natl Acad Sci USA 1988; 85(9):3044-8.
- Nikander R, Sievanen H, Ojala K, Oivanen T, Kellokumpu-Lehtinen PL, Saarto T. Effect of a vigorous aerobic regimen on physical performance in breast cancer patients – a randomized controlled pilot trial. Acta Oncol 2007;46(2): 181–6.
- Pharoah P.D., Day N.E., Duffy S., Easton D.F., Ponder B.A. Family history and the risk of breast cancer: a systematic review and meta-analysis. Int J Cancer 1997; 71(5):800-9.
- Rodríguez RF, Daza P. Tratamiento farmacológico del dolor en pacientes con cáncer. Colomb Med 2006; 37: 242-246.
- Thorsen L, Nystad W, Stigum H, et al. Cardiorespiratory fitness in relation to self-reported physical function in cancer patients after chemotherapy. J Sports Med Phys Fitness 2006;46(1):122–7.

Capítulo 8

ENTRENAMIENTO FUNCIONAL EN PERSONAS MAYORES

Iván Chulvi Medrano
Fernando Mata Ordóñez
Borja Sañudo Corrales
Marzo Edir Da Silva Grigoletto

RESUMEN

El presente capítulo pretende abordar la implantación de la actividad física desde un punto de vista funcional dentro del segmento de la población anciana. Atendiendo a las circunstancias particulares del envejecimiento, la actividad física resulta necesaria, especialmente con una orientación funcional que permita a las personas integradas en este tipo de programas mejorar su rendimiento en las actividades de la vida diaria (*deambulación, higiene, etc.*), compensar posibles desequilibrios musculo-esqueléticos (*excesiva cifosis torácica, debilidad de la faja lumbo- abdominal, etc.*) y mejorar las posibles condiciones patológicas asociadas (*diabetes, hipertensión, etc.*). Por lo tanto, el objetivo del presente capítulo es revisar la información derivada de la investigación científica referida a la relación entrenamiento/ejercicio físico y envejecimiento sobre las competencias funcionales.

INTRODUCCIÓN

El envejecimiento podemos decir que se trata de un proceso biológico que afecta a (casi) todos los seres vivos, merma las capacidades psicofísicas pero puede frenarse con fáciles disposiciones preventivas entre las que destacarían las estrategias nutricionales, farmacológicas o de actividad física.

La práctica de ejercicio físico adecuado durante el envejecimiento se ha convertido en una estrategia ampliamente utilizada y recomendada para mantener y mejorar la calidad de vida de las personas que la realizan. Sin embargo, las estrategias e intervenciones de ejercicio físico deben ajustarse a la realidad morfo-funcional que está experimentado la persona durante dicha etapa (Colado y Chulvi, 2008). Así por ejemplo, el ejercicio físico, tema que nos incumbe en el presente capítulo, debe adecuarse específicamente para ser eficaz y sin riesgo para el practicante.

Dentro de los componentes que integran el ejercicio físico saludable se encuentra el entrenamiento de fuerza, o entrenamiento contra-resistencias, que consiste en realizar un esfuerzo de tensión muscular contra una carga externa, ya sea el propio peso corporal, bandas elásticas, el medio acuático, mancuernas, barras, máquinas de tonificación, plataformas de vibración etc. De hecho, existe un consenso en la comunidad científica que avala la capacidad adaptativa al entrenamiento de fuerza del sistema neuromuscular incluso en edades avanzadas (Macaluso y De Vito, 2004).

En la literatura científica encontramos protocolos de entrenamiento de la fuerza que han alcanzado resultados muy esperanzadores, aplicando una dosificación de entrenamiento entre 2-3 series con 8-10 repeticiones progresando del 30% de una repetición máxima (RM) hasta 70% RM con un ritmo de progresión de un 5% RM semanal. Recientemente se ha demostrado que realizar ejercicios supervisados durante 8 semanas (2 días por semana) con una intensidad ligera-moderada incrementa la fuerza en miembros inferiores y reduce el riesgo de padecer caídas en un grupo de 40 personas que superaban los 90 años (Serra-Rexach et al., 2011). Estos resultados muestran la tendencia que tiene el sistema neuromuscular a retener su respuesta/adaptación al entrenamiento de fuerza progresivo mediante las adaptaciones morfo-funcionales del mismo (Fiatarone y Evans, 1993; Cartee, 1994). Tanto es así que parece existir un similar potencial de adaptación morfo-funcional al entrenamiento de fuerza a la población de edad avanzada y a los jóvenes (Rogers y Evans, 1993; Cartee, 1994; Ross, Rice y Vandervoort, 1997; Hakkinen et al., 1998). En la misma línea, un reciente metaanálisis pone de manifiesto que tras un programa de entrenamiento progresivo de fuerza, las personas ancianas incrementan sus valores de fuerza (Peterson, Rhea, Sea y Gordón, 2010); no obstante, hay que atender al estado inicial de los participantes para poder asumir ciertos márgenes de mejoría.

A pesar de las amplias posibilidades de adaptación neuromuscular, el tiempo avanza inexorablemente y las incapacidades/limitaciones funcionales aflorarán entre las personas de edad avanzada que no realizan actividad/ejercicio físico (Paterson y Warburton, 2010). De hecho en el contexto español, autores como Palacios-Ceña et al. (2010) han detectado un incremento de los niveles de incapacidad funcional entre los españoles mayores de 65 años (estudio llevado a cabo con una muestra de 11.346 mujeres y 6.979 hombres). Los autores del estudio han atribuido este incremento a diferentes variables: i) ser mayor de 84 años; ii) Poseer bajos niveles de formación educativa; iii) Obesidad; iv) Dormir más de 8 horas diarias. Consecuentemente, las personas que se encontraban dentro de estos parámetros tenían asociadas peores autopercepciones del estado de salud y un mayor número de comorbilidades.

Para evitar que los procesos fisiológicos evolutivos deterioren la capacidad funcional y afecten a la independencia motriz de las personas, las instituciones y los especialistas recomiendan la actividad/física, especialmente con un marcado cariz funcional, puesto que incrementará el control del movimiento (de Vreede et al., 2005; Manini et al., 2007; Nied y Franklin, 2002; Paterson y Warburton, 2010; Shepard, 1993). Para los expertos, cuanto antes se inicie un programa de actividad física con orientación funcional mayor es la probabilidad de mantener elevados los niveles de rendimiento funcional. Por lo tanto, algunos autores defienden la repetición de ejercicios de tarea funcional (Manini y Pahor, 2009), puesto que es conocido que la repetición sistemática de estas tareas favorecerán una ganancia funcional transferible (French et al., 2009).

Este capítulo detallará y precisará la importancia de realizar un entrenamiento funcional en personas mayores. Esta concepción posiblemente diste de los significados de entrenamiento funcional que en los últimos años el mercado del fitness ha publicitado. En las siguiente líneas, el concepto de funcionalidad será abordado desde las premisas publicadas por Colado et al. (2008) quienes entienden que la mera aplicación de ejercicios compuestos por movimientos integrados que requieran de estabilización de la región central o core, junto a control de aceleraciones y desaceleraciones, no deben ser considerados en todas las ocasiones como funcionales. Así, estos autores replantean el concepto de funcional basándose en tres principios:

1) El entrenamiento funcional no debe basarse en la supuesta transferencia para las acciones de la vida cotidiana, puesto que muchas de las mismas pueden implicar un riesgo potencial para la salud, debido a situaciones lesivas, principalmente a nivel articular.

2) El entrenamiento funcional debería enfatizar la mejora de la higiene postural tanto para las actividades de la vida cotidiana como en la laboral.

3) El entrenamiento funcional debería orientarse a dos aspectos mejorables, por un lado a la mejora del rendimiento del sistema neuromuscular y por otro a las compensaciones de desequilibrios que puedan desembocar en futuras lesiones.

IMPORTANCIA DE LOS BENEFICIOS FUNCIONALES

A nivel funcional las personas de edad avanzada experimentan alteraciones que afectan al rendimiento de sus actividades de la vida cotidiana, fundamentalmente derivadas de la sarcopenia que conlleva una disminución en el número de fibras de tipo II, en la sección transversal del músculo y, por tanto, en la fuerza muscular necesaria para acciones de la vida diaria (AVD) como levantarse de la silla, subir escaleras, recuperar la postura tras una desestabilización, etc. (Takashi et al., 2011). Por tanto, autores como Harridge et al. (1999) o Galiano (2004) entienden que la capacidad o habilidad funcional puede ser descrita como la competencia individual para realizar este tipo de tareas cotidianas básicas (vestirse y arreglarse, levantarse de una silla sin apoyar los brazos, comer, caminar, acciones de higiene personal, alcanzar objetos, agarrar elementos y actividades físicas –tales como conducir un coche). Así, el Colegio Americano de Medicina del Deporte (ACSM por sus siglas en inglés) destaca como capacidades funcionales necesarias para realizar estas actividades: la capacidad máxima de oxígeno, los umbrales ventilatorios y de lactato, la eficiencia de trabajo submáximo, la cinemática de la marcha y la habilidad para subir escaleras (Chodzko-Zajko et al., 2009). En esta misma línea,

Para llevar a cabo el grueso de estas actividades, además de las capacidades descritas, la eficiencia neuromuscular resulta de gran importancia puesto que aportará rendimiento e independencia motriz (Warburton et al., 2006). Pero si se añade un componente funcional del entrenamiento, las mejoras obtendrán mayor transferencia (Lord et al., 1996; Skelton y McLaughlin, 1996). Por lo tanto, todo entrenamiento, y especialmente los orientados a las personas de edad avanzada, deben ser funcionales atendiendo por un lado a la carga y, por otro a la selección de ejercicios.

La carga del entrenamiento de fuerza desde un punto de vista funcional

La carga del entrenamiento de fuerza puede ser entendida como el estímulo/estrés que desencadenará las respuestas pertinentes en el organismo. La magnitud del estrés condicionará dichas respuestas, por eso, los estudios científicos del entrenamiento de fuerza se han orientado, principalmente, hacia un punto de vista fisiológico, que apuntan a una dosis óptima para obtener una respuesta pensada (por ejemplo, la mejora de fuerza, potencia, hipertrofia etc.). Así, ha sido establecida la relación dosis-respuesta para incrementar la fuerza máxima en términos de frecuencia, intensidad y volumen (Rhea et al., 2003), que suponen una parte de todas las variables que conforman el entrenamiento de fuerza junto al tiempo de recuperación entre series, que también es una variable fisiológica del entrenamiento de fuerza (Ratamess et al., 2009; Tan, 1999).

En el segmento poblacional de los mayores la carencia fundamental deriva, como hemos indicado, de una reducción morfo-funcional del sistema neuromuscular, caracterizada principalmente por una reducción de las fibras rápidas (Bloomfield, 1997; Lexell et al., 1986), una disminución de la masa muscular, el mantenimiento de la fuerza excéntrica (Roig et al., 2010) y una degeneración de las propiedades mecánicas de los tendones (Lang et al., 2010). Esta situación condiciona la dosis de entrenamiento que se deberá orientar a cubrir estas situaciones específicas. Por este motivo la valoración inicial de las capacidades funcionales del sistema neuromuscular debería ser un paso previo obligatorio a esta planificación del entrenamiento, puesto que el programa propuesto se deberá adaptar a la situación de la persona de edad avanzada (Purath et al., 2009). Esta adaptación permitirá una mayor motivación y adherencia puesto que muchas personas de edad avanzada señalan la discapacidad o el disconfort musculo-esquelético como una barrera de gran importante para la realización de ejercicio físico (O'Neill y Reid, 1991).

Aunque existe una carencia sustancial en la investigación de la relación dosis-respuesta en personas de edad avanzada, se conoce que un programa de acondicionamiento muscular progresivo conlleva incrementos en los niveles de fuerza de los mayores (Peterson et al., 2010). Sin embargo, persisten numerosas incógnitas en cuanto a su prescripción. Así, algunos autores se han inclinado por sugerir un mayor predominio de las fases excéntricas dentro del programa de fortalecimiento, puesto que el bajo coste energético y baja tasa de lesión de este tipo de actividades podría ser un paso de inicio en el entrenamiento de este grupo de población (LaStayo et al., 2003). Por otro lado, y aunque carecemos de una evidencia científica sólida al respecto, existe una tendencia que indica que el entrenamiento de fuerza realizado a velocidades elevadas o entrenamiento de potencia, resultaría en una mínima ventaja frente al entrenamiento con una cadencia convencional (Tschopp, Sattelmayer y Hilfiker, 2011).

La selección de ejercicios desde un punto de vista funcional.

Tras aportar una visión fisiológica del entrenamiento funcional para las personas mayores, a continuación se expondrán los criterios en la selección de ejercicios desde un punto de vista funcional. Las propuestas que ofrecemos en el presente capítulo deben tomarse con cautela y ser conscientes de la necesidad de adaptarlos a las condiciones específicas que presente el grupo con el que vayamos a trabajar. En cualquier caso, y de acuerdo con el posicionamiento del ACSM y las Asociación Americana del Corazón (AHA por sus siglas en inglés) la selección de ejercicio debería estar caracterizada por 8 a 10 ejercicios orientados al fortalecimiento de los principales grupos musculares (Nelson et al., 2008), que concretamente para este grupo deberían colocarse al principio de la sesión los músculos más grandes (Silva y Farinati, 2007). Pudiendo modificarse para que su ejecución sea más lúdica o que incluya componentes cognitivos y/o sociales, para aportar un ejercicios más integral y holístico.

Como punto de partida a la hora de prescribir el ejercicio físico funcional en personas de edad avanzada se debe atender a la debilidad y los desequilibrios musculares que afectarán de forma directa a la postura y constituirán un riesgo de caídas (Orr, 2010). Así pues, de nuevo, resultará necesaria la valoración inicial que permita determinar posibles desequilibrios musculares. Tras la valoración, el primer paso en la prescripción del ejercicio, y manteniendo los criterios establecidos por Colado et al. (2008), debe ser el desarrollo de la zona media o faja lumbo-abdominal (CORE), puesto que resulta de gran importancia para la transmisión de fuerzas entre miembros inferiores y superiores, además de colaborar activamente en la estabilización de la región lumbar, tan propensa a movimientos excesivos y potencialmente lesivos (McGill, 2010). A este respecto, la importancia del trabajo del CORE se ha puesto de manifiesto también en estudios clásicos como el de Inokuchini el al. (1975) quienes observan en diferentes biopsias realizadas a cadáveres la pérdida masiva de fibras en el recto abdominal (66% menor el número de fibras a los 70 años y un 75% menor a las 85 años en comparación con sujetos de 30 años de edad). Por su parte, Mizuno et al. (1991) reflejan una reducción del 7 al 10% de la masa en cortes transversales de los intercostales internos y en los abdominales en sujetos de 50 años. Estos datos ponen de manifiesto la importancia del trabajo de la zona media en esta población que, como consecuencia de la edad, pierde fibras musculares y por ende funcionalidad.

Así pues, tal y como indica el doctor Stuart McGill, especialista de reconocimiento internacional sobre la material del entrenamiento para la región lumbar, se debería enfatizar el trabajo de estabilización lumbar multidireccional (McGill, 2010). Para conseguirlo deberían incluirse de forma habitual los tres ejercicios que entiende como pilares para una correcta sujeción lumbar activa (mediante la correcta actuación neuromuscular) puesto que las investigaciones indican que requieren de la resistencia muscular activa y de los óptimos patrones de coordinación para asegurar suficientemente la estabilidad lumbar sin incidir en potencial lesivo para las estructuras pasivas de la columna. Estos ejercicios son (ver **figura 1**) el curl-up modificado, el puente lateral y el "birddog" en cuadrupedia (también se incluirían cualquiera de sus variantes o adaptaciones necesarias).

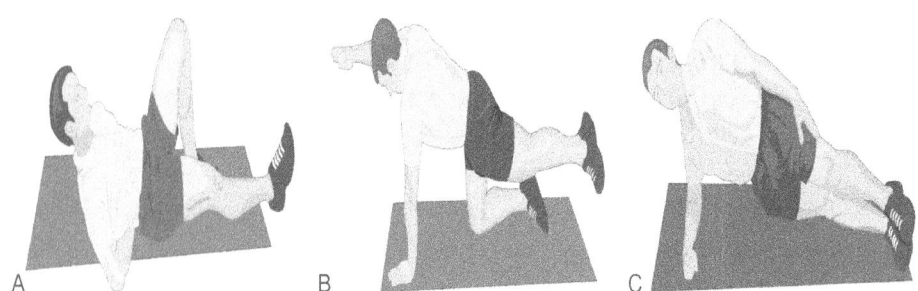

Figura 1. Los tres ejercicios clave descritos por McGill (2010). A) Curl-up; B) BirDog; C) Puente lateral.

Los demás ejercicios seleccionados deberán cumplir el principio de funcionalidad que el propio McGill et al. (2003) indica

> "Los buenos ejercicios de estabilización funcional serán aquellos que serán realizados reproduciendo patrones de estabilidad adecuados mientras son cubiertas otras tareas motrices simultáneamente".

Para ello, los ejercicios planteados deben realizarse con el criterio principal de mantener la zona neutra estabilizada de forma activa; es decir, que la curvatura lordótica lumbar se mantenga controlada y estabilizada por el sistema muscular- (**figura 2**).

Figura 2. Ejercicio funcional en tres tiempos.

El resto de ejercicios deben atender a tres movimientos principales: empuje y tracción por parte de los miembros superiores y presión por parte de los miembros inferiores (Colado et al., 2008). Estos movimientos serán desarrollados en el siguiente apartado. Sin embargo, esta recomendación general debe adecuarse para las personas de edad avanzada, para quienes debe existir una mayor proporción de ejercicios para los miembros inferiores y músculos anti-gravitatorios, puesto que son los más afectados en los procesos de sarcopenia (Bloomfield, 1997). Precisamente, debido a la importancia de los miembros inferiores para las actividades funcionales, principalmente de transportar, deambular, subir escaleras, esquivar obstáculos y levantarse de la silla, durante el proceso de selección de ejercicios se debe atender a un mayor número de ejercicios para los miembros inferiores que para los miembros superiores.

Obviamente, a la hora de elegir este tipo de ejercicios se debe atender al rango de movimiento articular considerado como funcional en cada sujeto, de modo que deberán estar operativos para que la persona pueda afrontar con éxito las AVD. Bien es cierto, que resulta muy complicado consensuar unos datos estándar puesto que existen muchas tareas en el quehacer cotidiano, además de las compensaciones que puede realizar el cuerpo humano gracias a su funcionamiento por cadenas cinéticas. Sin embargo, y para que sirva como punto de partida, a continuación (**Tabla 1**) son expuestos los grados entendidos como funcionales para diversas actividades en las principales articulaciones.

Tabla 1. *Resumen de los grados funcionales de movimiento de las articulaciones más importantes.*

Rodilla	Flexión	0-40°	Neitzel y Davies, (2000)
Articulación glenohumeral	Abducción	0-90°. Mayor abducción requerirá de una correcta coordinación con el cinturón escapular (Inman et al., 1944)	Durall et al. (2001)
Codo	Flexión	30-130°	Morrey et al. (1981)
Muñecas	Máxima capacidad de fuerza de prensión	30 ° de extensión	Inman et al. (1981)
Región Lumbar	Estabilización	Zona neutra (ni totalmente flexionada ni totalmente extendida)	McGill, (2010)

Ejercicios de prensión

Tal y como ha sido anticipado previamente se requerirá de un mayor número de ejercicios para los miembros inferiores debido a su importancia en los mayores, tanto para las actividades cotidianas de deambulación, como de equilibrio (Vermeulen et al., 2011; Samuel, Rowe, Hood, y Nicol, 2011). De entre todos los ejercicios posibles para la selección, la sentadilla (**figura 3**) destaca por su carácter funcional (Chulvi, 2009).

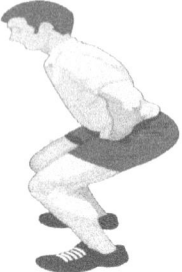

Figura 3. Ejercicio para miembros inferiores conocido como sentadilla o squat.

La variante de la sentadilla conocida como lunge (**figura 4**), también representa un ejercicio de gran transferencia y funcionalidad para las actividades de la vida diaria (Keogh, 1999), especialmente entre la población mayor (Keogh, 2003). Así, desde un punto de vista aplicado, Flanagan et al. (2004) han puesto de manifiesto las virtudes que a nivel biomecánico proporcionan las actividades similares al patrón de este ejercicio. Adicionalmente, Krtiz et al. (2010) destacan la importancia que tiene la faja lumbo-abdominal durante la correcta ejecución del lunge, por lo que su adecuada realización permitirá mejoras posturales, siempre y cuando se enfatice la correcta colocación de la columna.

Figura 4. Ejercicio para miembros inferiores conocido como lunge.

Igualmente, los flexores plantares requieren de un buen fortalecimiento para el mantenimiento del equilibrio y de la deambulación. De hecho, incluso un programa de fortalecimiento con un material muy económico como son las bandas elásticas, permitiría fortalecer los músculos dorso-flexores y plantar-flexores incrementando el equilibrio junto a la movilidad y la funcionalidad en personas mayores (Ribeiro et al., 2009).

Ejercicios de presión

Ejercicios donde el componente final de la fuerza implique separar la carga del cuerpo, o el cuerpo del punto de apoyo. Los ejercicios derivados de los "press" (para ampliar información acudir a Chulvi y Díaz, 2008) son muy útiles para las tareas de empujar y transportar. Con esta directriz se podrán seleccionar ejercicios que cubran esta situación, y se ajusten al perfil de condición física del mayor. Por ejemplo, un movimiento clásico y convencional son los fondos militares de brazos, pese a ser un ejercicio muy interesante, no todos los ancianos podrán ejecutarlo correctamente y con los patrones de seguridad necesarios, por lo tanto una adaptación del ejercicio aprovechando la pared puede resultar de gran interés (figura 5).

Figura 5. Ejercicio de empuje. Variante del ejercicio fondos militares aprovechando la pared.

Este tipo de ejercicio requiere de tensiones activas de la faja lumbo-abdominal para estabilizar la región lumbar, mientras se ejecuta un ejercicio para los miembros superiores (McGill et al., 2003). De la misma manera, este movimiento puede someterse a progresiones donde se enfaticen otras características de la condición física como por ejemplo realizar el ejercicio sobre apoyo mono-podal para hacer un mayor énfasis sobre la estabilidad.

Ejercicios de tracción

Ejercicios donde el componente final de la fuerza implique acercar la carga al cuerpo, o el cuerpo del punto de apoyo. En este caso los ejercicios de remo (figura 6) resultan muy acertados al cubrir con los requisitos necesarios de funcionalidad.

Figura 6. *Ejercicio representativo de tracción para miembros superiores, el remo.*

Al igual que en los ejercicios de presión, este ejercicio cumple con el requisito de funcionalidad expresado por McGill et al. (2003), y de la misma manera se pueden generar progresiones para hacer mayor hincapié en otras esferas de la condición física. Por ejemplo, la ejecución de este ejercicio desde una posición de lunge y con agarre unilateral, incrementará las demandas de estabilización lumbar contralateral y el equilibrio global de cuerpo.

Ejercicios de equilibrio

La disminución del equilibrio y, con ello el incremento de riesgo caída es mayor en personas de edad avanzada estando cuantificado que un tercio de las personas mayores de 65 años sufrirán una caída anual, elevándose a la mitad cuando nos referimos a personas de 80 años (Kannus, Sievänen, Palvanen, Järvinen y Parkkari, 2005; Feder, Cryer, Donovan y Carter, 2000). Esta situación resulta de alto riesgo, puesto que las personas de edad avanzada suelen estar afectadas por el síndrome de fragilidad (sarcopenia y osteoporosis) que los convierten en más propensos en sufrir fracturas y otras lesiones invalidantes. De hecho, las caídas y las lesiones derivadas representan un factor de mucha influencia en la mortalidad de este grupo de población (Kannus et al., 2005).

Figura 7. *Ejercicio representativo de mejora del equilibrio, tiempo en estancia monopodal.*

Puesto que el riesgo de caídas y el descenso del equilibrio son multifactoriales, el programa de intervención debe ser igualmente multifactorial (Gillespies et al., 2009). Dentro de las estrategias disponibles destacaría el programa de fuerza (incluido la potencia) para miembros inferiores y los ejercicios específicos de equilibrio (**figura 7**) (Kannus et al., 2005). Esta necesaria combinación la se pone de manifiesto al observarse mejoras sobre el equilibrio dinámico y estático en mujeres con una media de 69 años tras una intervención de 8 semanas donde se combinaban ejercicios de fortalecimiento de miembros inferiores y de equilibrio utilizando un dispositivo de equilibrio conocido como T-Bow (consistente en un medio arco de plástico, **ver figura 8**) (Chulvi-Medrano et al., 2009).

Figura 8. *Sesión de mejora del equilibrio con T-Bow del estudio Chulvi-Medrano et al., (2009).*

Incontinencia urinaria

La tasa de incidencia de la incontinencia urinaria se incrementa paralelamente con el paso de los años. Su prevalencia entre los mayores de 65 años alcanza el 28% entre los que habían padecido una incontinencia que precisaba una intervención de urgencias, y el 21% entre los que la padecían ocasionalmente (Sims et al., 2011). Si bien esta tasa difiere entre hombres y mujeres, alcanzando entre un 5.4% y el 15% entre los varones y una incidencia superior entre las féminas (Hampel et al., 2010). Entre las alternativas terapéuticas, de nuevo la que mejores resultados ha ofrecido por tratarse de una opción no invasiva es la realización de ejercicios de fortalecimiento de suelo pélvico (Goepel et al., 2010; Roe et al., 2011). Consecuente con la hora de prescribir este tipo de ejercicios se debería contactar con un personal cualificado en uro-ginecología para que la aconsejara y adiestrara en la valoración de esta patología y de los ejercicios más recomendados.

LA SELECCIÓN DE LOS INSTRUMENTOS DE ENTRENAMIENTO DESDE UNA PERSPECTIVA FUNCIONAL.

En la actualidad, el prescriptor de ejercicio físico dispone en el mercado de una gran variedad de elementos que permiten realizar el entrenamiento contra resistencias. Aunque las recomendaciones generales reiteran la importancia de realizar ejercicios en máquinas guiadas –debido principalmente a su mayor seguridad y facilidad de aprendizaje- (Chodzko-Zajko et al., 2009; Nelson et al., 2008), dentro del plano funcional en ocasiones podremos seleccionar otros elementos siempre que sea posible y asumible por la persona. No obstante, y debido a su gran proliferación en los centros de fitness y al crecimiento en el número de publicaciones donde se aplica a personas de edad avanzada se abordarán sucintamente a continuación las más demandadas.

Entrenamiento vibratorio

El entrenamiento vibratorio consiste en mantenerse encima, principalmente en bipedestación, de una plataforma que oscila a una frecuencia y amplitud determinada. La utilización de plataformas de vibración se ha extendido dentro de los tratamientos físicos en los geriátricos puesto es una alternativa/primer paso hacia el ejercicio físico de relativa facilidad de uso y que requiere de una escasa capacidad motora por parte de la persona. Esta metodología minimiza el esfuerzo consciente y de estrés de los sistemas fisiológicos involucrados en la ejecución del ejercicio físico (Santin-Medeiros y Garatachea, 2010). El entrenamiento de plataforma vibratoria ha obtenido resultados interesante sobre la densidad mineral ósea en ancianos (Prisby et al., 2008) pero también sobre la movilidad y el equilibrio de estas personas (Verschueren et al., 2004; Bogaerts et al., 2006), además de mejorar la fuerza muscular (Rees et al., 2008; Blottner et al., 2006; Machado et al., 2010).

Con el objetivo de ampliar la oferta de actividad física atractiva para las personas de edad avanzada, actualmente se están desarrollando actividades particulares basadas en evitar la monotonía y favorecer otros aspectos de la salud, como es la esfera psicológica y/o la esfera psíquica, así pues, actividades como Pilates, Yoga, Tai Chi o bailes se han introducido paulatinamente en las intervenciones saludables para personas de edad avanzada. Debido a esta creciente implantación, diversas revisiones científicas han puesto de manifiesto los principales efectos que estas disciplinas puedes desencadenar.

Pilates

Joseph Pilates desarrolló una sistemática de ejercicios específicos para sus condiciones personales y materiales que denominó el arte de la contrología. Desde entonces, principios de 1900, la metodología de Pilates se ha incluido en los programas de ejercicio físico, y debido a su filosofía de flexibilidad y fortalecimiento de bajo impacto se ha popularizado entre las personas de edad avanzada. No obstante, hay que advertir que muchos de los posibles beneficios promulgados por esta disciplina han sido puestos en tela de juicio por la evidencia científica. Por ejemplo, la investigación dirigida por Kuo et al. (2009), no reflejó mejoras sobre la hipercifósis torácica en una muestra de 34 personas de 60 años tras diez semanas de intervención con Pilates a razón de dos sesiones semanales. No obstante, los autores dejan constancia de la adherencia que generó la intervención, y sugieren, la posibilidad de encontrar mejoras en programas de mayor duración. Así mismo, resultan escasos los estudios específicos de ejercicios Pilates con población de edad avanzada. Como última limitación apuntada en los estudios específicos debe ser destacada la gran heterogeneidad de los protocolos de intervención denominados Pilates, que dificultan el consenso de los resultados y las conclusiones.

A pesar de estas limitaciones, en mujeres de edad avanzada (media de 66 años), de Siqueira Rodrigues et al. (2009) demostraron que un programa de 8 semanas de duración a razón de dos días semanales basado en la metodología de Pilates mejoraba la capacidad funcional y el equilibrio estático, que correlacionaba positivamente sobre la autopercepción de salud. El ejercicio físico basado en la metodología de Pilates, seleccionando adecuadamente los ejercicios, y adaptándolos, en las situaciones que lo requieran, resulta de gran interés para la población de edad avanzada, de hecho su aplicación se ha extendido con gran éxito al campo clínico, por ejemplo en pacientes con cáncer de mama (Evigor et al., 2010); fibromialgia (Altan et al., 2009) y post operatorios de artroplastias de rodilla y cadera (Levine et al., 2009).

Yoga

La gran variabilidad de los estilos de Yoga no permite establecer un consenso sobre la interacción del Yoga sobre las poblaciones de edad avanzada. No obstante, en la reciente revisión de Roland et al. (2011) queda determinado que el Yoga puede mejorar algunos componentes físicos de las personas mayores. Aunque bajo nuestro conocimiento ningún estudio científico se centra en sus beneficios en esta población, pueden intuirse sus efectos positivos sobre la fuerza y la resistencia muscular de los músculos encargados de la respiración como bien ha sido demostrado previamente en sujetos jóvenes sanos (Madonmahan et al., 2008).

Tai Chi

Al igual que el Yoga, el Tai Chi es una actividad que ha ganado popularidad entre las personas de edad avanzada por sus características menos agresivas frente a otras actividades físicas (Romero, 2010). Como terapia alternativa pueden obtener mejoras y beneficios a nivel físico, destacando, el incremento de las funciones físicas, específicamente del equilibrio, reducción de la sintomatología asociadas a diversas patologías, además de obtener mejoras en el plano psicológico (Romero, 2010; Liu et al., 2010).

Bailes

Resulta escasa la literatura al respecto, pero en 2009, Keogh y colaboradores desarrollaron una revisión recopilando todos los estudios disponibles donde se pretendía describir los efectos del baile sobre personas de edad avanzada. Aunque los autores advierten de la necesidad de ampliar la investigación puesto que existen muchas formas de baile. En cualquier caso se concluyó que el baile permite incrementar la potencia aeróbica, la resistencia general, la fuerza, la flexibilidad, el equilibrio y la agilidad (Keogh et al., 2009). Por lo tanto, las actividades de baile deberían estar presentes dentro de los programas de intervención para personas de edad avanzada.

EXPERIENCIAS PRÁCTICAS.

Las consideraciones sobre la funcionalidad del entrenamiento que han sido expuestas en el presente capítulo, se han llevado a la práctica en una planificación a largo plazo, dirigida por el Doctor Da Silva Grigoletto, en el Programa de Actividad Física para Mayores del Instituto Municipal de Deporte de Córdoba. Los resultados preliminares valorados con test de funcionalidad, entre los que destaca la batería de Rikli y Jones (1999), están mostrando la eficacia de este planteamiento sobre las mejoras funcionales en personas de edad avanzada, así como distintos dominios de la calidad vida valorados a través del cuestionario SF-36. En la tabla 2 se presenta un mesociclo orientativo destinado a la mejora funcional dentro de la propuesta de planificación anual del programa de Mayores IMD Córdoba

Tabla 2. *Mesociclo orientado al entrenamiento funcional (llamado útil y operativo) dentro de la planificación para la implantación de un programa de actividad física para mayores del Instituto Municipal de Deporte de Córdoba.*

Calidad		
Útil y operativo		
Abril	Mayo	Junio
Transportar	Empujar	Traccionar

Es importante aclarar que la carga interna de cada sesión es controlada a través de una escala de percepción del esfuerzo OMNI-resistance (0-10) propuesta por Robertson et al., (2003). La utilización de dicha escala parece necesitar un periodo de adaptación y aprendizaje con adecuadas instrucciones sobre su aplicación, habiéndose estimado dicho periodo entre 8 y 12 sesiones, donde el sujeto debe familiarizarse con su uso. La experiencia práctica de trabajar con personas mayores nos indicó la necesidad de adaptar la escala de percepción del esfuerzo a los mayores, dando lugar a la escala que se presenta en la figura 9.

Figura 9. Escala de percepción del esfuerzo OMNI-resistance (0-10). (Da Silva Grigoletto et al. (2011)

LIMITACIONES

Deben subrayarse la existencia de diversas limitaciones en relación con la investigación y del entrenamiento funcional en las personas de edad avanzada:

1) El ejercicio debe estar personalizado para obtener los mayores resultados para la persona, por lo que en muchas ocasiones resulta complicado diseñar un programa de intervención experimental idéntico.

2) Las dificultades de adherencia de este segmento de población exigen una gran variedad de ejercicios, que en muchas ocasiones

atiende más al componente motivacional (evitar la monotonía) que a requisitos fisiológicos.

3) La funcionalidad suele evaluarse con numerosas pruebas validadas que, en ocasiones, no corresponden con las necesidades funcionales personales y/o específicas de cada persona.

Teniendo en cuenta estas limitaciones a la hora de realizar las investigaciones y las implantaciones de programas de actividad física con referencia a la relación entrenamiento funcional y envejecimiento, el lector interesado debería acudir a los trabajos originales para indagar sobre la metodología y tipo de sujetos utilizado para poder interpretar los resultados obtenidos.

CONCLUSIONES

Como se ha desarrollado en este capítulo el entrenamiento funcional orientado a las personas de edad avanzada debe ajustarse a dos patrones. Por un lado la **Funcionalidad de carga** según la cual se debe mantener la progresión de carga ajustada al patrón de adaptación (relativamente más lento que en personas jóvenes, aunque con la misma magnitud de efecto). Los ejercicios con orientación excéntrica resultan una alternativa eficaz para comenzar un programa de entrenamiento, mientras que el entrenamiento de alta velocidad (potencia) debe ir incorporándose paulatinamente al programa de entrenamiento. Por otro lado la **Funcionalidad de ejercicios** según la cual debe atenderse a posibles descompensaciones musculares y ajustar los ejercicios a dichas situaciones. Se deberá dedicar más ejercicios a los miembros inferiores, tanto de fuerza como de equilibrio debido a su importancia en las personas de edad avanzada y siempre que sea posible se ubicarán estos ejercicios al principio de la sesión. Es conveniente atender en primer lugar a la estabilidad de la región lumbar y progresar hacia ejercicios que requieran de la participación de los músculos estabilizadores de la región lumbar. Si bien para miembros superiores se seleccionarán ejercicios de tracción y de empuje.

No se debe olvidar hacer una adecuada selección (funcional) de los dispositivos de entrenamiento siempre que sea posible, debido a las diferentes características en los perfiles y curvas de resistencia que generan. Para este fin podrán emplearse otras actividades de gran aceptación y popularidad como pilates, yoga, tai-Chi o los bailes que permitirán un mayor grado de adherencia al programa de entrenamiento además de incidir en otras esferas como son la social y la psicológica.

REFERENCIAS

- Altan L, Kormaz N, Bingol U, Gunay B. (2009). Effect of pilates training on people with fibromyalgia syndrome: a pilot study. *Arch Phys Med Rehabil* 90 (12):1983-8.
- Bloomfield SA. Changes in musculoskeletal structure and function with prolonged bed rest. (1997). *Med Sci sports Exerc* 29: 197-206.
- Blottner D, Salanova M, Puttnam B. (2006). Human skeletal muscle structure and function preserved by vibration muscle exercise following 55 days of bed rest. *Eur J Appl Physiol* 97: 261–71.
- Bogaerts A, Verschueren S, Delecluse Ch, Claessens AL, Boonen S. (2007). Effects of whole body vibration training on postural control in older individuals: A 1 year randomized controlled trial. *Gait y Posture* 26: 309-316.
- Cartee GD. (1994) Aging skeletal muscle: response to exercise. *Exerc Sports Sci Rev* ; 22:91-120.
- Chodzko-Zajko WJPD, Fiatarone Singh MA, Minson CT, Nigg CR, Salem GJ y Skinner JS. (2009). American college of sports medicine position stand: exercise and physical activity for older adults. *Med Sci Sports Exerc*; 41: 1510–30.
- Chulvi Medrano, I. y Díaz Cantalejo, A. (2008). Eficacia y seguridad del press de banca. Revisión. *Rev Int Med Ciencias Act Fís y Deporte.* 8(32): 338-352.
- Chulvi-Medrano I, Colado JC, Pablos C, Naclerio F y García-Massó X. (2009). A lower-limb training program to improve balance in healthy elderly women using the T-bow device. *Phys Sportsmed.* 37(2):127-35.
- Chulvi-Medrano I. (2009). Revisión narrativa del rol de la sentadilla en los programas de acondicionamiento neuromuscular y rehabilitación. *Rev Iberoam Fisioter Kinesiol.* 12 (1): 35-45.
- Colado JC y Chulvi I. (2008). Los programas de acondicionamiento muscular en las diferentes etapas de desarrollo madurativo y en determinadas alteraciones orgánicas. En Rodríguez PL (ed) *Ejercicio físico en salas de acondicionamiento muscular. Bases científico-médicas para una práctica segura y saludable.* Madrid: Panamericana; pp 128-153.
- Colado JC. Chulvi I y Heredia JR. (2008). Criterios para el diseño de los programas de acondicionamiento muscular desde una perspectivca funcional. En Rodríguez PL (ed) *Ejercicio físico en salas de acondicionamiento muscular. Bases científico-médicas para una práctica segura y saludable.* Madrid: Panamericana. pp 154-167.
- Da Silva-Grigoletto M.E (2010). Conferencia CAPACITALIA. Programas de Ejercicio Físico en Personas Mayores de Córdoba.
- Da Silva LL y Farinatti PTV. (2007). Influence of counter-resistance training variables on elderly muscular strength: a systematic review with emphasis on dose/response relationships. *Rev Bras Med Esporte*; 13 (1):51-57.

- De Siqueira Rodrigues B, Ali Cader S, Bento Torres NVO, de Oliveira EM y Dantas EHM (2009). Pilates method in personal autonomy, static balance and quality of life of elderly females. *J Bodywork y Mov Therapies*; 14: 195-202.
- De Vreede PL, Samson MM y Va Meetern NL (2005). Functional-task exercise versus resistance strength exercises to improve daily function in older women: a randomized controlled trial. *J Am Geriatr Soc*; 53:2-10.
- Dumoulin C y Hay-Smith J. (2010) Pelvic floor muscle training versus no treatment, or inactive control treatments, for urinary incontinence in women. *Cochrane Database Syst Rev*; (1):CD005654.
- Durall ChJ, Manske RC y Davies GJ. (2001). Avoiding shoulder injury from resistance training. *Strength y Cond J*; 23 (5): 10-18.
- Eyigor S, Karapolat H, Yesil H, Uslu R y Durmaz B. (2010) Effects of pilates exercises on functional capacity, flexibility, fatigue, depression and quality of life in female breast cancer patients: a randomized controlled study. *Eur J Phys Rehabil Med*; 46(4):481-7.
- Feder G, Cryer C, Donovan S y Carter Y.(2000) Guidelines for the prevention of falls in people over 65. The guidelines' Dev group. *BMJ*; 321:1007-1011.
- Fiatarone M, Evans W. (1993). The etiology and reversibility of muscle dysfunction in the lederly. *J Gerontol*; 48: 77-83.
- Fiatarone MA, Marks EC, Ryan ND, Meredith CN, Lipsitz LA y Evans WJ. (1990). High-intensity strength training in nonagenarians. *JAMA*; 263 (22): 3029-3034.
- French B, Thomas LH, Leathley MJ, Sutton Ch J, McAdam J, Forster A, Langhorne P, Price Ch IM, Walker A y Watkins CL. (2009) Repetitive task training for improving functional ability after stroke. *Stroke*; 40: e98-e99.
- Galiano D. (2004). El aparato locomotor del mayor: incidencias y utilización del ejercicio como estrategia de prevención. P 432. En Marcos JF, Galiano D (coord.). *Ejercicio, salud y longevidad*. Sevilla: Consejería de Turismo y Deporte;
- Gillespie LD, Gillespie WJ, Robertson MC, Lamb SE, Gumming RG, Rowe BH. (2009) WITHDRAWN: Interventions for preventing falls in elderly people. *Cochrane Database Syst rev* ; 15 (2): CD 000340.
- Goepel M, Kirschner-Hermanns R, Welz-Barth A, Steinwachs KC, Rübben H. (2010) Urinary incontinence in the elderly: part 3 of a series of articles on incontinence. *Dtsch Arztebl Int.* 107(30):531-6.
- Gusi N, Raimundo A, Leal A. (2006) Low-frequency vibratory exercise reduces the risk of bone fracture more than walking: a randomized controlled trial. *BMC Musculoskelet Disord*. 7:92.
- Hakkinen K, Newton RU, Gordon Se et al. (1998) Changes in muscle morphology, electromiographic activity, and forcé production characteristics during progressive strength training in Young and older men. *J Gerontol A Biol Sci Med Sci.* 53: B414-423-
- Harridge SDR, Pearson SJ, Young A (1999a) Muscle power loss in old age: functional relevance and effects of training. In: Capodaglio P, Narici MV (eds) *Physical activity in the elderly. Maugeri Foundation Books and PI-ME Press*, Pavia, pp 123– 37.

- Inman VT, Ralston HJ, Todd F. (1981). *Human Walking*. Baltimore: Williams y Wilkins.
- Inman VT, Saubnders M, Abbot LC. (1944). Observations on the function of the shoulder joint. *J Bone Joint Surg*; 26A: 1-32. Inokuchi S, Ishikawa H, Iwamoto S, Kimura T.(1975) Age-related changes in the histological composition of the rectus abdominis muscle of the adult human. Hum Biol. May; 47(2):231-49.
- Kannus P, Sievänen H, Palvanen M, Järvinen T, Parkkari J. (2005) Prevention of falls and consequent injuries in elderly people. *Lancet*; 366: 1885-93.
- Keogh JW, Kilding A, Pidgeon P, Ashley L, Grillis D. (2009) Physical benefits of dancing for healthy older adults: a review. *J Aging Phys Act*; 17 (4): 479-500.
- Keogh J. (1999). Lower body resistance training: improving functional performance with lunges. *Strength and Conditioning*; 21(1), 67-72.
- Keogh JWL.(2003). Improving the functional ability of the elderly with resistance-training. *Strength y Cond J*; 25(1), 26-28.
- KritzM, CroninJ, HumeP (2010). Using the body weight forward lunge to screen an athlete's lunge pattern. *Strength y Cond J*. 31 (6):15-24.
- Kuo YL, Tully EA, Galea MP (2009). Sagittal spinal posture after Pilates-based exercise in healthy older adults. *Spine*. 34(10):1046-51.
- LaStayo PC, Woolf JM, Lewek MD, Snyder-Mackler L, Reich T, Lindstedt SL. (2003) Eccentric muscle contractions: their contribution to injury, prevention, rehabilitation, and sport. *J Orthop Sports Phys Ther*. 33(10):557-71.
- Lang T, Streeper T, Cawthon P, Baldwin K, Taaffe DR, Harris TB. (2010). Sarcopenia: etiology, clinical consequences, intervention, and assessment. *Osteoporos Int*. 21:543–59.
- Levine B, Kaplanek B, Jaffe WL. (2009). Pilates training for use in rehabilitation after total hip and knee arthroplasty: a preliminary report. *Clin Orthop Relat Res*.; 467(6):1468-75.
- Lexell J, Downham D, Sjostrom M. (1986). Distribution of different fibre types in human skeletal muscles. Fibre type arrangement in m. vastus lateralis from three groups of healthy men between 15 and 83 years. *J Neurol Sci*: 72: 211–222.
- Liu H, Frank A. (2010). Tai Chi as a balance improvement exercise for older adults: a systematic review. *J Geriatr Phys Ther*; 33 (3): 103-109.
- Lord SR, Lloyd Dg, Nirui M, Raymond J, Williams P, Stewart RA. (1996). The effect of exercise on gait patterns in older women: a randomized controlled trial. *J Gerontol Biol Sci Med Sci*; 51: M64-M70.
- Machado A, García-Lopez D, Gonzalez-Gallego J, Garatachea N. (2010). Whole-body vibration training increases muscle strength and mass in older women: a randomized-controlled trial. *Scand J Med Sci Sport*; 20:200–7.
- Madonmahan, Mahadevan SK, Balakrisshnan S, Gopalakrishnan M, Prakash ES. (2008). Effect of six weeks yoga training on weigth loss following step test, respiratory pressures, handgrip strength and handgrip endurance in young healthy subjects. *Indian J Physiol Pharmacol*. 52(2): 164-170.

- Manini TM, Marko M, Van Arnam T, et al. (2007). Efficacy of resistance and task-specific exercise in older adults who modify tasks of everyday life. *J. Gerontology Medical Sciences.* 62: 616-623.
- Manini TM, Pahor M. (2009). Physical activity and maintaining physical function in older adults. Br *J. Sports Med.* 43: 28-31.
- McGill SM. (2010). Core Training: Evidence Translating to Better Performance and Injury Prevention. *Strength y Cond J.* 32 (3): 33-46.
- McGill, S.M., Grenier, S., Kavcic, N. y Cholewicki, J. (2003). Coordination of muscle activity to assure stability of the lumbar spine. *J Electromyography y Kinesiology* 13(4), 353-9.
- Merriman H, Kurt J. (2009). The effects of whole-body vibration training in aging adults: A systematic review. *J Geriatric Physical Therapy.* 32(3): 134-145.
- Mizuno M. (1991). Human respiratory muscles: fibre morphology and capillary supply. *Eur Respir J.* 4(5):587-601
- Morrey BF, Askew LJ, An KN et al. (1981) A biomechanical study of normal functional elbow motion. *J Bone Joint Surg*; 63A: 872-876.
- Neitzel JA, Davies GJ. (2000).The benefits and controversy of the parallel squat in strength training and rehabilitation. *Strength y Conditioning J.* 22(3):30-37.
- Nelson ME, Rejeski WJ, Blair SN, Duncan PW, Judge JO, King AC, Macera CA, Castaneda-Sceppa C. (2007) Physical activity and public health in older adults: Recommendations from the American College of Sports Medicine and the American Heart Association. *Med Sci Sports Exerc.* 39 (8): 1435-1445.
- Nied RJ, Franklin B. (2002). Promoting and prescribing exercise for the elderly. *Am Fam Physician* 65: 419-426.
- O'Neill K, Reid G. (1991) Perceived barriers to physical activity by older adults. *Can J Public Health* 82: 392-396.
- Orr R. (2010). Contribution of muscle weakness to postural instability in the elderly. A systematic review. *Eur J Phys Rehabil Med*; 46: 183-220.
- Palacios-Ceña D, Jiménez-García R, Hernández-Barrera V, Alonso-Blanco C, Carrasco-Garrido P, Fernández de las Peñas C. (2010).Has the prevalence of disability increased over the past decade (2000-2007) in elderly people? A Spanish population-based survey. *J Am Med Dir Assoc.* in press.
- Peterson MD, Rhea MR, Sen A, Gordon PM. (2010). Resistance exercise efor muscular strength in older adults: A meta-analysis. *Ageing Research Reviews*; 9: 226-237.
- Prisby RD, Lafage-Proust MH, Malaval L, Belli A, Vico L.(2008) Effects of whole body vibration on the skeleton and other organ systems in man and animal models: what we know and what we need to know. *Ageing Res Rev*; 7: 319– 29.
- Purath J, Buchholz SW, Kark DL. (2009). Physical fitness assessment of older adults in the primary care stting. *J Am Acad Nurse Pract*; 21 (2): 101-107.
- Ratamess NA, Alvar BA, Evetoch TK, Housh TJ, Kibler WB, Kramer WJ, Triplett NT.(2009) Position Stand. Progression models in resistance training for healthy adults. *Med Sci Sports Exerc*; 41 (3): 687-708.

- Rees SS, Murphy AJ, Watsford ML. (2008). Effects of whole-body vibration exercise on lower-extremity muscle strength and power in an older population: a randomized clinical trial. *Phys Ther*; 88: 462–70.
- Rhea MR, Alvar BA, Burkett LN, Ball SD. (2003) A meta-analysis to determine the dose response for strength development. *Med Sci Sports Exerc*; 35 (3): 456-464.
- Ribeiro F, Teixeira F, Brochado G, Oliveira J. (2009) Impact of low cost strength training of dorsi-and plantar flexors on balance and functional mobility in institutionalizaed elderly people. *Geriatr Gerontol Int*. 9: 75-80.
- Rikli RE, Jones CJ. (1999). Development and validation of a functional fitness test for community-residing older adults. *J. Aging Phys Act*. 7:127-159.
- Robertson, RJ; F.L Goss, J.; Rutkowski, B.; Lenz, C.; Dixon, J; Timmer, K.; Frazee, J; Dube, an J. Andreacci. (2003) Concurrent Validation or de OMNI Percerved Exertion Scale for Resistante Exercise. *Med Sci Sports Exerc*. 35(2): 333-341.
- Roeb B., Flanagan L., Jack B., Barrett J., Chung A., Shaw C., Williams K. (2011) Systematic review of the management of incontinence and promotion of continence in older people in care homes: descriptive studies with urinary incontinence as primary focus. *Journal of Advanced Nursing*. 67(2), 228–250.
- Rogers MA, Evans WJ. (1993). Changes in skeletal muscle with aging: effects of exercise training. *Exerc Sports Sci Rev*; 21:65-102.
- Roig M, Macintyre DL, Eng JJ, Narici MV, Maganaris CN, Reid WD. (2010). Preservation of eccentric strength in older adults: evidence, mechanisms and implications for training and rehabilitation. *Exp Gerontol*; 45 (6): 400-409.
- Roland KP, Jakobi JM, Jones GR. (2011). Does yoga engender fitness in older adults? A critical review. *J Aging Phys Act*; 19 (1): 62-79.
- Romero A. (2010). Efectos del Tai Chi sobre la calidad de vida relacionada con la salud en los mayores. Rev *Esp Geriatr Gerontol*; 45:97-102.
- Ross MR, Rice CL, Vandervoort AA. (1997) Age-related changes in motor unit function. *Muscle Nerve*. 20: 679-690.
- Samuel D, Rowe P, Hood V, Nicol A. The biomechanical functional demand placed on knee and hip muscles of older adults during stair ascent and descent. *Gait Posture* 201; 34(2):239-44.
- Santin-Medeiros F, Garatachea N. (2010). Efectos musculoesqueléticos del entrenamiento con vibraciones en ancianos. *Rev Esp Geriatr Gerontol*; 45 (5):281-284.
- Serra-Rexach JA, Bustamante-Ara N, Hierro M, González P, Sanz MJ, Blanco N, Ortega V, Gutiérrez N, Marín AB, Gallardo C, Rodríguez G, Ruiz JR, Lucia A. (2011). Short-term, light-to moderate-intensity exercise training improves leg muscle strength in the oldest old: A randomized controlled trial. *J Am Geriatr Soc*. 59: 594-602.
- Shepard RJ. (1993) Exercise and aging: extending Independence in older adults. *Geriatrics*. 48 (5): 61-64.
- Skelton DA, McLaughlin AW. (1996). Training functional ability in old age. *Physiotherapy*. 82 159-167.

- Soiza RL. (2010). Optimising whole body vibration training for use in older people. *Age y Ageing* 39 (1): 141.
- Takashi Abe, Mikako Sakamaki, Tomohiro Yasuda, Michael G. Bemben, Masakatsu Kondo, Yasuo Kawakami and Tetsuo Fukunaga.(2011) Age-Related, Site-Specific Muscle Loss in 1507 Japanese Men and Women Aged 20 to 95 Years. *J Sports Sci Med.* 10: 145 – 150.
- Tan B. (1993). Manipulating resistance training program variables to optimize maximum strength in men: a review. *J Strength Cond Res.* 13(3): 289-304.
- Tschopp M, Sattelmayer MK, Hilfiker R. (2011). Is power training or conventional resistance training better for function in elderly person? A meta-analysis. *Age Ageing.* 40 (5): 549-556.
- Vermeulen J, Neyens JC, van Rossum E, Spreeuwenberg MD, de Witte LP. (2011). Predicting ADL disability in community-dwelling elderly people using physical frailty indicators: a systematic review. *BMC Geriatr.* 11(1):33.
- Verschueren SMP, Roelants M, Delecluse C, Swinnen S, VanderschuerenD, Boonen S. (2004). Effect of 6-monthwhole body vibration training on hip density, muscle strength, and postural control in postmenopausal women: a randomized controlled pilot study. *J Bone Miner Res.* 19: 352–9.

Capítulo 9

PRESCRIPCIÓN Y PROMOCIÓN DE ACTIVIDAD FÍSICA EN PACIENTES AFECTADOS POR DOLOR LUMBAR COMÚN

Borja del Pozo Cruz

INTRODUCCIÓN

La salud es, probablemente, una de las temáticas de mayor sensibilización social en la actualidad en las sociedades industrializadas. La preocupación por la misma se debe al aumento de enfermedades crónicas metabólicas, cardiovasculares y del aparato locomotor, derivadas de un estilo de vida que sigue el principio del "5 demasiados y 1 poco" (Tal como apunta el Dr. Marcos Becerro); Es decir, exceso de alimento, tabaco, alcohol, fármacos, una elevada presencia de factores estresantes, y la ausencia, casi total, de actividad física. Invertir este principio pasa por una acción que modifique, sin dejar paso a la arbitrariedad, la conducta de todos los individuos de la sociedad, tornando hacia estilos de vida más activos (mediante la actividad física) y saludables (correcta alimentación, entre otras), desde la infancia y actuando en todas edades. Aunque la actividad física puede atenuar el efecto de una enfermedad crónica y mejorar la calidad de vida de los individuos, no toda la actividad física es adecuada en todos los casos. Es necesario conocer bien tanto el nivel biológico de los pacientes a los que estamos diseñando las actividades como su perfil social y psicológico (tratando al individuo como una unidad funcional con características biológicas, psicológicas y sociales) para una correcta planificación y adecuación de los planes de actividad física que ayuden a mejorar su condición actual. En este capítulo, además de acercar conceptualmente el dolor lumbar común y el impacto que éste produce, se darán pautas sobre cómo prescribir y llevar a cabo programas de actividad física adecuada tanto para la prevención del dolor lumbar como para atenuar el impacto y mejorar la calidad de vida de aquellos pacientes que padecen dicha afección de manera crónica.

ENTENDIENDO EL DOLOR LUMBAR COMÚN

El dolor lumbar es una de las afecciones más antiguas y frecuentes en el ser humano. El 80% de la población lo padece en algún momento de su vida (Waddell, 1991). Su incidencia anual es del 10%-15% y su prevalencia del 15%-45%. En la mayoría de las ocasiones el dolor es transitorio, con tendencia a la mejora completa de forma espontánea, progresiva y rápida. Pese a esta declaración, el dolor es recurrente (vuelve a aparecer) en un 60% y se vuelve crónico en el 10% de los casos (Andersson, 1999; Skovron, 1992). La literatura científica internacional pone de manifiesto que el 80% del total de costes atribuibles al dolor lumbar son consumidos por este pequeño grupo de pacientes que desarrollan síntomas crónicos (Hashemi, Webster, Clancy, & Volinn, 1997; Murphy & Courtney, 2000) y sitúa a nuestro país en cabeza en la magnitud del problema en comparación con los países de la Unión Europea (Gonzalez Viejo & Condon Huerta, 2000). Según los últimos datos nacionales disponibles, el dolor lumbar supone un promedio de un 12,5% del total de bajas laborales, con un intervalo que va desde el 11,4% en el año 2000 hasta el 14,1% en 2004 (lo que supone una media anual de 2.214.907 jornadas no trabajadas). El coste medio anual total por las jornadas no trabajadas debido a dolor lumbar en el período estudiado representa un 10,7% del dinero devengado en el total por incapacidad temporal, llegando a 195 millones de euros al año (Salvans & Gonzalez-Viejo, 2008). El dolor lumbar es por lo tanto, un problema de salud importante debido en parte a su alta prevalencia, pero principalmente a su potencial para causar sufrimiento en las personas y los enormes costes que esto conlleva, no sólo al sistema de salud, sino a la sociedad en su conjunto.

En este capítulo, y pese a que varían las definiciones de unos autores a otros, de forma pragmática consideramos el dolor lumbar como el dolor experimentado de la región de la espalda baja y que tenga carácter musculo-esquelético (Croft, Papageorgiou, Thomas, Macfarlane, & Silman, 1999). Los pacientes donde el dolor se irradia hacia la pierna(s) (a menudo denominado "ciática") suelen ser también incluidos en el grupo de pacientes con dolor lumbar, donde el dolor emana de las estructuras en la parte posterior (Hill, et al., 2008). La lumbalgia es idiopática o inespecífica (normalmente denominada común por su prevalencia) en un 85% de los casos, no pudiendo identificar la causa original dolor (Airaksinen, et al., 2006), realidad que nos lleva a enfocar la terapia desde una perspectiva bio-psicosocial; es decir, atendiendo tanto a factores sociales y conductuales como a los factores biológicos que pueden rodear al dolor. En base a la duración del episodio, y aunque no todos los autores coinciden en esta definición, son generalmente aceptados tres subgrupos de dolor lumbar común: agudo (el que no supera las 4-6 semanas de duración), subagudo (el que dura de 4-6 a 12 semanas de duración) y crónico (aquel cuya duración supera las 12 semanas) (Koes et al., 2010). En este capítulo haremos referencia al dolor lumbar común con el objetivo de prevenir nuevos episodios o mejorar la calidad de vida de aquellos pacientes que padecen dicha afección de forma crónica, intentando que estos pacientes adquieran hábitos de vida más activos y saludables.

ACTIVIDAD FÍSICA Y DOLOR LUMBAR COMÚN

El dolor de espalda común puede producir incapacidad funcional (Kovacs, Seco, Royuela, Pena, & Muriel, 2011), afectando al desarrollo normal de las actividades de la vida diaria, y mermando como consecuencia a la calidad de vida relacionada con la salud (Fayad et al., 2004). Además, esta situación puede provocar que el sujeto afectado torne hacia un estilo de vida aún más sedentario, y como consecuencia puedan surgir enfermedades crónicas propias de estilos de vida sedentarios como sobrepeso, obesidad, diabetes o hipertensión (Lakka et al., 2003). Ante este panorama, los posibles objetivos que se pretenden con los tratamientos de dolor lumbar común son, por un lado, aliviar el dolor en la medida de lo posible, mejorar la deficiencia, optimizar la capacidad funcional y favorecer el desarrollo de las actividades de la vida diaria (entre ellas el trabajo), reducir las alteraciones psicológicas y conductuales (ansiedad, depresión y evitación o miedo al dolor), evitar la asunción del rol de enfermo y aumentar el estado de salud global (calidad de vida relacionada con la salud) del paciente (García Pérez & Alcántara Bumbiedro, 2003); y por otro lado, una vez se ha conseguido restablecer el estado funcional normal del paciente, provocar en él un estilo de vida más activo y saludable, para evitar nuevos episodios o atenuar los efectos que el dolor lumbar común crónico pueda tener sobre el paciente.

Uso de la actividad física en el tratamiento y prevención en pacientes afectados por dolor lumbar común

La evidencia científica, bajo el modelo bio-psico-social del dolor de espalda (Waddell, 1987), reconoce la contribución de factores biológicos, psicológicos y sociales como componentes del dolor de espalda y el riesgo de cronicidad del mismo, reemplazando al modelo biomédico tradicional en el entendimiento y manejo de dicha afección (Waddell, 2005). Por tanto, es necesario atender a dichos componentes cuando se trata el dolor lumbar común. En este sentido, la combinación de tratamientos farmacológicos (apartado no examinado en este capítulo) (Kovacs et al., 2006) junto a otras terapias no farmacológicas, como las terapias físicas (pasivas o activas – actividad física-) (Airaksinen et al., 2006; Burton et al., 2006; van Tulder et al., 2006), terapias cognitivo-conductuales o de educación para la salud (Johnson et al., 2007), parecen ser efectivas en la prevención tanto primaria como secundaria en pacientes afectados por dolor lumbar común. Con un objetivo pragmático, en este capítulo se desarrollará fundamentalmente las terapias físicas basadas en actividad física como terapia física activa.

¿Realmente la actividad física es útil en pacientes con dolor lumbar común?

Desde hace tiempo, se admite, de forma consensuada, que la actividad física es una terapia activa que desempeña un papel clave en el tratamiento de del dolor lumbar común (Gracey, McDonough, & Baxter, 2002), además de representar una terapia relativamente barata. Mucho se ha especulado sobre la forma concreta en que actúa la actividad física en pacientes con lumbalgia común y que efectos se desprenden de su aplicación durante el tratamiento. En este sentido no existe una fuerte evidencia científica de que la actividad física pueda aliviar el dolor, aunque sí puede aumentar la tolerancia al mismo (Mannion, Taimela, Muntener, & Dvorak, 2001), lo que puede servir como base para la realización de una actividad física continuada y beneficiarse así de una mejora en las alteraciones de las propiedades morfo funcionales de la musculatura, en especial la extensora (Verna et al., 2002), estabilizar segmentos raquídeos logrando un control automático y subconsciente de las secuencias normales de activación y relajación muscular y evitando sinergias inadecuadas (Richardson et al., 2002); aumentar el rendimiento cardiovascular y la capacidad funcional; y reducir la discapacidad producida por el dolor (van der Velde & Mierau, 2000), a parte de los conocidos efectos que la actividad física tiene sobre los individuos (Grosclaude & Ziltener, 2010). A nivel preventivo, los factores por los que la actividad física puede ser beneficiosa ante el dolor lumbar común son varios: fortalecimiento de la musculatura de la espalda, incremento de la flexibilidad del tronco, aumento del aporte sanguíneo regional para reducir posibles lesiones locales y favorecer la reparación tisular; y mejora del estado anímico, mejorando por ello la percepción del dolor (Linton & van Tulder, 2001). Pero estos beneficios dependen de cada sujeto y del tipo en que el dolor lumbar común se presenta (agudo, subagudo o crónico) y es que en función de las características biológicas, psicológicas y sociales el impacto del dolor lumbar común puede ser diferente. Por tanto, la utilidad de los programas de actividad física dependerá de las características de de cada paciente biológicas, psicológicas y sociales. A nivel de evidencia científica, se admite que la actividad física es más beneficiosa en pacientes crónicos que en agudos y subagudos (García Pérez & Alcántara Bumbiedro, 2003), aunque en estos también es posible reducir el nivel de riesgo de cronicidad de la afección (Wright, Lloyd-Davies, Williams, Ellis, & Strike, 2005). Por tanto, es posible beneficiarse de la realización de programas de actividad física en pacientes afectado con dolor lumbar en cualquiera de sus formas, siempre y cuando ésta se prescriba y se realice de forma adecuada.

Recomendaciones generales para la prescripción de actividad física en pacientes afectados con dolor lumbar común

En los pacientes con dolor lumbar común, como en todas las poblaciones patológicas, hemos de huir de prescripciones estereotipadas, ya que como hemos visto, el ejercicio físico ha de adaptarse a las necesidades bio-psico-sociales de los individuos (o ejecutar en niveles en programas colectivos). Un aspecto importante a nivel general, es que la intensidad en que la actividad física se ejecuta ha de ser gradual, independientemente de la presencia de dolor, explicándole al paciente que eso no resulta perjudicial (Cohen & Rainville, 2002). Son muchos los tipos de programas de actividad física de efectividad comprobada que se han descrito en la literatura científica a lo largo de las últimas décadas;

desde programas tradicionales en seco (con implementos como pesos o no, que ayudan al fortalecimiento de la musculatura y al mantenimiento de su funcionalidad, mejorando la calidad de vida de los usuarios de dichos programas) (Chatzitheodorou, Kabitsis, Malliou, & Mougios, 2007), a programas realizados en agua caliente (que, por las propiedades del agua caliente, pueden aumentar la tolerancia al dolor y por tanto ser usados en pacientes con un alto grado de dolor) (Waller, Lambeck, & Daly, 2009) o usando dispositivos vibratorios (que mejoran la incapacidad funcional y la calidad de vida de pacientes afectados de forma crónica mediante breves sesiones) (del Pozo-Cruz et al., 2011) u otro tipo de dispositivos y máquinas de alta tecnología. En cada paciente determinado hay que decidir, en base a sus características bio-psico-sociales, qué objetivos se pretenden lograr con el programa de actividad física para seleccionar el más adecuado (o la combinación más adecuada), ya que el modo de actuación de los mismos dependerá de cuáles y cómo se realicen. A nivel general los programas de actividad física conllevan ejercicios de coordinación, correctivos, estabilizadores, de equilibrio, de flexibilidad, de fortalecimiento y resitencia haciendo hincapié en los músculos que integran el multificio sin descuidar el resto de la musculatura y el acondicionamiento cardiorespiratorio, para lograr los objetivos propuestos.

¿Cuándo comenzar un programa de actividad física en pacientes con dolor lumbar común? Recomendaciones y contraindicaciones

Como hemos comentado, el tipo de dolor lumbar (que junto al resto de condiciones patológicas que pueda tener un individuo y naturales conforman el plano biológico del individuo), además de las características psico-sociales de los pacientes determina el impacto que la afección presenta sobre el individuo. Además, determina el comienzo del programa de actividad física. Es decir, no es lo mismo un episodio agudo de dolor lumbar común, que uno sub agudo o crónico (ya como hemos comentado anteriormente, el dolor no debe ser una limitación a la hora de prescribir actividad física). Ante un episodio agudo, donde el 75% de los casos se resuelven de forma espontanea en 4 semanas, la evidencia científica no muestra un claro posicionamiento a favor de la práctica de actividad física durante este episodio, ya que no ha mostrado ser capaz de acelerar el proceso de recuperación/disminución de la incapacidad funcional que este produce (Humbría, Carmona, Ortiz, & Peña Sagredo, 2002). Lo que sí es recomendable y favorece el retorno a la actividad normal es mantenerse activo en vez de parado para mejorar la recuperación y reducir la incapacidad funcional (Hilde, Hagen, Jamtvedt, & Winnem, 2002). Por otro lado, parece claro que el momento ideal para comenzar un programa de actividad física ante un episodio de dolor lumbar común es en la fase sub aguda, a lo que algunos autores denominan como una ventana de oportunidad para el éxito en el tratamiento (Slater et al., 2009). Por otro lado, la evidencia científica señala que en este momento, la actividad física no ha mostrado beneficios superiores a otras técnicas complementarias (Burton et al., 2006; van Tulder et al., 2006) , aunque sí la combinación de actividad física con terapias conductuales o de educación para la salud del paciente (Molde Hagen, Grasdal, & Eriksen, 2003). Por lo tanto, en esta fase, es conveniente combinar la actividad física con otro tipo de terapias que puedan influir en la recuperación, como pueden ser conductuales de evitación al dolor o educacionales en ámbito ocupacional. Cuando el episodio de dolor lumbar común alcanza el estado crónico, el ejercicio físico se vuelve más útil de manera solitaria. En este sentido, la literatura científica pone de manifiesto dicha utilidad y recomienda la actividad física continuada como tratamiento integral (Airaksinen et al., 2006; Bogduk, 2006).

¿Qué cualidades físicas conviene entrenar en un paciente con dolor lumbar común?

Las cualidades físicas que se han de trabajar en pacientes afectados por dolor lumbar común, al igual que en la población general, son aquellas que se relacionan con la salud incidiendo en la zona afectada y estructura implicada en dicha zona;

- *Resistencia cardiorespiratoria:* a nivel general, una persona se considera que tiene resistencia cardiorespiratoria cuando no se fatiga fácilmente o cuando es capaz de continuar un esfuerzo en estado de fatiga. En los pacientes con dolor de espalda se produce una disminución en el nivel de actividad física bien por persistencia del dolor o bien por evitación al dolor, y como consecuencia una disminución de la resistencia cardiorespiratoria (Verbunt et al., 2005), incapacitando al individuo en la realización de las actividades de la vida cotidiana de primer orden. Pero además, en los pacientes afectados por dolor lumbar común se puede dar el caso de una mala vascularización de la zona, afectando negativamente al dolor lumbar.

- *Fuerza:* la fuerza es la capacidad muscular para vencer o mantener una resitencia (una carga o una postura). En los pacientes con dolor lumbar común, el dolor es un factor que por su inactividad asociada y desuso (Mannion et al., 2001), provoca una respuesta de activación muscular diferente a la de sujetos sanos, pudiendo disminuir la eficacia y resistencia muscular (Lu, Luk, Cheung, Wong, & Leong, 2001), afectando igualmente a las actividades de la vida diaria como ir a trabajar, el propio trabajo, subir escaleras, incluso el sueño y el descanso. Hemos de diferenciar en este punto la resistencia muscular (20-30% de la fuerza máxima), aquella que nos permite mantener una postura concreta, por ejemplo en el trabajo o fuerza muscular con cargas más elevadas, aquella que permite que la estabilidad de la columna vertebral se mantenga incluso ante cargas externas más intensas. Ambas manifestaciones de la fuerza son importantes a la hora de prescribir actividad física para prevenir nuevos episodios de dolor lumbar o en pacientes con afección crónica.

- *Flexibilidad:* es la capacidad de realizar movimientos lo más amplios posible. De forma general, dado que la ejecución de movimientos físicos originan tensión, y posiblemente dolor, en los últimos grados de la capacidad de movimiento se aconseja mejorar paulatinamente la flexibilidad hasta lograr un 15-20% más de lo necesario en las actividades de la persona. De esta forma, al realizar las actividades cotidianas, podrá prevenirse una tensión muscular excesiva, que en el caso de los pacientes afectados por dolor lumbar común (habitualmente crónico) podría contribuir al aumento del dolor y por consiguiente a disminuir la actividad diaria. La flexibilidad, aunque por si sola muestra evidencia de eficacia en el dolor lumbar común, es preferible trabajarla de forma conjunta con la cualidad de la fuerza (en cualquiera de sus manifestaciones) para conseguir una mejor adaptación al ejercicio físico y atenuar el efecto que el trabajo continuado de fuerza tiene sobre el aumento de la rigidez muscular con el tiempo.

¿Cómo trabajar las diferentes cualidades en pacientes con dolor lumbar común? Recomendaciones generales de intensidad, frecuencia y duración

Antes de describir el procedimiento de trabajo de las diferentes cualidades que hemos de trabajar en programas de actividad física dirigidos a pacientes con dolor lumbar común, es conveniente aclarar que, dado que en este tipo de pacientes no existe una lesión anatómica que justifique el proceso de lumbalgia, los mayores beneficios se conseguirán, al igual que con la población sana, con los entrenamientos de mayor intensidad (por supuesto respetando la progresión y el orden en el trabajo de las diferentes cualidades) (Hartigan, Rainville, Sobel, & Hipona, 2000). Lamentablemente, muchos profesionales de la salud se muestran cautelosos a la hora de recomendar actividades físicas por miedo a que si el paciente se queja de dolor al realizarlas, esto pudiera indicar daño o degeneración de las estructuras de la columna vertebral (Rainville, Carlson, Polatin, Gatchel, & Indahl, 2000). Esto pudiera ser el factor limitante más importante hacia la prescripción de actividad física de intensidad para el tratamiento del dolor de espalda común, aunque afortunadamente las tendencias están cambiando, pues la evidencia científica, como hemos visto, está apoyando la realización de este tipo de actividad física de intensidad tras demostrar que son seguros y eficaces en las personas aquejadas de esta afección.

Resistencia cardiorespiratoria

- *Tipo de actividad a realizar:* para mejorar esta cualidad es necesario la realización de una actividad física continuada que implique gestos continuados (andar, bicicleta, nadar, elíptica o cinta de correr en gimnasios o parques...).

- *Intensidad:* Se recomienda que la intensidad sea lo suficientemente elevada como para elevar el ritmo cardiaco hasta umbrales que sean beneficiosos a nivel cardiovascular. Comenzar con un nivel que sea cómodo para el paciente es útil de cara a que exista una continuidad en la actividad, pero hemos de incremental gradualmente hasta conseguir un trabajo continuado en una frecuencia cardiaca (FC) de 75-80% de la FC máxima. Para estimar la FC máxima se puede usar la ecuación 220-edad, cuyo resultado nos daría la fc máxima y a partir de poder deducir el 75-80%. Para controlar la FC se puede usar un pulsómetro convencional. Se recomienda cada 4-6 semanas volver a calcular la FC máxima y readaptar los entrenamientos.

- *Frecuencia y duración:* En cada sesión es recomendable 30-40 minutos de actividad física en la frecuencia deseada (calculada con la ecuación dada anteriormente). En las primeras sesiones podemos dividir en 2 partes el entrenamiento de la parte aeróbica para una mejor tolerancia del mismo. Se aconseja una frecuencia de 2 (etapas iniciales) - 4 (etapas medias) veces por semana, incrementando hasta 5 o 6 en etapas más avanzadas de entrenamiento. Se aconsejan de 8 a 12 semanas de entrenamiento, aunque lo deseable es que mantengan el hábito una vez concluya el programa específico para pacientes con dolor lumbar.

Fuerza

- *Tipo de actividad:* en el entrenamiento de la fuerza de resitencia el uso del cuerpo o resistencias leves (gomas elásticas blandas o pesos livianos) deben ser suficientes en la mayoría de los casos. También ejercicios en agua o mediante dispositivos vibratorios (descrito más abajo, en un apartado específico) pueden ser una alternativa en pacientes que puedan tener problemas para mover su peso corporal. En el caso del agua, la resitencia natural que ofrece podría servir de carga para el entrenamiento (variando por ejemplo la rapidez de movimiento, duración del mismo o frecuencia en repeticiones y días). En el caso de un trabajo de fuerza. Un entrenamiento con cargas más elevadas puede ser útil para perder el miedo y la inhibición voluntaria que se produce.

- *Intensidad:* Se recomienda que la intensidad de la actividad física destinada a trabajar la fuerza, suponga un desafío muscular, esto es, fatigar el músculo, sobre todo en las últimas repeticiones. Esto suponen individualizar el entrenamiento, pues para un paciente puede suponer un desafío 8 repeticiones y para otro 10. Como pauta general se recomienda que el paciente comience con 2-3 series de 8 repeticiones usando el propio cuerpo como carga o una goma blanda (1 minuto de descanso entre series), e ir aumentando progresivamente el número de series y repeticiones hasta llegar a 4 series de 12 repeticiones en cada sesión donde la última serie puede ser de trabajo con cargas algo más elevadas (descanso de 3 minutos entre sesión de forma activa, estirando o andando por ejemplo).

- *Frecuencia y duración:* Se recomienda que un programa de entrenamiento de la fuerza al menos incluya de 2 a 3 sesiones de trabajo semanales. Un aspecto importante, y más en población con dolor lumbar común por su condición musculo-esquelética, es distribuir de forma adecuada las sesiones de fuerza a lo largo de la semana, de forma que se dé tiempo al paciente a recuperar de la sesión anterior. Por ejemplo, trabajando un día sí y otro no. Se aconsejan de 8 a 12 semanas de entrenamiento, aunque lo deseable es que mantengan el hábito una vez concluya el programa específico para pacientes con dolor lumbar.

- *Músculos a trabajar:* todos; igual que en un sujeto sano, pero haciendo más hincapié en los músculos que influencian la zona lumbar en estado patológico (musculatura lumbar, flexores del tronco -abdominales y psoas-), miembros inferiores -sobre todo glúteos e isquiotibiales- y superiores), a los que podemos incluso dedicar la parte completa de la sesión destinada al trabajo muscular.

Flexibilidad

- *Tipo de actividad:* el entrenamiento de la flexibilidad en pacientes con dolor lumbar común pasa inicialmente por realizar correctamente estiramientos estáticos y dinámicos. Estos últimos consisten en realizar movimientos lentos con una amplitud articular amplia. Cuando el paciente ha asimilado este tipo de estiramientos, es posible mantener 6 a 12 segundos la posición final del estiramiento. Lo deseable es que, aparte del resto de articulaciones, se lleven a cabo estiramientos que conlleven los 6 movimientos posibles que puede llevar a cabo el raquis, es decir, extensión anterior-posterior, flexión lateral derecha-izquierda y rotación derecha-izquierda.

- *Intensidad:* en los estiramientos estáticos se aconseja que la musculatura se estire hasta llegar al punto de incomodidad muscular sin producir dolor excesivo. Así mismo se recomienda que los estiramientos dinámicos se realicen de forma lenta y sin llegar a una amplitud de movimiento que produzca dolor. Es necesario incrementar gradualmente los ejercicios de flexibilidad, añadiendo nuevos ejercicios o variantes en los mismos.

- *Frecuencia y duración:* Se aconseja ejecutar 3-4 veces el estiramiento, descansando brevemente entre repetición en los estiramientos estáticos. En los estiramientos dinámicos se recomienda realizar 8-10 movimientos consecutivos con una amplitud articular cómoda pero amplia. Es aconsejable el trabajo diario de la flexibilidad, aunque en fases iniciales de programa de actividad física es aconsejable 3-4 veces por semana.

¿Cómo realizar una sesión de actividad física en pacientes con dolor lumbar común?

Cada cualidad a trabajar en un programa de actividad física para pacientes con dolor lumbar común lleva consigo una progresión diferente por lo que, sobre todo en etapas avanzadas del programa, será difícil organizar en sesiones completas todo el trabajo. Esto es, si en la semana 5 tengo que trabajar 5 días la flexibilidad, la fuerza 3 días y la resistencia cardiovascular 5 días, habrá 2 sesiones a la semana que supongan un trabajo de flexibilidad y resistencia, pero no de fuerza. A nivel general, las sesiones que incluyen todas las cualidades físicas a trabajar, pueden distribuirse de la siguiente forma:

- *Parte inicial:* Parte donde se preparan las estructuras musculoesqueléticas para trabajar (comúnmente denominado calentamiento). En esta parte es aconsejable realizar ejercicios de movilidad articular. Se puede aprovechar, si se está en grupo o con un entrenador personal, charlar acerca de la sesión (objetivos) y temas relacionados con dolor lumbar y actividades de la vida diaria.

- *Parte principal:* en esta parte se trabajarán las diferentes cualidades físicas propuestas. Se recomienda comenzar por el trabajo de fuerza, continuar con el trabajo de resitencia cardiovascular y terminar con flexibilidad.

- *Parte final*: comúnmente denominado vuelta a la calma, sería la parte donde se vuelve al estado inicial, aprovechándose para charlar acerca de sensaciones en la sesión y relajar las estructuras musculoesqueléticas corporales.

Recomendaciones del entrenamiento vibratorio de cuerpo completo en pacientes con dolor lumbar común

El entrenamiento vibratorio de cuerpo completo (WBV por sus siglas en inglés), comúnmente denominado entrenamiento vibratorio, ha incrementado su popularidad en los últimos años, mostrando efectos beneficiosos tanto en sujetos sanos como en poblaciones patológicas incrementando la fuerza y eficacia muscular, mejorando la calidad de vida o incrementando el equilibrio (Rittweger, 2010). En dolor de espalda, aunque ha sido poco utilizado en la literatura científica, tiene resultados prometedores utilizando plataformas basculantes (del Pozo-Cruz et al., 2011), aún no habiéndose demostrado el efecto en plataformas verticales. Las recomendaciones que en este apartado se realizan corresponden a dispositivos vibratorios basculantes. Se aconseja la realización del entrenamiento vibratorio descalzo para evitar que el calzado absorba las vibraciones y por tanto pueda atenuar su efecto. El ángulo de las rodillas es aconsejable que se disponga a 120° para evitar cualquier reducción en la transmisión de las vibraciones a la parte superior del cuerpo (columna vertebral y la cabeza) y aumentar el esfuerzo de los músculos de las piernas. En la tabla 1 puede visualizarse un entrenamiento tipo de 12 semanas de duración para pacientes con dolor lumbar común.

Tabla 1. Entrenamiento WBV en pacientes con dolor lumbar común

Semanas	N° Sesiones	Tiempo por serie (s)	N° Repeticiones	Frecuencia (Hz)	Tiempo de descanso (s)	WBV tiempo total (s)
1-2	1-4	60	6	20	30	360
3-4	5-8	120	3	20	30	360
5-6	9-12	180	2	20	30	360
7-8	13-16	240	2	20	30	480
9-10	17-20	360	1	20	--	360
11-12	21-24	480	1	20	--	480

- ***Recomendaciones***: el WBV está recomendado en pacientes con dolor lumbar común que no puedan desarrollar un entrenamiento de trabajo de fuerza con el peso corporal o como complemento en otro tipo de entrenamientos, además de favorecer en determinados entornos la práctica de actividad física en esta población (por ejemplo atención primaria o en el trabajo).

- ***Contraindicaciones:*** el WBV está totalmente contraindicado en embarazo o cardiopatías, también ante migrañas fuertes, fracturas recientes o inflamación de las partes a entrenar, cálculos renales, hernias de disco, problemas de retina o artrosis en fase dolorosa o artropatías. Para mayor seguridad, es preferible consultar a los profesionales adecuados antes de comenzar la actividad y que sean ellos los que valoren y asesoren el tipo de entrenamiento a seguir en cada caso.

USO DE DIFERENTES EMPLAZAMIENTOS EN LA PROMOCIÓN DE LA SALUD A TRAVÉS DE LA ACTIVIDAD FÍSICA EN PACIENTES CON DOLOR LUMBAR

El concepto de *"emplazamiento para la salud"* es definido como un lugar o contexto social en el que la gente participa en las actividades de la vida diaria y en la que los factores ambientales, organizativos, y personales interactúan para afectar a la salud y el bienestar (Organization, 1997). Los *Programas de Promoción de la Salud* son planificados, implementados, y evaluados para cada emplazamiento específico, reflejando las características propias ambientales y personales (y sus interacciones) en relación al propio emplazamiento.

¿Cómo puede ayudar el sistema sanitario a incrementar los niveles de actividad física en pacientes con dolor lumbar?

Desde su doble vertiente, atención sanitaria (fisioterapia por ejemplo) y de promoción de la salud puede desarrollarse un trabajo fundamental en la promoción de la actividad física en este tipo de pacientes, haciendo una recomendación específica de actividad física o derivándolo hacia un soporte especializado de actividad física (por ejemplo un grupo específico o gimnasio especializado). Además, los beneficios de una práctica regular de actividad física pueden ayudar a contener el consumo de fármacos y el número de visitas a la consulta (Skargren, Oberg, Carlsson, & Gade, 1997).

¿Cómo puede ayudar el ámbito laboral a incrementar los niveles de actividad física en pacientes con dolor lumbar?

El dolor lumbar es una de las principales causas de absentismo laboral en España y en el mundo de occidente. Para prevenir esto, se aconseja que las estructuras ocupacionales laborales (por ejemplo desde el servicio de prevención) incorporen medidas destinadas a incrementar la actividad física de sus empleados, por ejemplo fomentando el uso de escaleras, poniendo a disposición del empleado un dispositivo vibratorio (con adecuadas pautas) o mediante programas de actividad física diaria de corta duración o pausas cada 2 horas activas (por ejemplo paseando y con movilidad articular). Este tipo de medidas puede ayudar a prevenir el absentismo por nuevos episodios o prevenirlo por agravación de los mismos.

¿Cómo puede ayudar el gimnasio o el club deportivo a incrementar los niveles de actividad física en pacientes con dolor lumbar?

Los clubes deportivos y gimnasios juegan un papel determinante en la promoción de salud a través de la actividad física. Pero es necesario que la oferta deportiva se adapte a la demanda con actividades destinadas a poblaciones específicas, en este caso dolor lumbar común, por ejemplo como el pilates o la escuela de la espalda, si deberían evaluar cada cierto tiempo a los pacientes.

¿Cómo puede ayudar una cuidad a incrementar los niveles de actividad física en pacientes con dolor lumbar?

Según la OMS, las ciudades saludables deberían contener una infraestructura que favoreciera un estilo de de vida más activo. Por ejemplo, zonas verdes, de paseo, carriles bici, fuentes de agua o máquinas tipo outdoor dispuestas en las zonas verdes para que las personas pueden ejercitarse según las recomendaciones expertas sin estar sujetas por ejemplo a horarios.

EVALUACIÓN DE LOS PROGRAMAS DE ACTIVIDAD FÍSICA EN PACIENTES CON DOLOR LUMBAR

Una de las partes más importantes cuando se desarrollan programas de promoción de la salud a través del ejercicio físico es la evaluación de los mismos. La evaluación ha de hacerse al inicio, para ver en qué estado bio-psico-social se encuentra el paciente y prescribir adecuadamente la actividad física, en medio para hacer un control y al final del programa para evaluar los resultados globales del programa. En el caso de los pacientes afectados de dolor lumbar, se recomienda como mínimo, evaluar tanto las medidas específicas de dicha patología que son el índice de incapacidad funcional (Escala de Oswestry y Roland Morris) (Kovacs et al., 2002; S. Alcántara-Bumbiedro, 2006) y el riesgo de cronicidad (SBST) (Gusi, del Pozo-Cruz, Olivares, Hernandez-Mocholi, & Hill, 2011) como el estado de salud general y calidad de vida (por ejemplo con el

EQ-5D-3L) así como el fitness relacionado con el dolor lumbar (evaluando el nivel cardiorespiratorio, de fuerza y flexibilidad, usando para ello los diferentes test existentes en función de la edad) (Suni, et al., 1998).

REFERENCIAS

- Airaksinen, O., Brox, J. I., Cedraschi, C., Hildebrandt, J., Klaber-Moffett, J., Kovacs, F., et al. (2006). Chapter 4. European guidelines for the management of chronic nonspecific low back pain. *Eur Spine J, 15 Suppl 2*, S192-300.
- Andersson, G. B. (1999). Epidemiological features of chronic low-back pain. *Lancet, 354*(9178), 581-585.
- Bogduk, N. (2006). Chapter 52 Chronic low back pain. *Handb Clin Neurol, 81*, 779-790.
- Burton, A. K., Balague, F., Cardon, G., Eriksen, H. R., Henrotin, Y., Lahad, A., et al. (2006). Chapter 2. European guidelines for prevention in low back pain : November 2004. *Eur Spine J, 15 Suppl 2*, S136-168.
- Cohen, I., & Rainville, J. (2002). Aggressive exercise as treatment for chronic low back pain. *Sports Med, 32*(1), 75-82.
- Croft, P. R., Papageorgiou, A. C., Thomas, E., Macfarlane, G. J., & Silman, A. J. (1999). Short-term physical risk factors for new episodes of low back pain. Prospective evidence from the South Manchester Back Pain Study. *Spine (Phila Pa 1976), 24*(15), 1556-1561.
- Chatzitheodorou, D., Kabitsis, C., Malliou, P., & Mougios, V. (2007). A pilot study of the effects of high-intensity aerobic exercise versus passive interventions on pain, disability, psychological strain, and serum cortisol concentrations in people with chronic low back pain. *Phys Ther, 87*(3), 304-312.
- del Pozo-Cruz, B., Hernandez Mocholi, M. A., Adsuar, J. C., Parraca, J. A., Muro, I., & Gusi, N. (2011). Effects of whole body vibration therapy on main outcome measures for chronic non-specific low back pain: a single-blind randomized controlled trial. *J Rehabil Med, 43*(8), 689-694.
- Fayad, F., Lefevre-Colau, M. M., Poiraudeau, S., Fermanian, J., Rannou, F., Wlodyka Demaille, S., et al. (2004). [Chronicity, recurrence, and return to work in low back pain: common prognostic factors]. *Ann Readapt Med Phys, 47*(4), 179-189.
- García Pérez, F., & Alcántara Bumbiedro, S. (2003). Importancia del ejercicio físico en el tratamiento del dolor lumbar. *Rehabilitación, 37*(6), 323-332.
- Gonzalez Viejo, M. A., & Condon Huerta, M. J. (2000). [Disability from low back pain in Spain]. *Med Clin (Barc), 114*(13), 491-492.
- Gracey, J. H., McDonough, S. M., & Baxter, G. D. (2002). Physiotherapy management of low back pain: a survey of current practice in northern Ireland. *Spine (Phila Pa 1976), 27*(4), 406-411.
- Grosclaude, M., & Ziltener, J. L. (2010). [Benefits of physical activity]. *Rev Med Suisse, 6*(258), 1495-1498.

- Gusi, N., del Pozo-Cruz, B., Olivares, P. R., Hernandez-Mocholi, M., & Hill, J. C. (2011). The Spanish version of the "STarT Back Screening Tool" (SBST) in different subgroups. *Aten Primaria, 43*(7), 356-361.
- Hartigan, C., Rainville, J., Sobel, J. B., & Hipona, M. (2000). Long-term exercise adherence after intensive rehabilitation for chronic low back pain. *Med Sci Sports Exerc, 32*(3), 551-557.
- Hashemi, L., Webster, B. S., Clancy, E. A., & Volinn, E. (1997). Length of disability and cost of workers' compensation low back pain claims. *J Occup Environ Med, 39*(10), 937-945.
- Hilde, G., Hagen, K. B., Jamtvedt, G., & Winnem, M. (2002). Advice to stay active as a single treatment for low back pain and sciatica. *Cochrane Database Syst Rev*(2), CD003632.
- Hill, J. C., Dunn, K. M., Lewis, M., Mullis, R., Main, C. J., Foster, N. E., et al. (2008). A primary care back pain screening tool: identifying patient subgroups for initial treatment. *Arthritis Rheum, 59*(5), 632-641.
- Humbría Mendiola, A., Carmona, L., Ortiz, A., & Peña Sagredo, J. (2002). Tratamiento de la lumbalgia inespecífica: ¿qué nos dice la literatura médica? . *Rev Esp Reumatol 29*, 494-498.
- Johnson, R. E., Jones, G. T., Wiles, N. J., Chaddock, C., Potter, R. G., Roberts, C., et al. (2007). Active exercise, education, and cognitive behavioral therapy for persistent disabling low back pain: a randomized controlled trial. *Spine (Phila Pa 1976), 32*(15), 1578-1585.
- Koes, B. W., van Tulder, M., Lin, C. W., Macedo, L. G., McAuley, J., & Maher, C. (2010). An updated overview of clinical guidelines for the management of non-specific low back pain in primary care. *Eur Spine J, 19*(12), 2075-2094.
- Kovacs, F. M., Fernandez, C., Cordero, A., Muriel, A., Gonzalez-Lujan, L., & Gil del Real, M. T. (2006). Non-specific low back pain in primary care in the Spanish National Health Service: a prospective study on clinical outcomes and determinants of management. *BMC Health Serv Res, 6*, 57.
- Kovacs, F. M., Llobera, J., Gil Del Real, M. T., Abraira, V., Gestoso, M., Fernandez, C., et al. (2002). Validation of the spanish version of the Roland-Morris questionnaire. *Spine (Phila Pa 1976), 27*(5), 538-542.
- Kovacs, F. M., Seco, J., Royuela, A., Pena, A., & Muriel, A. (2011). The correlation between pain, catastrophizing, and disability in subacute and chronic low back pain: a study in the routine clinical practice of the spanish national health service. *Spine (Phila Pa 1976), 36*(4), 339-345.
- Lakka, T. A., Laaksonen, D. E., Lakka, H. M., Mannikko, N., Niskanen, L. K., Rauramaa, R., et al. (2003). Sedentary lifestyle, poor cardiorespiratory fitness, and the metabolic syndrome. *Med Sci Sports Exerc, 35*(8), 1279-1286.
- Linton, S. J., & van Tulder, M. W. (2001). Preventive interventions for back and neck pain problems: what is the evidence? *Spine (Phila Pa 1976), 26*(7), 778-787.

- Lu, W. W., Luk, K. D., Cheung, K. M., Wong, Y. W., & Leong, J. C. (2001). Back muscle contraction patterns of patients with low back pain before and after rehabilitation treatment: an electromyographic evaluation. *J Spinal Disord, 14*(4), 277-282.
- Mannion, A. F., Taimela, S., Muntener, M., & Dvorak, J. (2001). Active therapy for chronic low back pain part 1. Effects on back muscle activation, fatigability, and strength. *Spine (Phila Pa 1976), 26*(8), 897-908.
- Molde Hagen, E., Grasdal, A., & Eriksen, H. R. (2003). Does early intervention with a light mobilization program reduce long-term sick leave for low back pain: a 3-year follow-up study. *Spine (Phila Pa 1976), 28*(20), 2309-2315; discussion 2316.
- Murphy, P. L., & Courtney, T. K. (2000). Low back pain disability: relative costs by antecedent and industry group. *Am J Ind Med, 37*(5), 558-571.
- Organization, W. H. (1997). *Jakarta declaration on leading health promotion into the 21st century*. Paper presented at the Four International Conference on Health Promotion: New Players for a New Era-Leading Health Promotion into the 21st Century Jakarta, Indonesia.
- Rainville, J., Carlson, N., Polatin, P., Gatchel, R. J., & Indahl, A. (2000). Exploration of physicians' recommendations for activities in chronic low back pain. *Spine (Phila Pa 1976), 25*(17), 2210-2220.
- Richardson, C. A., Snijders, C. J., Hides, J. A., Damen, L., Pas, M. S., & Storm, J. (2002). The relation between the transversus abdominis muscles, sacroiliac joint mechanics, and low back pain. Spine (Phila Pa 1976), 27(4), 399-405.
- Rittweger, J. (2010). Vibration as an exercise modality: how it may work, and what its potential might be. *Eur J Appl Physiol, 108*(5), 877-904.
- S. Alcántara-Bumbiedro, M. T. F.-G., C. Echávarri-Péreza and F. García-Péreza. (2006). Escala de incapacidad por dolor lumbar de Oswestry *Rehabilitación, 40*(3), 8.
- Salvans, M. M., & Gonzalez-Viejo, M. A. (2008). [Disability by low back pain in Spain from 2000 to 2004]. *Med Clin (Barc), 131*(8), 319.
- Skargren, E. I., Oberg, B. E., Carlsson, P. G., & Gade, M. (1997). Cost and effectiveness analysis of chiropractic and physiotherapy t for low back and neck pain. Six-month follow-up. *Spine (Phila Pa 1976), 22*(18), 2167-2177.
- Skovron, M. L. (1992). Epidemiology of low back pain. *Baillieres Clin Rheumatol, 6*(3), 559-573.
- Slater, M. A., Weickgenant, A. L., Greenberg, M. A., Wahlgren, D. R., Williams, R. A., Carter, C., et al. (2009). Preventing progression to chronicity in first onset, subacute low back pain: an exploratory study. *Arch Phys Med Rehabil, 90*(4), 545-552.
- Suni, J. H., Oja, P., Miilunpalo, S. I., Pasanen, M. E., Vuori, I. M., & Bos, K. (1998). Health-related fitness test battery for adults: associations with perceived health, mobility, and back function and symptoms. *Arch Phys Med Rehabil, 79*(5), 559-569.

- van der Velde, G., & Mierau, D. (2000). The effect of exercise on percentile rank aerobic capacity, pain, and self-rated disability in patients with chronic low-back pain: a retrospective chart review. *Arch Phys Med Rehabil, 81*(11), 1457-1463.
- van Tulder, M., Becker, A., Bekkering, T., Breen, A., del Real, M. T., Hutchinson, A., et al. (2006). Chapter 3. European guidelines for the management of acute nonspecific low back pain in primary care. *Eur Spine J, 15 Suppl 2,* S169-191.
- Verbunt, J. A., Sieben, J. M., Seelen, H. A., Vlaeyen, J. W., Bousema, E. J., van der Heijden, G. J., et al. (2005). Decline in physical activity, disability and pain-related fear in sub-acute low back pain. *Eur J Pain, 9*(4), 417-425.
- Verna, J. L., Mayer, J. M., Mooney, V., Pierra, E. A., Robertson, V. L., & Graves, J. E. (2002). Back extension endurance and strength: the effect of variable-angle roman chair exercise training. Spine (Phila Pa 1976), 27(16), 1772-1777.
- Waddell, G. (1987). 1987 Volvo award in clinical sciences. A new clinical model for the treatment of low-back pain. *Spine (Phila Pa 1976), 12*(7), 632-644.
- Waddell, G. (1991). Low back disability. A syndrome of Western civilization. *Neurosurg Clin N Am, 2*(4), 719-738.
- Waddell, G. (2005). Subgroups within "nonspecific" low back pain. *J Rheumatol, 32*(3), 395-396.
- Waller, B., Lambeck, J., & Daly, D. (2009). Therapeutic aquatic exercise in the treatment of low back pain: a systematic review. *Clin Rehabil, 23*(1), 3-14.
- Wright, A., Lloyd-Davies, A., Williams, S., Ellis, R., & Strike, P. (2005). Individual active treatment combined with group exercise for acute and subacute low back pain. *Spine (Phila Pa 1976), 30*(11), 1235-1241.

Capítulo 10

COMPOSICIÓN CORPORAL Y CAPACIDAD FUNCIONAL EN PACIENTES CON FIBROMIALGIA TRAS UN PROGRAMA COMBINADO DE EJERCICIO FÍSICO A LARGO PLAZO

Borja Sañudo Corrales
Delfín Galiano Orea
Luis Carrasco Páez
Moisés de Hoyo Lora

INTRODUCCIÓN

La fibromialgia (FM) es un síndrome reumatológico muy común, caracterizado por dolor musculosquelético crónico, rigidez, cansancio generalizado, perturbaciones del sueño y frecuentemente por alteraciones en su dimensión psicológica que afecta principalmente a mujeres en edad adulta (Wolfe et al., 1990). A pesar de las enormes repercusiones de este síndrome, no sólo sobre el sistema sanitario, sino también sobre la calidad de vida (CDV) de las personas que lo padecen, su etiología continúa siendo desconocida. En la última década el conocimiento de la enfermedad ha diversificado su etiopatogenia y, si bien las causas se desconocen, algunos autores manejan indicios con sustento científico.

En un principio, y atendiendo a su cuadro sintomático característico, se trató de encontrar una contribución periférica al dolor en estos pacientes (Nielsen y Henricksson, 2007). Sin embargo, los estudios realizados hasta el momento no permiten dilucidar cuál es el papel exacto del músculo en este grupo de población. La opinión de la mayoría de los investigadores es que la FM no proviene de una alteración de los tejidos periféricos. Sin embargo, algunas de estas alteraciones podrían relacionarse con otras a nivel funcional descritas en estos pacientes, como pueden ser una importante fatigabilidad muscular, y una disminución de la fuerza y de la resistencia muscular (Besson, 2001).

Actualmente se ha asumido la condición multifactorial de este síndrome, compuesto por varios desencadenantes donde no se podría definir alguno exclusivamente como su precursor. Se podría hablar, por tanto, de una cascada de acontecimientos que desembocan en ese cuadro característico (Ablin et al., 2006). De este modo, diversos autores han intentado categorizar los eventos que podrían derivar en esta patología, como podría ser una aberración de las funciones neurohumorales, particularmente una sensibilización central modificada por mecanismos periféricos e incluso, se ha sugerido que podría haber una base genética en el proceso (Nielsen y Henricksson, 2007). Las condiciones inflamatorias o los estímulos psicológicos también tendrían su papel en la etiología (Fietta et al., 2007).

Parece lógico pensar que el hecho de no tener un modelo etiopatogénico claro, tal y como ha quedado patente plantee controversias en el cuadro clínico de los pacientes con FM, quienes, además del dolor, suelen presentar, asociados, varios complejos sindrómicos como la fatiga constante, trastornos del sueño, rigidez; así como otros síntomas sensoriales, motores o vegetativos (Rivera et al., 2006). Este dolor generalizado conlleva que la CDV del paciente esté claramente afectada, especialmente en áreas de la función física, la actividad intelectual y el estado emocional, lo que influye de manera determinante sobre la capacidad para trabajar, para hacer ejercicio, así como para la vida social (Jain y Carruthers, 2003).

Tal y como han reflejado numerosos autores, el tratamiento óptimo requerirá una intervención multidisciplinar que combine modalidades farmacológicas y no farmacológicas que se adapten a la intensidad del dolor, función y aspectos asociados como la depresión, fatiga o alteraciones del sueño (Carville et al., 2008). Sin embargo, se debe tener presente que los pacientes con FM son un grupo heterogéneo respecto a su respuesta al tratamiento y evolución. Además, suelen presentar otras enfermedades concomitantes que pueden, incluso, contraindicar determinados tratamientos farmacológicos (Richards y Scott, 2002). De hecho, muchos pacientes son hipersensibles a la medicación y se ha demostrado que tan sólo subgrupos responden al tratamiento de forma efectiva.

Dada la limitada eficacia de las intervenciones farmacológicas en el tratamiento de la FM, es importante analizar la eficacia de las modalidades de tratamiento no farmacológico y de las terapias alternativas y complementarias solicitadas con frecuencia por estos pacientes (Nishishinya et al., 2006), cuyo objetivo fundamental es disminuir el dolor e incrementar la función sin necesidad de incrementar la ingesta de fármacos. Sin duda, entre las terapias no farmacológicas aplicadas a los pacientes con FM, la intervención que ha demostrado mayores efectos beneficiosos por sí misma en numerosos ensayos clínicos es el ejercicio físico (Carville et al., 2008; Brosseau et al., 2008). En general, numerosos estudios experimentales con ejercicio físico han encontrado mejoras en varios componentes de la CDV de mujeres con FM, incluyendo el funcionamiento general, el dolor y la fatiga (Busch et al., 2008; Brosseau et al., 2008). Igualmente, se sabe que el ejercicio aeróbico es una estrategia determinante para el mantenimiento de peso (Goldenberg y King, 2007), aunque poco se sabe sobre los posibles efectos del entrenamiento de fuerza en este sentido (Donnelly et al., 2004), particularmente a largo plazo. Es importante considerar esta idea ya que el mantenimiento de la función física puede ser un factor determinante para preservar la CDV y ambos tipos de ejercicio contribuirían no solo a este respecto, sino también en la mejora de la función física y la vitalidad, así como la disminución del dolor corporal (Fine et al., 1999).

La ganancia de peso en mujeres posmenopáusicas es de particular interés debido a los cambios en la distribución del tejido adiposo en este periodo (ej. Incremento de los depósitos de grasa abdominal con pérdida de estradiol endógeno) (Lee et al., 2009) a lo que se une una disminución de los niveles de actividad física propios de la edad (Rana et al., 2007). Este hecho puede conllevar que estas mujeres ganen de media 0.7 kg/año y 0.7 cm de circunferencia de la cadera al año (Sternfeld et al., 2004), lo que junto a la falta de actividad a la que aludíamos sería responsable del 31% de la mortalidad de estas mujeres (Hu et al., 2004). De hecho, se sabe que aquellos sujetos con mayor IMC tienen una menor capacidad física, salud general y vitalidad que aquellos con menor IMC. En este sentido, es importante resaltar que un elevado porcentaje de las mujeres con FM podrían considerarse obesas, presentando valores de IMC por encima de la media de la población general (Yunus et al., 2002).

Se había sugerido que características comunes de la FM como el dolor o la fatiga podrían estar relacionados con el IMC (Yunus et al., 2002). Sin embargo, los resultados sobre la relación entre IMC y dolor crónico en este grupo de población son limitados. Tampoco se conocen los efectos sobre la CDV derivados del incremento del ejercicio físico a largo plazo (Bowen et al., 2006). Por otro lado, si bien numerosos estudios han evaluado los efectos del ejercicio físico sobre el bienestar global, los principales síntomas y la función física de individuos con FM, la mayoría de las investigaciones se han basado exclusivamente en el ejercicio aeróbico y tanto la fuerza como la flexibilidad continúan sin evaluarse correctamente como terapia adecuada en estos pacientes (Busch et al., 2008). De hecho, aunque se ha sugerido que la pérdida de peso en estos pacientes podría mejorar su capacidad funcional y la fatiga, son necesarios estudios a largo plazo que puedan determinar fehacientemente esta relación causa-efecto (Yunus et al., 2002). Por estos motivos, el objetivo del presente estudio es, por un lado, evaluar el efecto de un programa combinado de ejercicio físico sobre la composición corporal y la capacidad funcional de mujeres con fibromialgia y por otro determinar si las mejoras en masa muscular podrían estar relacionadas con las mejoras en la capacidad funcional de estos pacientes.

MATERIAL Y MÉTODO

Muestra

Con el fin de ser incluidos los participantes del estudio debían ser: mujeres, con edades comprendidas entre los 18 y 65 años, que hubiesen sido diagnosticados con FM en base a los criterios del Colegio Americano de Reumatología (Wolfe et al., 1990), y que diesen por escrito su consentimiento para participar en el estudio. Los participantes fueron excluidos si presentaban alguna afección concomitante importante, como una enfermedad reumática inflamatoria, respiratoria o enfermedades cardiovasculares, así como una enfermedad psiquiátrica grave que contraindiquen la práctica de ejercicio físico. Por último, las mujeres con FM que hubiesen asistido a terapia física o terapia psicológica en los últimos tres meses fueron excluidos del estudio para evitar la posible interacción con el presente ensayo. Se pidió a los participantes que no comenzasen la toma de una nueva medicación durante el curso del estudio, aunque se les permitió continuar con su medicación actual y el uso de analgésicos de rescate en caso de que los necesitasen.

Reclutamiento

Los participantes fueron reclutados de diferentes asociaciones locales de apoyo a los pacientes en Sevilla, y seleccionados para la entrada en el estudio por un investigador que desconocía la asignación de los pacientes a cada grupo. Los participantes fueron entrevistados por un médico especialista mediante un cuestionario estandarizado para registrar las características socio-demográficas y los medicamentos. Un total de 51 mujeres fueron evaluadas para su inclusión en el estudio, 10 participantes fueron excluidas debido a comorbilidades, participación en otro tratamiento, incompatibilidad con el trabajo y tres personas se negaron a participar. Los 40 participantes que cumplían los criterios de inclusión fueron asignados al azar a un grupo experimental que recibió un programa de ejercicios (GE, n = 20) y un grupo control (GC, n = 20). La aleatorización se realizó mediante una tabla de números aleatorios y la asignación de grupos se llevó a cabo por LC que no tenía conocimiento de la secuencia de asignación al azar, y no estaba involucrado en el día a día del entrenamiento. El resultado de la asignación al azar era desconocido hasta que el participante fuese aceptado o rechazado para participar en el proyecto y la secuencia no fue revelada al investigador responsable del entrenamiento (BS) hasta que los pacientes habían completado sus evaluaciones previas. El estudio fue aprobado por el comité de ética de la Universidad de Sevilla y se ajustaban a los principios propuestos en la Declaración de Helsinki.

Variables

Los pacientes visitaron el Laboratorio de Educación Física y Deporte de la Universidad de Sevilla para una primera evaluación donde se recogió información clínica y demográfica incluyendo la medicación y cuestionarios sobre su habilidad funcional percibida. La evaluación de todas las variables se llevó a cabo al inicio y tras las 24 semanas de intervención en ambos grupos.

Capacidad funcional. Se empleó la versión española del Cuestionario de Impacto de la Fibromialgia (FIQ), específico para este síndrome y que evalúa la salud general y la capacidad funcional de estos pacientes (Rivera et al., 2004). Cada ítem es normalizado a una escala de 0-10 puntos, de modo que la puntuación total varia de 0-80 puntos. Las mayores puntuaciones indican un mayor grado sintomático.

Medidas antropométricas: Se registró el peso y la altura de los participantes mediante procedimientos estandarizados. El índice de masa corporal se calculó como peso/altura al cuadrado (kg/m2). Los pliegues (bicipital, subescapular, tricipital, pectoral, axilar, supraespinal, abdominal, muslo, pierna y suprailíaco) se midieron, por triplicado, con un plicometro Holtain Skinfold Caliper (Holtain Ltd., Dyfed, UK) con amplitud de 0 a 48 mm, graduación de 0,2 mm y presión constante de 10 g/mm2. Para los diámetros óseos de utilizó un paquímetro con capacidad de medida de 140 mm. y precisión de 1 mm., y para los perímetros musculares, una cinta métrica Harpenden Anthropometric Tape de Holtain Ltd. Los datos se extrajeron según las técnicas recomendadas por el manual de la ISAK (2001). Dos observadores analizaron la muestra por separado. Se calculó el error técnico de medida admitiendo una tolerancia de un 5% en pliegues cutáneos y de un 2% en el resto de medidas.

Procedimiento

El grupo experimental realizó dos sesiones semanales de ejercicio físico combinado que ha reflejado ser adecuado en este tipo de población (Sañudo et al., 2010). La intervención consistió en 10 min de calentamiento incluyendo movimientos articulares, seguidos de 10-15 min de ejercicios aeróbicos al 65-70% de la frecuencia cardiaca (FC) máxima y donde se realizaban juegos en grupo que incluían movimientos suaves y caminata fundamentalmente. Se enseñó a los participantes a controlar su FC para mantener la intensidad adecuada. Tras el ejercicio aeróbico los participantes completaron 15-20 min de ejercicios de fortalecimiento en base a un circuito de 8 ejercicios centrados en los principales grupos musculares (deltoides, bíceps, trapecio, glúteos, cuádriceps, dorsales, pectorales y abdominales). En cada estación los participantes realizaron una serie de 8-10 repeticiones con 1-3 kg de peso. Finalmente realizaron una vuelta a la calma de 10 min basada en ejercicios de flexibilidad (8-9 ejercicios de los que realizaban una serie de 3 repeticiones manteniendo la posición 30 s. Se enseñó a los participantes a controlar la intensidad por medio de pulsómetros y de la percepción de síntomas como la fatiga. Por su parte, el grupo control continuó con las actividades de su vida diaria durante la intervención.

Análisis estadístico

La normalidad de los datos fue evaluada por medio de los test de Kolmogorov-Smirnov y Chi-cuadrado y se emplearon para comparar las variables entre los grupos. Para la comparación de medias se empleó ANOVA 2 x 2 (grupo x evaluación) para cada una de las variables (FIQ, Peso, Altura, Masa grasa, Masa magra y el grosor de los diferentes pliegues cutáneos). Todos los resultados se expresan como media (SD) y se estableció un nivel de significación de $p < 0.05$. Todos los análisis se llevaron a cabo por medio del paquete estadístico SPSS para Windows 15.0 (SPSS, Chicago, IL).

RESULTADOS

La tasa de adherencia al programa fue muy positiva, asistiendo los pacientes a una media del 85% de las sesiones. Al inicio de la intervención no se detectaron diferencias significativas entre ambos grupos para ninguna de la variables demográficas (todos los $p > 0.05$) (Tabla 1).

Tabla 1. *Características de los participantes al inicio de la intervención.*

Variables	GE (n=17)	GC (n=19)
Edad (años)	55.48 (7.14)	56.15 (8.48)
Peso (Kg)	72.83 (10.63)	70.49 (9.97)
Altura (m)	1.57 (0.05)	1.58 (0.06)
Medicación (%)		
Ninguna	18.75%	15.79%
Analgésicos o NSAIDs	43.75%	36.84%
Antidepresivos o SSRIs	6.25%	10.53%
Combinación analgésico + otro	31.25%	36.84%

Los valores son expresados como media (SD). NSAIDs: Antiinflamatorios no esteroideos; SSRIs: Inhibidores selectivos de la recaptación de la serotonina. GE: Grupo de intervención; GC: Grupo control.

La Tabla 2 resume los resultados de cada variable en ambos grupos antes y después de las 24 semanas de intervención. Mejoras significativas se observaron para el grupo de ejercicio en el valor global del FIQ (11%; $p = 0.009$). Con respecto a la composición corporal, se encontraron diferencias significativas en los pliegues tricipital, pectoral y del muslo. Por el contrario, los pacientes del CG no reflejaron variaciones significativas en ninguna de las variables, llegando incluso a apreciarse un deterioro en su capacidad funcional (FIQ).

Con respecto a las diferencias entre grupos, tras la intervención se encontraron mejoras significativas en GE frente a GC (Tabla 2). Las mejoras significativas se encontraron en la capacidad funcional (p = 0.025) y también en variables relativas a la composición corporal, como en los pliegues tricipital (p = 0.022) y pectoral (p = 0.004). Igualmente se pudo evidenciar una mejora notable en el pliegue del muslo (12%), aunque no se alcanzaron valores estadísticamente significativos (p = 0.331).

Tabla 2. Efecto de 24 semanas de ejercicio combinado sobre la capacidad funcional y la composición corporal de mujeres con fibromialgia

	Inicio (T1)			24 semanas (T2)				
	GE	GC	p-valor entre grupos	GE	p-valor intra-grupo	GC	p-valor intra-grupo	p-valor entre grupos
FIQ (0-100)	62.9 (16.3)	60.9 (16.8)	.759	54.1 (12.2)	.009*	63.7 (12.8)	.724	.025*
Triceps	28.9 (5.2)	26.8 (4.4)	.265	24.0 (1.9)	.004*	26.6 (3.3)	.878	.022*
Subescapular	25.6 (7.7)	27.0 (6.2)	.609	24.1 (8.0)	.621	26.0 (5.3)	.651	.465
Biceps	20.2 (4.4)	17.3 (4.1)	.088	18.3 (5.6)	.361	17.4 (5.7)	.940	.676
Pectoral	20.7 (6.3)	20.7 (3.8)	.970	16.0 (3.2)	.025*	20.0 (3.2)	.614	.004*
Axilar	26.7 (6.6)	25.5 (3.2)	.532	25.5 (6.5)	.637	25.1 (5.0)	.823	.865
Suprailíaco	30.4 (8.0)	27.8 (4.2)	.294	27.6 (9.5)	.434	28.1 (6.5)	.890	.894
Abdominal	36.4 (5.2)	34.6 (3.5)	.303	33.7 (6.9)	.286	34.9 (3.9)	.823	.595
Muslo	40.5 (4.4)	38.2 (2.5)	.108	35.5 (2.6)	.002*	37.0 (4.6)	.381	.331
Pierna	30.2 (3.8)	29.6 (5.4)	.743	29.4 (5.7)	.692	29.8 (5.7)	.925	.872
Masa Grasa (%)	24.4 (3.5)	23.6 (2.1)	.489	22.5 (3.6)	.207	23.5 (2.4)	.914	.434
Masa Magra (%)	28.4 (2.7)	29.0 (2.1)	.457	29.7 (2.6)	.227	30.0 (2.4)	.279	.716

Los valores son expresados como media (SD). GE: Grupo de intervención; GC: Grupo control. * $p < 0.05$

Por último, la figura 1 muestra la relación existente entre IMC y capacidad funcional (FIQ) en ambos grupos al finalizar la intervención. Se puede observar como en el GE los sujetos con menor IMC muestran una mejor capacidad funcional.

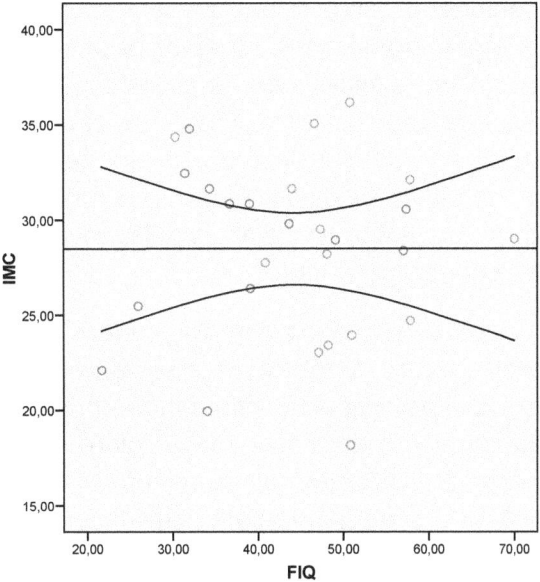

Figura 1. *Relación entre IMC y FIQ tras las 24 semanas de intervención (azul = GE; verde = GC)*

DISCUSIÓN

El objetivo del presente estudio fue evaluar el efecto de un programa combinado de ejercicio físico sobre la composición corporal y la capacidad funcional de mujeres con FM y determinar si podrían existir relaciones entre dichas variables, de modo que mejoras en la composición corporal de los participantes pudiesen tener una influencia positiva en su capacidad funcional. En este sentido y tras las 24 semanas de intervención se pudieron evidenciar mejoras significativas tanto en la capacidad funcional como en varios de los pliegues cutáneos de estas mujeres (tríceps, pectoral y muslo), no pudiendo encontrarse ninguna diferencia significativa en las mujeres del GC.

Numerosos programas de ejercicio físico han mostrado mejoras en mujeres con FM (Assiss et al., 2006; Gusi et al., 2006; Tomás-Carús et al., 2008; Redondo et al., 2004; Kingsley et al., 2005); sin embargo, tan solo uno de estos estudios empleó un programa de entrenamiento de fuerza similar al empleado en el presente estudio y tuvo el FIQ como una de sus variables principales (Kingsley et al., 2005). En su estudio, tras 12 semanas de intervención reflejaron ligeras mejoras en FIQ aunque no alcanzaron el nivel de significación suficiente. Probablemente un programa más prolongado como el que presentamos aquí sea necesario para alcanzar mejoras significantes en estos pacientes. Estudios previos ya habían demostrado la eficacia de ejercicios combinados sobre la capacidad funcional de estos pacientes (Da Costa et al., 2005; Bircan et al., 2008; Cedraschi et al., 2004). Incluso protocolos de corta duración han demostrado ser beneficiosos para este grupo de población (Bircan et al., 2008; Cedraschi et al., 2004). Sin embargo, las mejoras son menores a las reflejadas en el presente estudio.

Con respecto a la composición corporal, parece haber un claro consenso de que el ejercicio aeróbico es especialmente efectivo para el control de peso (Donnelly et al., 2004), aunque poco se sabe sobre los efectos del entrenamiento de fuerza a largo plazo sobre estos parámetros. Teóricamente este tipo de entrenamiento puede contribuir al incremento del gasto energético durante actividades de la vida diaria ya que la masa muscular quemaría más energía y facilitaría una mayor práctica de ejercicio físico (Hunter et al., 2005). En este sentido, un estudio que evaluó el efecto de 16 semanas de entrenamiento de la fuerza en mujeres posmenopáusicas reflejó incrementos en la masa libre de grasa y en la tasa metabólica basal, aunque no hubo una pérdida de peso (Ryan et al., 1995). En el presente estudio pudo evidenciarse un incremento del 5% en la masa muscular del GE e igualmente una disminución del 8% en la masa grasa, lo que conllevó una ligera disminución del peso corporal. Estas diferencias podrían atribuirse bien a la duración del programa, como a los condicionantes de la práctica (frecuencia, duración o intensidad). Así, Santa-Clara et al. (2003) ya comprobaron como 6 meses de entrenamiento podrían mejorar el porcentaje graso, pero solo en aquellos pacientes que realizaban tanto ejercicio aeróbico como de fortalecimiento. Los resultados del presente estudio sugieren que puede haber unos beneficios sinérgicos al realizar el ejercicio combinado, principalmente sobre la capacidad funcional. De hecho en otras poblaciones ya se había comprobado que la combinación de ejercicios de fuerza y aeróbicos conlleva mayores mejoras cardiovasculares, en la función muscular y en la composición corporal que el ejercicio aeróbico por sí solo (Pierson et al., 2001) y este puede ser el caso de la FM.

Este hecho puede tener una notable importancia clínica ya que estudios previos reflejaron que el entrenamiento de fortalecimiento podría predecir 6 años de cambios en el peso corporal y la grasa de mujeres posmenopáusicas (Bea et al., 2010). En este estudio, aunque se diseñó para realizarse 3 veces por semana, las mujeres asistieron tan solo 2 como media, lo que iguala la frecuencia a la empleada en el presente estudio aunque podrían esperarse mayores beneficios si dicha frecuencia de práctica se incrementase.

Ante esta necesidad de nuevas herramientas que permitan establecer subgrupos entre los pacientes con FM, se ha pensado en la composición corporal de estos pacientes y su posible relación con la sintomatología que ellos reportan. Disponemos de evidencias que sugieren que una práctica adecuada de actividad física permite modificar la composición corporal de los pacientes con dolor crónico, disminuyendo su masa grasa y aumentando la muscular. Así, autores como Yunus et al. (2002) reflejaron una relación entre IMC y fatiga en una muestra de 211 mujeres con FM, aunque no pudo evidenciarse una relación con el dolor reportado por estos pacientes. Una peor capacidad funcional y los valores de IMC fue igualmente reflejada por estos autores. En el presente estudio las disminuciones en el porcentaje de masa grasa pudieron correlacionarse con las mejoras en el FIQ reportadas por las mujeres. Por tanto, dadas estas relaciones entre capacidad funcional y composición corporal reflejadas en este estudio, es de esperar que en base a un tratamiento adecuado con un programa combinado de ejercicio físico, se pueda incidir de manera positiva en ambos parámetros.

Una posible limitación del presente estudio fue la imposibilidad de llevar un control exhaustivo de la medicación de los sujetos. Si bien no se reflejaron diferencias significativas entre los diferentes análisis, se ha demostrado que la acción de citoquinas inflamatorias y efectos secundarios de los fármacos empleados para el control de la enfermedad podrían afectar ostensiblemente la composición corporal y la distribución entre los compartimentos de masa magra y tejido adiposo (Galperin et al., 1999). A pesar de estas limitaciones, se podría concluir que un programa de ejercicio físico combinado de larga duración conlleva mejoras en la capacidad funcional y la composición corporal de mujeres con FM y que la relación entre estas variables podría contribuir a la mejor adecuación de futuros tratamientos no farmacológicos.

REFERENCIAS

- Ablin, J.N., Shoenfeld, Y., y Buskila, D. (2006). Fibromyalgia, infection and vaccination: Two more parts in the etiological puzzle. *J Autoimmunity*, 27, 145-152.
- Assis, M.R., Silva, L.E., Alves, A.M., Pessanha, A.P., Valim, V., Feldman, D., et al. (2006) A randomized controlled trial of deep water running: clinical effectiveness of aquatic exercise to treat fibromyalgia. *Arthritis Rheum*, 55, 57–65.
- Bea, J.W., Cussler E.C., Going, S.B., Blew, R.M., Metcalfe, L.L., Lohman, T.G. (2010). Resistance Training Predicts 6-yr Body Composition Change in Postmenopausal Women. *Med Sci Sports Exerc*, 42(7): 1286–1295.
- Besson, P. (2001). La Fatiga Crónica (Fibromialgia) ¿cómo aliviar los síntomas? Barcelona: Oniro.
- Bircan, C., Karasel, S.A., Akgün, B., El, O., y Alper, S. (2008). Effects of muscle strengthening versus aerobic exercise program in fibromyalgia. *Rheumatol Int*, 28(6), 527-32.
- Bowen, D.J., Fesinmeyer, M.D., Yasui, Y., Tworoger, S., Ulrich, C.M., Irwin, M.L., et al. (2006). Randomized trial of exercise in sedentary middle aged women: effects on quality of life. *Int J Behav Nutr Phys Act*, 4, 3:34.
- Brosseau, L., Wells, G.A., Tugwell, P., Egan, M., Wilson, K.G., Dubouloz, C.J., et al. (2008). Ottawa Panel Members.Ottawa Panel evidence-based clinical practice guidelines for aerobic fitness exercises in the management of fibromyalgia: part 1. *Phys Ther*, 88(7), 857-71.
- Busch, A.J., Schachter, C.L., Overend, T.J., Peloso, P.M., y Barber, K.A. (2008). Exercise for fibromyalgia: a systematic review. *J Rheumatol*, 35(6), 1130-44.
- Carville, S.F., Arendt-Nielsen, S., Bliddal, H., Blotman, F., Branco, J.C., Buskila, D., et al. (2008). EULAR.EULAR evidence-based recommendations for the management of fibromyalgia syndrome.*Ann Rheum Dis*, 67(4), 536-41.
- Cedraschi, C., Desmeules, J., Rapiti, E., Baumgartner, E., Cohen, P., Finckh, A., et al. (2004). Fibromyalgia: a randomised, controlled trial of a treatment programme based on self management. *Ann Rheum Dis*, 63, 290-6.
- Da Costa, D., Abrahamowicz, M., Lowensteyn, I., Bernatsky, S., Dritsa, M., Fitzcharles, M.A., y Dobkin, P.L. (2005). A randomized clinical trial and individualized home-based exercise programme for women with fibromyalgia. *Rheumatol (Oxford)*, 44, 1422–1427.
- Donnelly, J.E., Smith, B., Jacobsen, D.J., et al. (2004). The role of exercise for weight loss and maintenance. *Best Pract Res Clin Gastroenterol*, 18(6):1009–29.
- Fietta, P., Fietta, P., & Manganelli, P. (2007). Fibromyalgia and psychiatric disorders. Acta Biomed, 78, 88-95.
- Fine, J.T., Colditz, G.A., Coakley, E.H., et al. (1999). A prospective study of weight change and health-related quality of life in women. *JAMA*, 282(22):2136–42.

- Galperin, C., German, B., Gerswin, E. (1999). *Nutrition and Diet in Rheumatic Diseases*. En Shills, M., Olson, J., Shike, M., Catherine, A., coords. Modern nutrition in health and disease. 9ª ed. Philadelphia PA: Lippincott Williams & Wilkins, pp. 1339-52.
- Goldberg, J.H., King, A.C. (2007). Physical activity and weight management across the lifespan. *Annu Rev Public Health*, 28:145–70.
- Gusi, N., Tomas-Carus, P., Häkkinen, A., Häkkinen, K., & Ortega-Alonso, A. (2006). Exercise in waist-high warm water decreases pain and improves health-related quality of life and strength in the lower extremities in women with fibromyalgia. *Arthritis Rheum*, 55(1), 66-73.
- Hu, F.B., Willett, W.C., Li, T., Stampfer, M.J., Colditz, G.A., Manson, J.E. (2004). Adiposity as compared with physical activity in predicting mortality among women. *N Engl J Med*, 351(26):2694–703.
- Hunter, G.R., Byrne, N.M. (2005). Physical activity and muscle function but not resting energy expenditure impact on weight gain. *J Strength Cond Res*, 19(1):225–30.
- Jain, A.K., y Carruthers, B.M. (2003). Fibromyalgia Syndrome: Canadian Clinical Working Case Definition, Diagnostic and Treatment Protocols – A Consensus Document. *J Musculoskel Pain*, 11(4), 3-107.
- Kingsley, J.D., Panton, L.B., Toole, T., Sirithienthad, P., Mathis, R., & McMillan, V. (2005). The effects of a 12-week strength-training program on strength and functionality in women with fibromyalgia. *Arch Phys Med Rehabil*, 86, 1713-21.
- Lee, C.G., Carr, M.C., Murdoch, S.J., et al. (2009). Adipokines, inflammation, and visceral adiposity across the menopausal transition: a prospective study. *J Clin Endocrinol Metab*, 94(4): 1104–10.
- Nielsen, L.A., y Henricksson, K.G. (2007). Pathophysiological mechanisms in chronic musculoskeletal pain (fibromyalgia): role of central and peripheral sensitization and pain disinhibition. *Best Pract Res Clin Rheumatol*, 21(3), 465-80.
- Nishishinya, M.B., Rivera, J., Alegre, C., & Pereda, C.A. (2006). Intervenciones no farmacológicas y tratamientos alternativos en la fibromialgia. *Med Clin (Barc)*, 127, 295-9.
- Pierson, L.M., Herbert, W.G., Norton, H.J., Kiebzak, G.M., Griffith, P., Fedor, J.M., et al. (2001). Effects of combined aerobic and resistance training versus aerobic training alone in cardiac rehabilitation. *J Cardiopulm Rehabil*, 21(2):101-10.
- Rana, J.S., Li, T.Y., Manson, J.E., Hu, F.B. (2007). Adiposity compared with physical inactivity and risk of type 2 diabetes in women. *Diabetes Care*, 30(1):53–8.
- Redondo, J.R., Justo, C.M., Moraleda, F.V., Velayos, Y.G., Puche, J.J., Zubero, J.R., et al. (2004). Long-term efficacy of therapy in patients with fibromyalgia: a physical exercise-based program and a cognitivebehavioral approach. *Arthritis Rheum*, 51, 184–192.
- Richards, S.C., & Scott, D.L. (2002). Prescribed exercise in people with fibromyalgia: parallel group randomised controlled trial. *BMJ*, 325, 185.
- Rivera, J., & Gonzalez, T. (2004). The Fibromyalgia Impact Questionnaire: a validated Spanish version to assess the health status in women with fibromyalgia. *Clin Exp Rheumatol*, 22:554-60.

- Ryan, A.S., Pratley, R.E., Elahi, D., Goldberg, A.P. (1995). Resistive training increases fat-free mass and maintains RMR despite weight loss in postmenopausal women. *J Appl Physiol*, 79(3):818–23.
- Santa-Clara, H., Fernhall, B., Baptista, F., Mendes, M., Bettencourt, L. (2003). Effect of a One-Year Combined Exercise Training Program on Body Composition in Men With Coronary Artery Disease. *Metabolism*, 52(11): 1413-1417.
- Sañudo, B., Galiano, D., Carrasco, L., Bragojevic, M., de Hoyo, M., Saxton, J.M. (2010). Aerobic exercise versus combined exercise therapy in women with fibromyalgia syndrome: a randomized controlled trial. *Arch Phys Med Rehabil*. In press.
- Sternfeld, B., Wang, H., Quesenberry, C.P. Jr., et al. (2004). Physical activity and changes in weight and waist circumference in midlife women: findings from the Study of Women's Health Across the Nation. *Am J Epidemiol*, 160(9):912–22.
- Tomas-Carus, P., Gusi, N., Häkkinen, A., Häkkinen, K., Leal, A., y Ortega-Alonso, A. (2008). Eight months of physical training in warm water improves physical and mental health in women with fibromyalgia: a randomized controlled trial. *J Rehabil Med*, 40(4), 248-52.
- Wolfe, F., Smythe, H.A., Yunus, M.B., Bennett, R.M., Bombardier, C., Goldenberg, D.L., et al. (1990). The American College of Rheumatology 1990 criteria for the classification of fibromyalgia. Report of the multicenter criteria committee. *Arthritis Rheum*, 33, 160-72.
- Yunus, MB., Arslan, S Aldag, JC. (2002). 'Relationship between body mass index and fibromyalgia features', *Scand J Rheum*, 31:1, 27 – 31.

Capítulo 11

EFECTOS DE LAS VIBRACIONES MECÁNICAS SOBRE EL SISTEMA MÚSCULO-ESQUELÉTICO Y EL EQUILIBRIO DE PERSONAS MAYORES Y POBLACIONES CLÍNICAS

Moisés de Hoyo Lora
Borja Sañudo Corrales
Luis Carrasco Páez

INTRODUCCIÓN

Las primeras investigaciones centradas en los efectos de las vibraciones sobre el cuerpo humano fueron realizadas desde la perspectiva de la medicina del trabajo, considerando éstos como muy perjudiciales para la salud (Cardinale y Wakeling, 2005). Sin embargo, la perspectiva más actual, proveniente del ámbito de la actividad física y el deporte y de la rehabilitación, considera los efectos de las vibraciones muy beneficiosos para la mejora del rendimiento neuromuscular. La explicación a estas grandes divergencias podría residir en los diferentes estímulos vibratorios empleados. Así, los efectos sobre diversos parámetros relacionados con la eficacia muscular han sido estudiados con ejercicios y equipos especialmente diseñados (Bosco et al., 2000; Cardinale y Bosco, 2003; Da Silva-Grigoletto et al., 2006; Lamont et al., 2010) y, en particular, aquellos efectos de las vibraciones de cuerpo entero (WBV), los cuales han sido analizados utilizando plataformas capaces de producir vibraciones sinusoidales (Cardinale y Wakeling, 2005).

Aunque el entrenamiento con vibración ha estado presente en los últimos 40 años, los beneficios potenciales han empezado a ser investigados de forma adecuada recientemente. Los primeros en aplicar las vibraciones en el entrenamiento fueron los científicos rusos en la década de 1970, quienes encontraron en éstas un medio más para trabajar con sujetos bien entrenados, tales como gimnastas, luchadores, patinadores, etc. (Issurin et al., 1994; Issurin y Tenenbaum, 1999), desarrollando dispositivos específicos para transmitir ondas vibratorias desde la zona distal a la proximal de los grupos musculares, sobre todo durante la ejecución de ejercicios isométricos (Nazarov y Spivak, 1985).

El entrenamiento basado en la acción de estimulaciones vibratorias parece provocar efectos similares a un programa basado en los ciclos de estiramiento – acortamiento (Cardinale y Lim, 2003). Éste se ha venido utilizando de forma aislada en modalidades deportivas que se caracterizan por una elevada explosividad, tratando las ventajas que ofrece el reflejo miotático. Este reflejo, supone una modificación del reflejo tónico vibratorio (TVR), provocando una contracción muscular refleja originada al estimular localmente un músculo o tendón mediante vibraciones (Hagbarth y Eklund, 1965), siendo su respuesta muy reproducible en todo tipo de sujetos (Hagbarth y Eklund, 1965).

De esta forma, la aplicación de movimientos oscilatorios sinusoidales sobre los músculos o sobre los tendones provoca pequeños y rápidos cambios en la longitud de la unidad músculo-tendinosa. Esta alteración de la longitud es detectada por los propioceptores, principalmente los husos neuromusculares, los cuales intentan evitar la elongación del músculo mediante una contracción muscular refleja (Nishihira et al., 2002). Esto es lo que se conoce como TVR. Como consecuencia de la detección de las vibraciones por parte de los husos neuromusculares, se produce una mayor ratio de descarga de estas estructuras (Nishihira et al., 2002), fundamentalmente a través de las fibras aferentes tipo Ia, lo que se traduce en un aumento de los potenciales motores evocados en los músculos sometidos a vibración (Siggelkow et al., 1999; Kossev et al., 2001). También se ha sugerido la intervención de los corpúsculos tendinosos de Golgi (Nishihira et al., 2002) e incluso de los receptores cutáneos (Abbruzzese et al., 1978). Todo ello supone, tal y como se ha constatado, una activación de los circuitos medulares en los que se basa el reflejo miotático (Rittweger et al., 2003), lo que provoca una mayor sincronización de unidades motrices a través de sus motoneuronas α (Cardinale y Bosco, 2003). Por otra parte, también resultan estimuladas las motoneuronas γ (Cardinale y Bosco, 2003) que mantienen elongada la parte central de los husos neuromusculares, haciendo que éstos sean más sensibles. Todo ello mejora la eficiencia del sistema neuromuscular una vez que el estímulo ha cesado.

De la misma forma, un fenómeno que no debemos olvidar es el conocido como "tuning", el cual guarda una relación directa con el TVR. Se ha propuesto que el cuerpo tiene una estrategia de "ajuste" de su actividad muscular para reducir las vibraciones de los tejidos blandos en un intento de reducir posibles efectos nocivos (Nigg, 1997). Así, dentro de los músculos esqueléticos, cada uno de los puentes entre los miofilamentos de actina y miosina genera cierta rigidez (Rack y Westbury, 1974), por lo que dicha rigidez del tejido (y por lo tanto la frecuencia natural de vibración) se puede ver incrementada con los aumentos de la actividad muscular. Los estudios han demostrado que los coeficientes de amortiguación de los grupos musculares en su conjunto aumentan con la actividad muscular (Ettema y Huijing, 1994; Wakeling y Nigg, 2001), lo que refuerza el papel desempeñado por los puentes cruzados. De esta forma, todo parece indicar que los músculos se activan para minimizar las vibraciones que se producen dentro de los tejidos (Cardinale y Wakeling, 2005)

Por otro lado, a nivel físico, tras la aplicación de un entrenamiento con vibraciones de cuerpo entero (WBV) se produce un aumento de la fuerza generada por el sujeto debido a que el aparato empleado para producir vibraciones altera la aceleración, aumentándola y creando un efecto hipergrávico con sus respectivas consecuencias sobre dicha cualidad. Así, Cardinale y Lim (2003) afirman que cuando la carga gravitacional es reducida (microgravedad), hay una señalada reducción de la masa muscular y de la capacidad de generar fuerza. Por el contrario, un incremento de la carga gravitacional (hipergravedad) aumenta el área de sección transversal del músculo y con ello la capacidad de generar fuerza. Hay que recordar que los programas específicos para la mejora de la fuerza y la potencia muscular se basan en ejercicios realizados con una rápida y violenta variación de la aceleración gravitatoria (Bosco, 1992).

Bajo este punto de vista, no debemos obviar la importancia que parecen tener los cambios significativos que se producen sobre el perfil hormonal como resultado de la exposición a vibraciones mecánicas, los cuales pueden ser importantes sobre todo para la mejora crónica de la función neuromuscular. Además, las adaptaciones neuromusculares podrían estar relacionadas o influidas por factores hormonales (Da Silva-Grigoletto el al., 2006). El alto estrés impuesto por esta forma de ejercicio sobre las estructuras músculo-esqueléticas requieren un alto nivel de activación neural y representa una demanda aumentada con respecto a las situaciones homeostáticas, estimulando así respuestas fisiológicas rápidas (Cardinale y Bosco, 2003). De esta forma, las características mecánicas de la vibración podrían tener un efecto similar al entrenamiento de fuerza, es decir, se pone en marcha una rápida activación endocrina por las vías colaterales del comando motor central y se transmite a los centros autonómicos y neurosecretores hipotalámicos. Las influencias de retroalimentación de los propioceptores y metaborreceptores del músculo estimulan aún más tales respuestas, encontrándose así aumentos transitorios en ciertas hormonas, como la hormona de crecimiento (GH), la tetosterona (Bosco et al., 2000, Kvorning et al., 2006) el factor de crecimiento insulínico (Cardinale et al., 2010) y la noradrenalina (Di Loreto et al., 2004), descendiendo, al mismo tiempo, el cortisol (Bosco et al., 2000), si bien, es cierto, que existen algunos estudios que no corroboran estos resultados (Di Loreto et al., 2004; Cardinale et al., 2006; Erskine et al., 2007, Cardinale et al., 2010).

Para provocar dichos efectos, las plataformas más utilizadas suelen vibran en sentido vertical o rotacional, provocando un efecto u otro dependiendo de la oscilación mecánica de la vibración, que queda definida por la frecuencia (ciclos por unidad de tiempo, expresados en Hz), la amplitud (mitad de la diferencia entre el máximo y el mínimo valor de la oscilación periódica, medida en mm), la duración de la exposición y la magnitud o aceleración (parámetro derivado de la frecuencia y amplitud, y, que se obtiene indirectamente a través de la fórmula (Cordo et al, 1995; Luo et al., 2005): $a=(2 \cdot \pi \cdot f^{2 \cdot A})$; donde a=aceleración, f=frecuencia y A=amplitud.

Como consecuencia de los variados efectos de las vibraciones mecánicas sobre el organismo, se han encontrado diversas aplicaciones tanto en la preparación física y el entrenamiento deportivo, como en el tratamiento de distintos procesos patológicos. Así, se ha planteado la hipótesis de que una vibración con una amplitud baja (2-4mm) y una frecuencia de estimulación alta (20-50 Hz) es una forma segura y eficiente de mejorar la fuerza muscular, el equilibrio y la competencia mecánica de los huesos en ancianos y poblaciones clínicas (Torvienen et al, 2002). De esta forma, en los últimos años, aprovechando los beneficios potenciales de las WBV, su uso se ha extendido al campo clínico, de forma que personas mayores (Verschueren et al, 2004; Bruyere et al, 2005), enfermos coronarios (Van Ness et al., 2004), lesionados medulares (Gianutsos et al., 2001), sujetos expuestos a prolongados períodos de reposo total en cama (Bleeker et al, 2005; Blottner et al., 2006) e incluso pacientes con lumbalgias crónicas (Rittweger et al., 2002), entre otros, se han beneficiado del tratamiento mediante vibraciones.

En este sentido, son muchos los estudios que proponen programas de entrenamiento basados en la estimulación vibratoria y que intentan medir la modificación que ello supone sobre distintos parámetros relacionados con diversos sistemas corporales. Bajo este punto de vista, en el presente documento analizaremos las evidencias científicas existentes hasta la fecha en lo relativo a los posibles efectos sobre el sistema musculo-esquelético que pueden derivarse de un entrenamiento continuado en el tiempo con WBV en poblaciones clínicas y en ancianos.

EFECTO DE LAS VIBRACIONES SOBRE LA FUERZA MUSCULAR

En lo relativo a los efectos sobre la fuerza tras un entrenamiento con WBV obtenidos con este tipo de poblaciones, debemos tener en cuenta estudios como el de Bogaerts et al. (2007), quienes, tras doce meses de entrenamiento con WBV (30-40 Hz; 2.5-5 mm), obtuvieron, en un grupo de mujeres mayores (67-68 años) un incremento significativo en la contracción máxima voluntaria (MVC) y el salto CMJ ($p<0.05$). Sin embargo, la comparación con otro grupo similar sometido a un entrenamiento convencional durante el mismo periodo de tiempo no mostró diferencias estadísticamente significativas. Este mismo grupo de autores, en un grupo de ancianos de similares características a la muestra del estudio anterior, observaron un incremento de la fuerza tras doce meses de intervención con WBV, siendo los efectos similares a los encontrados en grupo que se sometió a un entrenamiento tradicional (Bogaerts et al., 2009).

Bajo esta misma perspectiva, Rees et al. (2007) realizaron, durante dos meses y tres veces por semana, un trabajo con WBV (26 Hz; 5-8 mm) con mayores no entrenados (23 hombres; 20 mujeres; 66-85 años). El grupo experimental mostró un incremento en el test isocinético con movimiento de extensión de rodilla, si bien éste fue similar al mostrado por el grupo que se sometió a un entrenamiento convencional, y muy superior a un grupo que no realizó ejercicio alguno. Posteriormente, este mismo grupo de investigadores, obtuvieron con un grupo de 30 mayores (73.7 ± 4.6 años), una mejora en la fuerza del tobillo y la potencia tras 8 semanas de entrenamiento convencional frente a WBV complementado con ejercicio, si bien las diferencias encontradas no fueron significativas (Rees et al., 2008).

En otra investigación en la que se aplicaron WBV, Verschueren et al. (2004) encontraron tras 6 meses de entrenamiento mejoras en la fuerza isométrica y dinámica en mujeres postmenopáusicas, aunque estos resultados fueron similares a los encontrados con un grupo de entrenamiento tradicional, por lo que, según los autores, el entrenamiento con WBV parece tan efectivo como el tradicional para la mejora de la fuerza en esta población. Por su parte, Roelants et al. (2004) evaluaron los efectos de un entrenamiento con WBV (35-40 Hz; 2.5-5 mm) también en mujeres postmenopáusicas (58-74 años) durante 24 semanas, comparando éstos con los experimentados por un grupo que realizó un entrenamiento de fuerza tradicional (20 repeticiones con 8RM) y otro grupo que no realizó ningún entrenamiento. Los resultados mostraron un incremento significativo en el grupo que fue sometido a WBV y en el grupo de entrenamiento tradicional, si bien las diferencias entre ambos grupos no fueron significativas.

En personas con esclerosis múltiple, un programa de entrenamiento con WBV (25-45 Hz, 2.3 mm) de 20 semanas de duración, llevado a cabo con sujetos con una puntuación en la escala de discapacidad de 4.3 ± 0.2 y una edad media de 47.9 ± 1.9 años, no reflejó modificaciones significativas en lo relativo a la fuerza máxima isométrica y dinámica (Broekmans et al., 2010). En la misma línea, Brogårdh et al. (2010), tampoco encontraron efectos significativos sobre la fuerza máxima dinámica e isométrica tras 5 semanas de entrenamiento (10 sesiones) con WBV (25 Hz, 3.75 mm) en una muestra de cinco sujetos con efectos tardíos de polio, si bien, hay que tener presente que tanto la muestra utilizada como la duración de la intervención pueden justificar la ausencia de resultados relevantes.

Basándonos en los resultados mostrados, es lógico pensar que las vibraciones tienen el potencial suficiente para producir un efecto considerable sobre la fuerza en estas poblaciones tras un programa de entrenamiento que tenga una duración mínima de 24 semanas. Estos efectos sobre el sistema neuromuscular pueden proporcionar una sobrecarga similar a la del entrenamiento de fuerza convencional sin la necesidad de movilizar una carga elevada, pudiendo conllevar un efecto superior a largo plazo (Jordan et al., 2005). De esta forma, autores como Cardinale y Wakeling (2005) nos indican que no es probable que el entrenamiento con WBV produzca mejoras significativas en el rendimiento en atletas bien entrenados y sujetos jóvenes físicamente activos si no se combina con un entrenamiento convencional de fuerza, si bien, esta forma de entrenamiento puede ser beneficiosa para personas mayores o como terapia en los programas de rehabilitación, ya que se requiere poco esfuerzo y la técnica que hay que dominar no es complicada (Cardinale y Wakeling, 2005).

En la tabla 1 se puede observar un resumen de los principales estudios realizados con el tipo de población objeto de estudio y que han analizado fundamentalmente parámetros relacionados con la fuerza muscular.

Tabla 1. Estudios relacionados con los efectos de las vibraciones mecánicas sobre la fuerza en personas mayores y poblaciones clínicas.

Estudio	Participantes	Duración	Parámetros WBV	Tipo de estudio	Pruebas	Resultados
Roelants et al. (2004)	Mujeres postmenopáusicas (n=89; 58-74 años)	6 meses	Vibración Vertical. 35-40 Hz y 2.5-5 mm. 3-30 min en series de 30-60 s con 5-60 s recuperación	CON: Sin actividad (n=29). EX1: Ejercicio fuerza (n=30) EX2: WBV (n=30). 3 veces / semana	- FMD, FMI y velocidad de movimiento en extensores de rodilla. - CMJ.	- ↑ FMD y FMI en EX1 y EX2 ($p<0.05$). - ↑velocidad de movimiento con cargas bajas en EX2 ($p<0.05$). - Sin diferencias en CMJ.
Bogaerts et al. (2007)	Hombres (n=97; 60-80 años)	12 meses	Vibración Vertical 30-40 Hz y 2.5-5 mm 3-15 x 30-60 s con 15-60 s recuperación	CON: Sin cambios en su estilo de vida (n=66). EX1: Ejercicio 1.5 h/día (n=60). EX2: WBV con un máximo de 40 min/ día (n=94).3 veces / semana	- FMI en extensión de rodilla. - CMJ. - Masa muscular de la parte superior del muslo.	- ↑ FMI, CMJ y masa muscular en EX1 y EX2 ($p<0.05$).
Rees et al. (2007)	Personadas adultas sedentarias (n= 23 hombres y 21 mujeres; 66-85 años)	8 semanas	Vibración Rotacional 26 Hz y 5-8 mm 6 x 45-80 s con 45-80 s recuperación	CON: Sin actividad (n=15). VIB: WBV (n=15). EX: Ejercicio sin WBV (n=13). 3 veces / semana	- TUG. - STS. - Tiempo en recorrer 5 y 10 m. - SMT. - FMD.	- Mejoras en STS, tiempo 5 m y FMD en extensión de rodilla en VIB y EX en comparación con CON ($p<0.05$).
Rees et al. (2008)	30 personas adultas, sanas y sedentarias (n=16 hombres y 14 mujeres)	8 semanas	Vibración Rotacional 26 Hz y 5-8 mm 6 x 45-80 s con 45-80 s recuperación	VIB: WBV (n=15) EX: Ejercicio sin WBV (n=15) 3 veces / semana	- Potencia - TMD	- ↑de la potencia y TMD en VIB en comparación con CON para la flexión plantar ($p<0.05$). - Sin diferencias en la flexión y extensión de rodilla.
Bogaerts et al. (2009)	Personas adultas (n=180; 60-80 años)	12 meses	Vibración Vertical. Máximo 40 min/día	CON: sin actividad (n=61). EX1: WBV (n=70). EX2: Ejercicio de resistencia, fuerza, flexibilidad y equilibrio entre 60 y 90 min/día (n=49). 3 veces / semana	- $VO_{2máx}$. - TME. - FMI	- ↑ de todas las variables tras la intervención en EX1 y EX2 ($p<0.05$). - EXP2 tuvo un mayor incremento en TME que EX1 ($p<0.05$).

EFECTOS DE LAS VIBRACIONES MECÁNICAS SOBRE EL SISTEMA MÚSCULO-ESQUELÉTICO DE PERSONAS MAYORES

Estudio	Participantes	Duración	Parámetros WBV	Tipo de estudio	Pruebas	Resultados
Brogardh et al. (2010)	Personas con síndrome de post-poliomielitis (n=3 hombres y 2 mujeres; 55-71 años).	5 semanas	Vibración Vertical 25 Hz, 7.5 mm 4-10 x 40-60 s con 60 s de recuperación	EX: WBV (n=5).	- FMD. - FMI. - TUG. - 6MWT. - CFGST.	- No se produjeron diferencias estadísticamente significativas en ninguna de las variables analizadas.
Broekmans et al. (2010)	Personas con esclerosis múltiple (n=18 hombres y 7 mujeres; 47.9 ± 1.9 años).	4 meses	25-45 Hz y 2.5 mm	EX: WBV (n=11). CON: Sin actividad (n=14) 5 sesiones cada 2 semanas	- FMD - TMD/TMI - Test de fatiga - Velocidad de contracción - BBS - TUG - 2mWT - T25FW	- No se observaron modificaciones significativas en ninguna de las pruebas realizadas después de 10 y 20 semanas de intervención.
Sañudo et al. (2010)	Mujeres postmenopáusicas con fibromialgia (n=30; 59±7.90 años)	6 semanas	Vibración Rotacional. 20 Hz y 2-3 mm 7 x 15-45 s con 15-45 s de recuperación 2 sesiones / semana	CON: Ejercicio de resistencia, fuerza, flexibilidad y equilibrio (n=15) EX: Ejercicio + WBV Ejercicio físico = 3/semana.	- FIQ. - SF-36. - Fuerza en tirón de piernas.	- ↑FIQ y ↓SF-36 en CON y EX ($p<0.05$). - Sin cambios significativos en la fuerza.

EXP: Grupo experimental; CON: Grupo control; FMD: Fuerza Máxima Dinámica; FMI: Fuerza Máxima Isométrica; CMJ: Salto con Contramovimiento; VO2máx: Consumo de Oxígeno Máximo; TME: Tiempo Máximo de Ejercicio; FIQ: Cuestionario del Impacto de la Fibromialgia: SF-36: Cuestionario de Salud; 6MWT: Six Minute Walk Test. CFGST: Comfortable and Fast Gait Speed Tests; TUG: Timed Up & Go; STS: Sit-to-Stand Test; SMT: Stair Mobility Test; TMD: Torque Máximo Dinámico; TMI: Torque Máximo Isométrico; BBS: Berg Balance Scale; 2mWT: Two-minute Walk Test; T25FW: The 25-Foot Walk test.

EFECTO DE LAS VIBRACIONES SOBRE EL EQUILIBRIO Y EL CONTROL POSTURAL.

Debido a que con la aplicación de WBV se activa el sistema neuromuscular (Hass et al., 2004), las estructuras de control de dichos sistemas son las más afectadas por este tipo de entrenamiento (Liphard, 2008), de forma que las vibraciones se han asociado con notables mejoras en el control postural (Wierzbicka et al., 1998; Priplata et al., 2003). Ello, unido a los resultados positivos obtenidos en su aplicación sobre lumbalgias crónicas (Rittweger et al., 2002), indican que se puede tratar de una eficaz herramienta en la mejora del tono postural (Liphard, 2008). Por otro lado, la mayoría de los estudios que pretenden analizar los efectos del entrenamiento vibratorio sobre el equilibrio se han realizado principalmente en entornos médicos. Así, se han publicado trabajos realizados en el contexto de la rehabilitación de lesiones ortopédicas (Berschin y Sommer, 2004) y la prevención del riesgo de caída (Bautmans et al., 2005; Bruyere et al., 2005; Kawanabe et al., 2007), presentando resultados no del todo relevantes. De esta forma, parece que la aplicación de vibraciones de baja magnitud puede ser eficaz para el tratamiento de personas con inestabilidad postural, o bien para aquellas personas cuyas funciones motoras se encuentran afectadas, como los ancianos y personas con enfermedad de Parkinson o esclerosis múltiple (Bautmans et al., 2005; Schuhfried et al., 2005; Turbanski et al., 2005; Novak y Novak, 2006; Cheung et al., 2007; Kawanabe et al., 2007; Furness y Maschette, 2009).

Centrándonos en población sana, Rees et al. (2009), analizaron los efectos de las WBV sobre la estabilidad postural mediante la prueba de equilibrio estático con una pierna. Para ello, 43 sujetos (23 hombres y 20 mujeres; edad media: 73,5 ± 4,5 años) fueron distribuidos en tres grupos: vibración, ejercicio sin vibración y control. Después de 8 semanas de intervención, el equilibrio mejoró de forma significativa en el grupo que se sometió a WBV en comparación con los otros dos. En la misma línea, Furness y Maschette (2009) evaluaron en 73 mayores (edad media: 72 ± 8 años) la influencia del número de sesiones semanales realizadas con WBV sobre diferentes test relacionados con la capacidad de sentarse y levantarse de una silla, así como la prueba de equilibrio de Tinetti. Tras seis semanas de intervención todos los parámetros medidos en los grupos que se sometieron a WBV mejoraron significativamente. Igualmente, los resultados fueron mejores en el grupo que se sometió a tres sesiones semanales frente a los que se sometieron a una o dos. Por su parte, Cheung et al. (2007) dividieron a 69 mujeres sedentarias de más de 60 años de edad en dos grupos, uno que se sometió a WBV (20 Hz) 3 min al día y 3 días a la semana durante 3 meses y, otro, que actuó como control. Los resultados mostraron mejoras considerables en la estabilidad global, medida a través de la velocidad de movimiento, el punto de máxima excursión y el control direccional.

En esta misma línea, autores como Bautmans et al. (2005), en un entorno institucional, aplicaron WBV durante 6 semanas a sujetos de edad avanzada (edad media: 77 años), obteniendo mejoras en la evaluación de algunas actividades de la vida diaria. Los autores concluyeron que las WBV parecen ser beneficiosas para la mejora del equilibrio y la movilidad, siendo ésta una posible forma de ejercicio para este grupo de personas (Bautmans et al., 2005). Por su parte, Kawanabe et al. (2007) observaron, tras 2 meses de entrenamiento con WBV cumplimentado con una rutina de ejercicios, una mejora de la capacidad para caminar, en comparación con el grupo de ancianos que sólo realizaron el programa de ejercicios.

En pacientes con parkinson, Turbanski et al. (2005) mostraron cómo, tras la aplicación de un programa con WBV a 6 Hz y 3 mm (5 series de 1 min), estos pacientes presentaron un mayor control postural en varias de las pruebas realizadas. En contraste, Ebersbach et al. (2008), tras 3 semanas de entrenamiento con WBV no observaron en el grupo sometido a WBV una mejora en el equilibrio y la marcha por encima de las obtenidas por aquellos pacientes con parkinson que fueron sometidos a un entrenamiento estándar para la mejora del equilibrio. En otra investigación realizada con pacientes con esclerosis múltiple, se sometió a éstos a un entrenamiento con WBV (2,0-4,4 Hz y 3 mm), realizándose 5 repeticiones de 1 min (Schuhfried et al., 2005). Los resultados mostraron una mejora en el tiempo empleado en levantarse de una silla, así como en el control postural y la movilidad. Sin embargo, la limitación de este estudio viene determinada por la falta de un grupo control que no se sometiera a ningún entrenamiento. El grupo control utilizado recibió estimulación nerviosa eléctrica transcutánea en lugar de las vibraciones, provocando contracciones musculares, las cuales pueden haber afectado los resultados del estudio (Schuhfried et al., 2005).

En los últimos años varios autores han demostrado que el entrenamiento con WBV se asocia con aumentos en la fuerza muscular en diferentes enfermedades reumáticas incluyendo la fibromialgia (FM). Sin embargo, a pesar de la capacidad adaptativa del sistema neuromuscular al entrenamiento de fuerza en población con FM (Valkeinen et al., 2005), el impacto del entrenamiento vibratorio sobre el equilibrio sigue siendo incierto. Algunos autores informan de una mejora en el equilibrio después de 6 u 8 semanas de WBV combinados con la terapia física en personas mayores (Valkeinen et al., 2005). Hasta donde sabemos, sólo varios estudios han evaluado la viabilidad y eficacia de WBV para mantener la estabilidad en los pacientes con FM informando de su capacidad para mejorar el equilibrio dinámico (Gusi et al., 2010; Sañudo et al., 2011). En el primero de ellos, tras una intervención de 12 semanas a razón de tres sesiones semanales, consistentes en 6 series de 45-60 s a 12,5 Hz y 3 mm sobre una plataforma vibratoria de tipo rotacional, se reflejaron incrementos del 36% del equilibrio dinámico, mientras que el grupo control no experimentó ningún cambio (Gusi et al., 2010). Por su parte, en el estudio de Sañudo et al. (2011) combinaron WBV (3 series de 45 s bipodales -20Hz, 3 mm- junto a 4 series unilaterales de 45s -20Hz, 2mm-) con ejercicio físico convencional durante 6 semanas. Los pacientes del grupo sometido a WBV mejoraron su estabilidad, fundamentalmente a nivel medio-lateral, tanto con ojos abiertos como cerrados.

En resumen, parece que las WBV pueden tener un efecto terapéutico potencial para aquellas personas que sufren patologías asociadas a la edad, sobre todo enfermedades relacionadas con deficiencias motoras; si bien, la escasez de estudios controlados hace que éste sea un campo en el que haya que investigar mucho más para extraer conclusiones relevantes. En la tabla 2 se puede observar un resumen de los principales estudios realizados con el tipo de población objeto de estudio y que han analizado fundamentalmente parámetros relacionados con el equilibrio y el control postural.

Tabla 2. Estudios relacionados con los efectos de las vibraciones mecánicas sobre el sistema músculo-esquelético sobre el equilibrio y el control postural en personas mayores y poblaciones clínicas.

Estudio	Participantes	Duración	Parámetros WBV	Tipo de estudio	Pruebas	Resultados
Bruyere et al. (2005)	Personas adultas (n=42; 81.9 ± 6.9 años)	6 semanas	Vibración Rotacional 10 Hz y 3 mm (1ª y 3ª serie) 26 Hz 7 mm (2ª y 4ª serie) 4 x 60 s con 90 s de recuperación	CON: terapia física (TF) (n=20) EX: WBV + TF (n=22) 3 veces / semana TF = 10 min ejercicio estandarizado	- Tinetti test - TUG - SF-36	-↑Tinetti y ↓TUG en experimental con diferencias con control (p<0.001) -↑ SF-36 en experimental y ↓ control. p<0.05 entre grupos en 8 de 9 items
Bautmans et al. (2005)	Personas adultas (n=24; 77.5 ± 11.0 años)	6 semanas	Vibración Vertical 30-40 Hz y 2-5 mm 1-3 x 30-60 s con 30-60 s de recuperación	CON: Ejercicio estático sobre la plataforma (n=11) EX: WBV (n=13) 3 veces / semana	- TUG. - Tinetti test. - Fuerza manual - S&R en silla - BSF - FMD en extensión de piernas	-↑Tinetti (Equilibrio y Total) y TUG en EXP (p<0.05) -Sin cambios significativos en fuerza manual, S&R, BSF y FMD
Turbanski et al. (2005)	Personas con parkinson idiopático (n=52; 69.1 ± 8.9)	1 sesión	Vibración tridimensional 6 ± 1 Hz y 6 mm 5 x 60 s	CON: Sin actividad (n=26) EX: WBV (n=26)	- WNS en plataforma inestable - WTS en plataforma inestable	-↓ WNS en EX y CON (p<0.05) -↓ WTS en EX (p<0.05). Diferencias inter-grupo en WTS en el post-test (p<0.05)
Schuhfried et al. (2005)	Personas con esclerosis múltiple (n=12; 31-64 años)	1 sesión	Vibración tridimensional 2-4.4 Hz y 3 mm 5 x 60 s con 60 s de recuperación	CON: corriente TENS (n=6) EX: WBV (n=6)	- SOT - TUG - GT - FRT	-Sólo se observaron diferencias entre grupos a favor de WBV una semana después de la intervención en TUG (p<0.05).

Estudio	Participantes	Duración	Parámetros WBV	Tipo de estudio	Pruebas	Resultados
Van Nes et al. (2006)	Pacientes en rehabilitación de accidente cerebrovascular (n=53; ± 60 años)	6 semanas	Vibración Rotacional 30 Hz y 3 mm 4 x 45 s con 60 s de recuperación	CON: posición en WBV sin vibración y ETM (n=26) EX: WBV (n=27) 5 veces / semana	- BBS - Índice de Barthel - FAC - Índice de Motricidad - IMR - Umbral somatosensorial - Prueba de control del tronco	-Sin diferencias entre CON y EXP en ninguna de las variables -Mejora pre-post en CON y EXP para todas las variables medidas (p<0.05)
Cheung et al. (2007)	Mujeres sedentarias (n=69; + de 60 años)	12 semanas	Vibración Rotacional 20 Hz 1-3 mm 3 min	CON: Sin actividad (n=24) EX: WBV (n=45) 3 veces / semana	- Límites de estabilidad (Basic Balance Master System). - Flexibilidad (FRT)	- ↑velocidad de movimiento, máximo punto de excursión y control direccional en WBV (p<0.005 con Control) - Sin diferencias entre grupos en FRT
Kawanabe et al. (2007)	Mujeres (n=67; 59-86 años)	8 semanas	Vibración Rotacional 12-20 Hz 4 min	CON: Ejercicio (n=27) EX: WBV + Ejercicio (n=40) Ejercicio = equilibrio, fuerza y andar	- Velocidad de paso - Longitud de paso - Test de estar a una pierna	- ↑ en EXP de velocidad de paso, longitud de paso y test de estar a una pierna (p<0.05)
Ebersbach et al. (2008)	Personas con Parkinson idiopático (n=14 hombres y 7 mujeres; 62-84 años)	4 semanas	Vibración rotacional 25 Hz y 3,5-7 mm 2 sesiones x 5 días/semana 15 min / sesión	CON: Fisioterapia (n=11) EX: Fisioterapia + WBV (n=10)	- Tinetti test - Velocidad de marcha - SWS test - UPDRS (escala motora) - Posturografía dinámica	- Se observó una mejora significativa en todas las pruebas en ambos grupos (p<0.05), excepto en la posturografía dinámica. - No hubo diferencias significativas entre grupos.

EFECTOS DE LAS VIBRACIONES MECÁNICAS SOBRE EL SISTEMA MÚSCULO-ESQUELÉTICO DE PERSONAS MAYORES

Estudio	Participantes	Duración	Parámetros WBV	Tipo de estudio	Pruebas	Resultados
Furness y Maschette (2009)	Personas adultas (n=73; 72 ± 8 años)	6 semanas	Vibración Rotacional 15-25 Hz mm 0.45-1.26-g 5 x 60 s con 60 s de recuperación	CON: Sin actividad (n=34). EX: WBV (n=34); EXP1: 1 sesión/semana; EXP2: 2 sesiones/semana; EXP3: 3 sesiones/semana	- Tiempo en sentarse y levantarse de una silla 5 veces - TUG - Tinetti - SF-36	- ↓ tiempo, Tinetti y todos los componentes de la calidad de vida en EXP con respecto a CON (p<0.05)
Rees et al. (2009)	Ancianos (n=24 hombres y 21 mujeres; 66-85 años).	8 semanas	Vibración Rotacional 26 Hz, 5-8 mm 6 x 45-80 s con 45-80 s de recuperación	EX: Ejercicio sin WBV (n=15) VIB: Vibración (n=15) Ejercicios de musculación + WBV 3 veces / semana CON: sin actividad (n=15)	- OLPS	- ↑ OLPS en VIB frente a EXP y CON (p<0.05)
Gusi et al. (2010)	Mujeres con fibromialgia (n=36; 41-65 años)	12 semanas	Vibración Rotacional 12.5 Hz y 3 mm 6 x 30-60 s con 60 s de recuperación 30 min / sesión 3 sesiones / semana	CON: Sin actividad (n=18) EX: WBV (n=18)	- Equilibrio dinámico con plataforma de equilibrio	- Mejora del equilibrio en EXP (p<0.05)
Sañudo et al. (2011)	Mujeres con fibromialgia (n=30; 59 ±7.90 años)	6 semanas	Vibración Rotacional 20 Hz y 2-3 mm 3 x 45 s doble apoyo con 120 s de recuperación 4 x 15 s una pierna	CON: Ejercicio físico (n=15) EX: Ejercicio físico + WBV (n=15)	- FMD - Equilibrio con BBS	- Diferencias significativas entre-grupos en el índice de equilibrio medio-lateral con ojos abiertos y cerrados con mayor efecto en EX (p<0.05).

EXP: Grupo experimental; CON: Grupo control; FRT: Functional Reach Test; TUG: Timed Up & Go; BBS: Berg Balance Scale; ETM: Terapia Física con Música; FAC: Categorías de la Deambulación Funcional; BSF: Test de flexibilidad de tocarse las manos en la espalda; S&R: Test de flexibilidad de sit and reach; FMD: Fuerza Máxima Dinámica; SF-36: Cuestionario de Salud; IMR: Índice de Movilidad de Rivermead; OLPS: One-legged Postural Steadiness Test; WNS: Was Narrow Standing; WTS. Was Tandem Standing; SOT: Sensory Organization Test; FRT: Functional Reach Test; GT: Go Test; SWS: stand-walk-sit test; UPDRS: Unified Parkinson's Disease Rating Scale; BBS: Biodex Stability System.

EFECTO DE LAS VIBRACIONES SOBRE EL SISTEMA ÓSEO.

En los últimos tiempos, la terapia con WBV también está siendo utilizada con objeto de transmitir aceleraciones al esqueleto (Rubin et al., 2003), intentando, de esta forma, conseguir un aumento de la densidad mineral ósea. Está bien documentado que el metabolismo óseo está controlado por varios factores, como pueden ser las hormonas calciotrópicas, la tensión muscular, los sistemas nerviosos central y periférico, la masa corporal y la masa grasa, los cuales son afectados potencialmente por las vibraciones (Prisby et al., 2008).

Uno de los primeros trabajos relacionados con los efectos de las WBV sobre la densidad mineral ósea (DMO) fue realizado por Flieger et al. (1998) con ratas ovariectomizadas. Los resultados indicaron que las vibraciones de baja intensidad son eficaces en la reducción de la pérdida de masa ósea. A partir de estos resultados se empezaron a estudiar los posibles beneficios para los seres humanos que están en riesgo de padecer estas alteraciones (Jordan et al., 2005). Algunas de estas poblaciones son las mujeres postmenopáusicas, por sus alteraciones hormonales, y los astronautas, que están sujetos a condiciones de gravedad cero durante períodos prolongados de tiempo (Jordan et al., 2005). El atractivo de esta terapia reside en su capacidad para ser aplicadas de forma que suponga un bajo impacto, lo cual es fundamental para las personas con movilidad reducida y fuerza muscular disminuida, tales como ancianos o personas enfermas (Prisby et al., 2008).

Recientemente, Cristiansen y Silva (2006), obtuvieron, tras aplicar WBV de forma incremental (0.1, 0.3, y 1.0 g), un aumento en el volumen de hueso trabecular superior al 30% a nivel proximal de la tibia en ratones adultos, mientras que no se observó ningún efecto en otras zonas como el fémur o las vértebras. Rubin et al. (2001) demostraron un marcado incremento del 34% en la masa ósea trabecular del fémur en ovejas adultas después de ser sometidas durante 12 meses a vibraciones. Por su parte, Garman et al. (2007) informaron de un incremento en la formación de hueso trabecular en ratones hembra después de 3 semanas de intervención Estas mejoras fueron dependientes de la aceleración, obteniendo una mayor respuesta al tratamiento con 0.3 g frente a 0.6 g (Garman et al., 2007). En contraste con estos resultados, Castillo et al. (2006) indicaron en su estudio que las vibraciones no tuvieron ningún efecto sobre la formación ósea perióstica en el cúbito en ratones hembra.

Diversas investigaciones se han realizado con muestras humanas. De esta forma, en mujeres jóvenes con baja DMO, 12 meses de WBV a diario (10 min, 30 Hz, 0.3 g) tuvieron como resultado un aumento del hueso esponjoso en la columna vertebral y del hueso cortical en el fémur (Gilsanz et al., 2006). Después de 6 meses de entrenamiento con WBV, un grupo de mujeres postmenopáusicas mostraron mejoras en DMO de la cadera, la fuerza muscular y el control postural (Verschueren et al., 2004). En la misma línea, Gusi et al. (2006), tras ocho meses de WBV (3 sesiones / semana; frecuencia: 12.6 Hz, amplitud: 3 mm), obtuvieron una la mejora de la DMO de cadera y del equilibrio postural, si bien, los autores no encontraron diferencias significativas en la DMO medida en la columna lumbar. En contraste, Rubin et al. (2004) no obtuvieron diferencias en la DMO al comparar el grupo control con el experimental después de 12 meses de entrenamiento con vibraciones a baja frecuencia y aceleración (30 Hz y 0.2 g, respectivamente) con 70 mujeres postmenopáusicas. En este último trabajo, los datos revelaron que las mujeres con menor peso corporal se beneficiaron en mayor medida que las mujeres con alto peso corporal.

Uno de los últimos estudios publicados en lo relativo a los efectos de las WBV sobre sistema óseo es el llevado a cabo por Verschueren et al. (2011). En este sentido, 113 mujeres postmenopáusicas (edad media: 79.6 años) fueron aleatorizadas en varios grupos, a las que se suplementó bien con una dosis elevada de vitamina D (1600 UI/día), bien con una dosis convencional (880 UI/día). Todas las mujeres recibieron también una suplementación diaria de calcio (1000 g). El entrenamiento con WBV (30-40 Hz, 1.6-2.2·g m/s^2) supuso la utilización de diferentes ejercicios estáticos y dinámicos, incrementándose la carga gradualmente a lo largo de la intervención. Después de 6 meses de entrenamiento, se observaron mejoras significativas en lo relativo a la DMO, la fuerza máxima dinámica y los niveles de vitamina D en suero en todos los grupos conformados, si bien, la fuerza máxima isométrica y la masa muscular no se modificaron.

Los datos proporcionados generan controversia, aunque parece ser que determinados subgrupos de población, tales como mujeres postmenopáusicas con baja DMO, así como astronautas y adolescentes, pueden obtener beneficios sobre la DMO al someterse a un entrenamiento diario con WBV, siempre que el régimen utilizado sea apropiado para los objetivos perseguidos (Prisby et al., 2008), es decir, cuando la vibración utilizada suponga una intensidad acorde a las características de la población objeto de estudio (Niewiadomski et al., 2005). En este sentido, según Xie et al. (2008), para que las WBV tengan un efecto significativo sobre el hueso, éstas deben ser aplicadas utilizando una alta frecuencia y una magnitud baja. Debemos tener en cuenta que la utilización de una magnitud elevada puede ser considerada como perjudicial para la salud (ISO-2631-1, 1997), en particular en niños y adolescentes, en los que se incrementan los riesgos de impacto sobre los tejidos blandos (Abercromby et al., 2007). De hecho, frecuencias que oscilen entre los 30-90 Hz junto a aceleraciones menores a 0.5 g, las cuales son consideradas por la norma ISO como seguras cuando son aplicadas hasta 4 h/día (Xie et al., 2008), han mostrado ser efectivas en poblaciones con alteraciones de la densidad mineral ósea (Ward et al., 2004; Gilsanz et al., 2006).

En la tabla 3 se puede observar un resumen de los principales estudios realizados con el tipo de población objeto de estudio y que han analizado fundamentalmente parámetros relacionados con el metabolismo óseo.

Tabla 3. *Estudios relacionados con los efectos de las vibraciones mecánicas sobre parámetros vinculados al metabolismo óseo en personas mayores y poblaciones clínicas.*

Estudio	Participantes	Duración	Parámetros WBV	Tipo de estudio	Pruebas	Resultados
Russo et al. (2003)	Mujeres postmenopáusicas (n=29;	6 meses	Vibración Rotacional. 12-28 Hz (primer mes). 28 Hz (segundo-sexto mes). 3 x 1 min con 1 min recuperación (primer mes) x 2 min (segundo-sexto mes).	CON: sin actividad (n=15). EXP: WBV (n=14). 2 veces / semana.	- Fuerza y potencia en salto con plataforma de fuerza. - DMO en tibia.	- ↑ potencia muscular en EXP y en comparación CON ($p<0.05$). - Sin cambios en fuerza muscular en CON y EXP. - ↓DMO en CON ($p<0.05$) y sin cambios en WBV.
Verschueren et al. (2004)	Mujeres postmenopáusicas (n=70; 58-74 años)	6 meses	Vibración Vertical. 35-40 Hz y 1.7-2.5 mm. Máximo 30 min.	CON: Sin actividad (n=23) EXP1: Ejercicio fuerza (n=22) EXP2: WBV (n=25)	- DMO en cadera, columna lumbar y cuerpo entero. - Masa magra, masa grasa y % de grasa. - FMI y FMD en extensión de piernas. - Marcadores óseos: Osteocalcina y C-telopéptido.	- ↑ DMO en cadera en EXP2 ($p<0.05$). - Sin cambios en DMO en columna lumbar y cuerpo entero en ningún grupo. - ↓ masa grasa en EXP1 y EXP2 ($p<0.05$). - ↑ FMI y FMD en EXP1 y EXP2 ($p<0.05$). - Sin cambios en marcadores óseos.
Rubin et al. (2004)	Mujeres postmenopáusicas (n=77; ± 57 años)	12 meses	Vibración Vertical 30 Hz y 2 mm 10 min / sesión 2 sesiones / día	CON: Mismo ejercicio sin WBV (con sonido igual) EXP: WBV 14 sesiones / semana	- DMO a nivel proximal del fémur y en la columna lumbar.	- Efecto significativo de la complianza sobre la eficacia de la intervención, especialmente en la columna lumbar ($p<0.05$). - En sujetos del mayor cuartil de complianza, se observó una tendencia a la significación al comparar grupos en la DMO del cuello del fémur y la columna lumbar.

Estudio	Participantes	Duración	Parámetros WBV	Tipo de estudio	Pruebas	Resultados
Iwamoto et al. (2005)	Mujeres postmenopáusicas (n=50; 55-88 años)	12 meses	Vibración Rotacional 20 Hz 4 min	CON: Alendronate EXP: WBV y Alendronate	- DMO en columna lumbar. - ALP (formación hueso). - NTX (reabsorción hueso). - Dolor lumbar crónico. - Fracturas vertebrales.	-↑DMO, ↓NTX y ↓ALP en ambos grupos ($p<0.05$). -↓ dolor lumbar crónico en EXP en comparación CON. -Sin incremento de fracturas en la comparación pre-post en ningún sujeto.
Gusi et al. (2006)	Mujeres postmenopáusicas (n=36; 66 ± 5 años)	8 meses	Vibración Rotacional 12.6 Hz y 3 mm 1-6 x 60 s con 60 s rec.	CON: andar 1 h + 10 min de estiramiento (n=18) EXP: WBV + 10 min calentamiento (n=18)	- DMO en fémur (cuello femoral, trocánter y triángulo de Ward) y columna lumbar. - Flamingo test.	-↑DMO para WBV en cuello femoral ($p<0.05$). -↑equilibrio para WBV ($p<0.05$).
Verschueren et al. (2011)	Mujeres postmenopáusicas (n=103; > 70 años)	6 meses	Vibración Vertical. 30-40 Hz 1.6-2.2-g 1-12 min por sesión (15-60 s por repetición con 60-300 s de recuperación).	EXP1: WBV + ADVitD. EXP2: WBV + CDVitD. CON 1: ADVitD CON 2: CDVitD	- FMI. - FMD. - Masa Muscular (cm^3). - DMO cadera. - Niveles Vitamina D en suero.	- No se observaron diferencias estadísticamente significativas entre grupos tras la intervención. -↑FMD, DMO y los niveles de vitamina D en todos los grupos.

EXP: Grupo experimental; CON: Grupo control; DMO: Densidad Mineral Ósea; ALP: Fosfato alcalina sérica; NTX: Telopéptidos N-terminal de colágeno tipo I; FMD: Fuerza Máxima Dinámica; FMI: Fuerza Máxima Isométrica; ADVitD: Alta Dosis de Vitamina D; CDVitD: Dosis Convencional de Vitamina D.

CONCLUSIÓN

La aparición de las WBV como medio de entrenamiento en poblaciones clínicas y ancianos ha supuesto una gran revolución en los últimos años. La posibilidad de someter a este tipo de población a una carga gravitacional importante sin necesidad de movilizar una carga elevada supone que estos sujetos puedan obtener importantes beneficios sobre diversos sistemas orgánicos. Sin embargo, no debemos olvidar que la evidencia científica al respecto todavía no es concluyente y, además, todavía no existe una clara definición de protocolos de entrenamiento, por lo que son necesarias nuevas investigaciones al respecto.

REFERENCIAS

- Abbruzzese, G., Hagbarth, K.E., Homma, I. y Wallin, U. (1978). Excitation from skin receptors contributing to the tonic vibration reflex in man. *Brain Res*, 150, 194-197.
- Abercromby, A. F. J., Amonette, W.E., Layne, C.S., Mcfarlin, B.K., Hinman, M.R. y Paloski, W.H. (2007). Vibration exposure and biodynamic responses during whole-body vibration training. *Med Sci Sports Exerc*, 39 (10), 1794-1800.
- Bautmans, I., Van Hees, E., Lemper, J. C. y Mets, T. (2005). The feasibility of whole body vibration in institutionalised elderly persons and its influence on muscle performance, balance and mobility: a randomised controlled trial. BMC Geriatr, 5, 17.
- Berschin, G. y Sommer, H. M. (2004). Vibrationskrafttraining und gelenkstabilität: EMG untersuchungen zur wirkung von vibrations frequenz und Körperhaltung auf muskelaktivierung und koaktivierung. *Deutsche Zeitschrift für Sportmedizin*, 55, 152-156.
- Bleeker, M.W., De Groot, P.C., Rongen, G.A., Rittweger, J., Felsenberg, D., Smits, P. y Hopman, M.T. (2005). Vascular adaptation to deconditioning and the effect of an exercise countermeasure: results of the Berlin Bed Rest study. *J Appl Physiol*, 99 (4), 1293-1300.
- Blottner, D., Salanova, M., Pütmann, B., Schiffl, G., Felsenberg, D., Buehring, B. y Rittweger, J. (2006). Human skeletal muscle structure and function preserved by vibration muscle exercise following 55 days of bed rest. *Eur J Appl Physiol*, 97, 261-271.
- Bogaerts, A., Delecluse, C., Claessens, A.L., Coudyzer, W., Boonen, S., y Verschueren, S.M. (2007). Impact of whole-body vibration training versus fitness training on muscle strength and muscle mass in older men: a 1-year randomized controlled trial. *J Gerontol A Biol Sci Med Sci*, 62 (6), 630-635.

- Bogaerts, A.C., Delecluse, C., Claessens, A.L., Troosters, T., Boonen, S., Verschueren, S.M. (2009). Effects of whole body vibration training on cardiorespiratory fitness and muscle strength in older individuals (a 1-year randomised controlled trial). *Age Ageing*, 38(4), 448-454.
- Bosco, C. (1992). The effects of extra-load permanent wearing on morphological and functional characteristics of leg extensor muscles. Tesis Doctoral. Universidad Jean-Monnet de Saint Etienne, Francia.
- Bosco, C., Iaconvell, M., Tsarpela, O., Cardinale, M., Donifazi, M., Tihanyi, J., Viru, M., De Lorenzo, A. y Viru, A. (2000). Hormonal response to whole-body vibration in men. *Eur J Ap Physiol*, 81, 449-454.
- Broekmans, T., Roelants, M., Alders, G., Feys, P., Thijs, H. y Eijnde, B.O. (2010). Exploring the effects of a 20-week whole-body vibration training programme on leg muscle performance and function in persons with multiple sclerosis. *J Rehabil Med*, 42(9), 866-872.
- Brogårdh, C., Flansbjer, U.B. y Lexell, J. (2010). No effects of whole-body vibration training on muscle strength and gait performance in persons with late effects of polio: a pilot study. *Arch Phys Med Rehabil*, 91(9), 1474-1477.
- Bruyere, O., Wiedart, M.A., Di Palma, E., Gourlay, M., Ethgen, O., Richy, F. y Reginster, J.Y. (2005). Controlled whole body vibration to decrease fall risk and improve health-related quality of life of nursing home residents. *Arch Phys Med Rehabil*, 86, 303-307.
- Cardinale, M. y Bosco, C. (2003). The use of vibration as an exercise intervention. *Exerc Sports Sci Rev*, 31, 3-7.
- Cardinale, M. y Lim, J. (2003). The acute effects of two different whole body vibration frequencies on vertical jump performance. *Med Sports*, 56, 287-92.
- Cardinale, M. y Wakeling, J. (2005). Whole body vibration exercise: are vibrations good for you? *Br J Sports Med*, 39, 585–589.
- Cardinale, M., Leiper, J., Erskine, J., Milroy, M. y Bell, S. (2006). The acute effects of different whole body vibration amplitudes on the endocrine system of young healthy men: a preliminary study. *Clin Physiol Funct Imaging*, 26, 380-384.
- Cardinale, M., Soiza, R.L., Leiper, J.B., Gibson, A. y Primrose, W.R. (2010). Hormonal responses to a single session of whole body vibration exercise in older individuals. *Br J Sports Med*, 44(4), 284-288.
- Castillo, A., Alam, I., Tanaka, S.M., Levenda, J., Li, J., Warden, S.J. y Turner, C.H. (2006). Low-amplitude, broad-frequency vibration effects on cortical bone formation in mice. *Bone*, 39 (5), 1087-1096.
- Cheung, W.H., Mok, H.W., Qin, L., Sze, P.C., Lee, K.M. y Leung, K.S. (2007). High-frequency whole-body vibration improves balancing ability in elderly women. *Arch Phys Med Rehabil*, 88, 852-857.
- Christiansen, B. y Silva, M.J. (2006). The effect of varying magnitudes of whole-body vibration on several skeletal sites in mice. *Ann. Biomed. Eng*, 34 (7), 1149-1156.
- Cordo, P., Gurfinkel, V.S., Bevan, L. y Ker, G.K. (1995). Propioceptive consequences of tendon vibration during movement. *J. Neurophysiol*, 74, 1675-1688.

- Da Silva-Grigoletto, M.E., Nuñez, V.M., Vaamonde, D., Fernandez, J.M., Poblador, M.S., García-Manso, J.M. y Lancho, J.L. (2006). Effects of different frequencies of whole body vibration on muscular performance. *Biol Sport*, 23 (3), 1-14.
- Di Loreto, C., Ranchelli, A., Lucidi, P., Murdolo, G., Parlanti, N., De Cicco, A., Tsarpela, O., Annino, G., Bosco, C., Santeusanio, F., Bolli, G.B., y De Feo P. (2004). Effects of whole-body vibration exercise on the endocrine system of healthy men. *J Endocrinol Invest*, 27 (4), 323-327.
- Ebersbach, G., Edler, D., Kaufhold, O. y Wissel, J. (2008). Whole body vibration versus conventional physiotherapy to improve balance and gait in Parkinson's disease. *Arch Phys Med Rehabil*, 89 (3), 399-403.
- Erskine, J., Smilie, I., Leiper, J., Ball, D. y Cardinale, M. (2007). Neuromuscular and hormonal responses to a single session of whole body vibration exercise in healthy young men. *Clin Physiol Funct Imaging*, 27, 242-248.
- Ettema, G.J.C. y Huijing, P.A. (1994). Frequency response of rat gastrocnemius medialis in small amplitude vibrations. *J Biomech*, 27, 1015-1022.
- Flieger, J., Karachalios, T.H., Khaldi, L., Raitou, P. y Lyritis, G. (1998). Mechanical stimulation in the form of vibration prevents postmenopausal bone loss in ovariectomized rats. *Calcif Tiss Inter*, 63, 510-514.
- Furness, T.P. y Maschette, W.E. (2009). Influence of whole body vibration platform frequency on neuromuscular performance of community-dwelling older adults. *J Strength Cond Res*, 23 (5), 1508-1513.
- Garman, R., Gaudette, G., Donahue, L.R., Rubin, C., Judex, S. (2007). Low-level accelerations applied in the absence of weight bearing can enhance trabecular bone formation. *J Orthop Res*, 25 (6), 732-740.
- Gianutsos, J.G., Ahn, J.H., Richter E.F., Heath-Gyorok, S. y Grynbaum, B.B. (2001). The effects of whole body vibration on reflex-induced standing in persons with chronic and acute spinal cord injury. *Arch Phys Med Rehab*, 81, 129.
- Gilsanz, V., Wren, T.A.L., Sanchez, M., Dorey, F., Judex, S. y Rubin, C. (2006). Low-level, high-frequency mechanical signals enhance musculoskeletal development of young women with low BMD. *J Bone Miner Res*, 21 (9), 1464-1474.
- Gusi, N., Parraca, J.A., Olivare, P.R., Leal, A. y Adsuar, J.C. (2010). Tilt vibratory exercise improves the dynamic balance in fibromyalgia. A randomized controlled trial. *Arthritis Care Res*, 62(8), 1072-1078.
- Haas, C.T., Turbanski, S., Kaiser, I. y Schmidtbleicher, D. (2004). Influences of whole-body vibration on symptom structure in PD. *J Neurol*, Supplement 3, III 18, 56.
- Hagbarth, K.E. y Eklund, G. (1965). *Motor effects of vibratory muscle stimuli in man*. En: Granit, R. (ed.). Muscular Afferent and Motor Control (177-186). Estocolmo: Almqvist and Wiksell.
- Issurin, V.B. y Tenenbaum, G. (1999). Acute and residual effects of vibratory stimulation on explosive strength in elite and amateur athletes. *J Sport Sci*, 17, 177-182.
- Issurin, V.B., Liebermann, D.G. y Tenenbaum, G. (1994). Effect of vibratory stimulation training on maximal force and flexibility. *J Sports Sci.*, 12, 561-566.

- Jordan, M.J., Norris, S.R., Smith, D.J. y Herzong, W. (2005). Vibration training: an overview of the area, training consequences, and future considerations. *J Strength Cond Res*, 19 (2), 459-466.
- Kawanabe, K., Kawashima, A., Sashimoto, I., Takeda, T., Sato, Y. y Iwamoto, J., (2007). Effect of whole-body vibration exercise and muscle strengthening, balance, and walking exercises on walking ability in the elderly. *Keio J Med*, 56 (1), 28-33.
- Kossev, A., Siggelkow, S., Kapels, H., Dengler, R. y Rollnik, J.D. (2001). Crossed effects of muscle vibration on motor-evoked potentials. *Clin Neurophysiol*, 112, 453-456.
- Kvorning, T., Bagger, M. Caserotti, P. y Madsen, K. (2006). Effects of vibration and resistance training on neuromuscular and hormonal measures. *Eur J Appl Physiol*, 96 (5), 615-625.
- Lamont, H.S., Cramer, J.T., Bemben, D.A., Shehab, R.L., Anderson, M.A. y Bemben, MG. (2010). Effects of adding whole body vibration to squat training on isometric force/time characteristics. *J Strength Cond Res*, 24 (1), 171-183.
- Liphardt, A.M. (2008). The potential of whole body vibration training during 14-days of 6°-head down tilt bed rest to counteract effects on muscle performance, balance and articular cartilage. Tesis Doctoral. Institut für Trainingswissenschaft und Sportinformatik der Deutschen Sporthochschule, Köln.
- Luo, J, McNamara, B y Moran, K (2005). The use of vibration training to enhance muscle strength and power. *Sports Med*, 35 (1), 23 – 41.
- Nazarov, V. y Spivak, G. (1985). Development of athlete's strength abilities by means of biomechanical stimulation method. *Theory and Practice of Physical Culture*, 12, 445–450.
- Niewiadomski, W., Cardinale, M., Gasiorowska, A., Cybulski, G., Karuss, B. y Strasz, A. (2005). Could Vibration Training Be an Alternative to Resistance Training in Reversing Sarcopenia? *J Hum Kinet*, 14, 3-20.
- Nigg, B.M. (1997). Impact forces in running. *Curr Opin Orthop*, 8, 43-47.
- Nishihira, Y., Iwasaki, T., Hatta, A., Wasaka, T., Kaneda, T, Kuroiwa, K., Akiyama, S., Kida, T. Y Ryol, K.S. (2002). Effect of whole body vibration stimulus and voluntary contraction on motoneuron pool. *Adv Exerc Sport Physiol*, 8, 83-86.
- Novak, P. y Novak, V. (2006). Effect of step-synchronized vibration stimulation of soles on gait in Parkinson's disease: a pilot study. *J Neuroeng Rehabil*, 3, 9.
- Priplata, A.A., Niemi, J.B., Harry, J.D., Lipsitz, L.A. y Collins, J.J. (2003). Vibration insoles and balance control in elderly people. *Lancet*, 362 (9390), 1123-1124.
- Prisby, R.D., Lafage-Proust, M.H., Malaval, L., Belli, A. y Vico, L. (2008). Effects of whole body vibration on the skeleton and other organ systems in man and animal models: What we know and what we need to know., *Ageing Res Rev*, 7, 319-329.
- Rack, P.M.H. y Westbury, D.R. (1974).The short range stiffness of active mammalian muscle and its effect on mechanical properties. *J Physiol*, 240, 331-350.
- Rees, S., Murphy, A. y Watsford, L. (2008). Effects of Whole-Body Vibration Exercise on Lower-Extremity Muscle Strength and Power in an Older Population: A Randomized Clinical Trial. *Phys Ther*, 88 (4), 462-470.

- Rees, S., Murphy, A. y Watsford, M. (2007). Effects of vibration exercise on muscle performance and mobility in an older population. *J Aging Phys Act*, 15, 367-381.
- Rees, S.S., Murphy, A.J. y Watsford, M.L. (2009). Effects of whole body vibration on postural steadiness in an older population. *J Sci Med Sport*, 12(4), 440-444.
- Rittweger, J., Just, K., Kautzsch, K., Reeg, P. y Felsenberg, D. (2002). Treatment of chronic lower back pain with lumbar extension and whole-body vibration exercise. *Spine*, 27 (17), 1829–1834.
- Rittweger, J., Mutschelknauss, M. y Felsenberg, D. (2003). Acute changes in neuromuscular excitability after exhaustive whole body vibration exercise as compared to exhaustion by squatting exercise. *Clin Physiol Funct Imaging*, 23 (2), 81-86.
- Roelants, M., Delecluse, C., Goris, M. y Verschueren, S. (2004). Effects of 24 weeks of whole body vibration training on body composition and muscle strength in untrained females. *Int J Sports Med*, 25 (1), 1-5.
- Rubin, C., Pope, M., Fritton, J.C., Magnusson, M., Hansson, T. y Mcleod, K. (2003). Transmissibility of 15-hertz to 35-hertz vibrations to the human hip and lumbar spine: determining the physiologic feasibility of delivering low-level anabolic mechanical stimuli to skeletal regions at greatest risk of fracture because of osteoporosis. *Spine*, 28 (23), 2621-2627.
- Rubin, C., Recker, R., Cullen, D., Ryaby, J., McCabe, J. y McLeod, K. (2004). Prevention of postmenopausal bone loss by a low-magnitude, high-frequency mechanical stimuli: a clinical trial assessing compliance, efficacy, and safety. *J Bone Miner Res*, 19 (3), 343-351.
- Rubin, C., Turner, A.S., Bain, S., Mallinckrodt, C., McLeod, K. (2001). Anabolism: low mechanical signals strengthen long bones. *Nature*, 412 (6847), 603-604.
- Sañudo, B., de Hoyo, M., Carrasco, L., Rodríguez-Blanco, C., Oliva-Pascual-Vaca, A. y McVeigh, JG. (2011). Effect of whole body vibration exercise on balance in women with fibromyalgia syndrome: a randomized controlled trial. *J Altern Complement Med*. En prensa.
- Sañudo. B, de Hoyo, M., Carrasco, L., McVeigh, J.G., Corral, J., Cabeza, R., Rodríguez, C. y Oliva, A. (2010). The effect of 6-week exercise programme and whole body vibration on strength and quality of life in women with fibromyalgia: a randomised study. *Clin Exp Rheumatol*, 28(6 Suppl 63), S40-45.
- Schuhfried, O., Mittermaier, C., Jovanovic, T., Pieber, K. y Paternostro-Sluga, T. (2005) Effects of whole-body vibration in patients with multiple sclerosis: a pilot study. *Clin Rehabil*, 19 (8), 834-842.
- Siggelkow, S., Kossev, A., Schubert, M., Kappels, H.H., Wolf, W. y Dengler, R. (1999). Modulation of motor evoked potentials by muscle vibration: the role of vibration frequency. *Muscle Nerve*, 22, 1544-1548.
- Torvinen, S., Kannu, P., Sievänen, H., Järvinen, T.A., Pasanen, M., Kontulainen, S., Järvinen, T.L. et al. (2002). Effect of a vibration exposure on muscular performance and body balance. Randomized cross-over study. Clin *Physiol Funct Imaging*, 22 (2), 145-152.

- Turbanski, S., Haas, C.T., Schmidtbleicher, D., Friedrich, A. y Duisberg, P. (2005). Effects of random whole-body vibration on postural control in Parkinson's disease. *Res Sports Med*, 13 (3), 243-256.
- Valkeinen H., Häkkinen, K., Pakarinen, A., Hannonen, P., Häkkinen, A., Airaksinen, O., Niemitukia, L., Kraemer, W.J. y Alén, M. (2005). Muscle hypertrophy, strength development, and serum hormones during strength training in elderly women with fibromyalgia. *Scand J Rheumatol*, 34, 309-314.
- van Nes, I.J., Geurts, A.C., Hendricks, H.T. y Duysens, J. (2004). Short-term effects of whole-body vibration on postural control in unilateral chronic stroke patients: preliminary evidence. *Am J Phys Med Rehabil*, 83 (11), 867-873.
- Verschueren, S.M., Bogaerts, A., Delecluse, C., Claessens, .L., Haentjens, P., Vanderschueren, D. y Boonen S. (2011). The effects of whole-body vibration training and vitamin D supplementation on muscle strength, muscle mass, and bone density in institutionalized elderly women: a 6-month randomized, controlled trial. *J Bone Miner Res*, 26(1), 42-49.
- Verschueren, S.M.P., Roelants, M., Delecluse, C., Swinnen, S., Vanderschueren, D. y Boonen, S. (2004). Effect of 6-month whole body vibration training on hip density, muscle strength, and postural control in postmenopausal women: a randomized controlled pilot study. *J Bone Miner Res*, 19 (3), 352-359.
- Wakeling, J.M. y Nigg, B.M. (2001). Soft tissue vibrations in the quadriceps measured with skin mounted transducers. *J Biomech*, 34 (4), 539-543.
- Ward, K., Alsop, C., Caulton, J., Rubin, C., Adams, J. y Mughal, Z. (2004). Low magnitude mechanical loading is osteogenic in children with disabling conditions. *J Bone Miner Res*, 19 (3), 360-369.
- Wierzbicka, M.M., Gilhodes, J.C., Roll, J.P. (1998). Vibration-induced postural posteffects. *J Neurophysiol*, 79 (1), 143-150.
- Xie, L., Rubin, C. y Judex, S. Enhancement of the adolescent murine musculoskeletal system using low-level mechanical vibrations. *J Appl Physiol*, 104 (4), 1056-1062.

www.ingramcontent.com/pod-product-compliance
Lightning Source LLC
Chambersburg PA
CBHW081128170426
43197CB00017B/2783